透明数字化供应链

黄滨 著

人民邮电出版社

北　京

图书在版编目（CIP）数据

透明数字化供应链 / 黄滨著. -- 北京：人民邮电
出版社，2019.10（2023.2重印）
ISBN 978-7-115-51994-8

Ⅰ．①透… Ⅱ．①黄… Ⅲ．①供应链管理 Ⅳ.
①F252.1

中国版本图书馆CIP数据核字(2019)第192201号

内 容 提 要

企业之间的竞争本质上是供应链之间的竞争，拥有强大供应链的企业必然拥有强大的竞争力。如何打造强大的供应链？供应链未来的发展趋势和方向是什么？企业应该用什么样的理论、方法和工具开展供应链管理工作？本书将全面、详细地回答这些问题。

本书紧紧围绕透明数字化供应链这个主题，从基础理论、思维意识和工具、实践应用三个方面，为读者提供了认识供应链、把握供应链、改善供应链的一个独特视角。为了帮助读者深入理解并运用相关内容，全书给出了90道思考讨论题，读者可以结合自身企业的实际情况，对这90个问题进行深度思考，获得新的管理思路。

本书适合各类企业中高层管理人员尤其是供应链管理人员阅读，也可作为相关培训机构和高等院校相关专业的教材。

◆ 著 黄 滨
责任编辑 陈 宏
责任印制 彭志环

◆ 人民邮电出版社出版发行 北京市丰台区成寿寺路11号
邮编 100164 电子邮件 315@ptpress.com.cn
网址 http://www.ptpress.com.cn
北京虎彩文化传播有限公司印刷

◆ 开本：787×1092 1/16
印张：17 2019年10月第1版
字数：330千字 2023年 2 月北京第11次印刷

定 价：69.00元

读者服务热线：（010）81055656 印装质量热线：（010）81055316
反盗版热线：（010）81055315
广告经营许可证：京东市监广登字 20170147 号

序一

黄滨的新书《透明数字化供应链》问世了，本书与之前出版的《运输过程透明管理》《物流透明3.0》等一脉相承，既是黄滨领导的理论团队多年来的研究成果，也是深圳市易流科技股份有限公司10多年来的实践结晶。

自从2007年首次召开了"物流管理透明峰会"，易流科技每年都会举办一场这样的公益活动，在业界逐渐形成了品牌效应。可以说，易流科技在推进我国物流信息化的发展方面是有贡献的。易流科技之所以能够形成自己的品牌，是因为他们长期坚持一个主题——透明化，并持续不断地进行理论探索，形成了一套关于透明化的理论体系。这套理论体系在物流领域既能概括信息化的主要内容，又能适应信息化的动态发展。可以说，他们形成了物流信息化的透明化学派。在国内的物流领域，在学术上能够自成流派的还不多见。

狭义地讲，透明化原本是指信息传播过程中媒介的属性，人们用信息衰减或失真的程度来表示媒介的透明度高低；广义地讲，透明化是指能够更容易地获得更多的信息。即便如此，透明化的概念仍然不能替代信息化。因此，本书所说的透明化实际上是把信息的采集、传输和应用的全过程包含在内的，包括信息采集技术的数字化、信息传输的互联互通、信息应用的智慧化和可视化等。这些过程可以把信息化的主要内容和发展方向概括进去，从而使透明化在技术层面上可以替代信息化，并产生更加生动、具体的效果。

建立透明化理论的过程也是一个认知发展的过程，体现了理论探索从易到难、由简单到复杂的必然规律。物流领域的透明化理论先后经历了三个发展阶段，分别是"物流透明

1.0""物流透明2.0"和"物流透明3.0"。"物流透明1.0"解决了最基础的信息化建设的问题，主要是采用数字技术识别管理对象的身份信息和时空状态信息。这对没有信息化基础的企业来说并不是一件容易的事。"物流透明1.0"解决了数字信息从无到有的问题。"物流透明2.0"则覆盖了物流的基本作业流程和相关的利益主体，使信息流可以与业务流一一对应。"物流透明2.0"体现为流程信息的及时、准确，基于这样的信息可以解决优化流程、不断提高物流运营效率的问题。"物流透明3.0"则从物流作业管理扩展到与上下游的分工协作关系，进而形成了"透明数字化供应链"理论。"物流透明3.0"解决了掌握供应链的状态及风险，实现分工协作体系的均衡与发展的问题。通过这一发展过程可以看出，技术上的差异并非主要因素，决定性因素是需要解决的问题，这就是所谓的需求导向。问题导向或需求导向始终是理论研究的基本规律，这也是认知的基本规律。

本书还有许多应用案例、方法工具、思考题目等，内容丰富，形式多样，它们可以帮助读者理解和思考书中的内容。黄滨曾亲自去过上百所院校和诸多企业，开展关于透明化的理论交流和实践，并在交流中不断完善了透明化理论体系。因此，我丝毫不怀疑本书的实用性，我也十分赞赏黄滨和易流科技在理论研究上持之以恒的探索精神。

物流行业由于历史的原因和专业特点，一直缺少基础理论作为支撑，甚至能够在物流领域做基础理论研究的人才都不多。目前，绝大多数物流理论研究都是以解决具体问题为目的的，研究人员和机构之间缺乏交流和传承，所以至今业界还难以形成一个凝聚了共识的基本认知框架。没有基础理论框架的指导，具体的研究往往就是低水平重复的。基础研究有时被一些人称为"无用之学"，这是因为，在一个过分追求使用价值的环境中基础研究是很难得到重视的。如果能够降低一点对基础理论的实用性的要求，更加重视其开拓认知的作用，将会形成有助于基础理论研究的良好社会环境。从这个意义上来说，黄滨和易流科技能够坚持10多年的透明化理论研究，实属难能可贵，是非常有远见的。

衷心期待透明化理论能够不断完善，与时俱进。

戴定一

中国物流与采购联合会专家委员会主任

于2019年7月

序二

信息是现代物流的神经。信息透明是推动物流现代化的根本途径。从墙上挂的小黑板到计算机，再到移动互联网和 App，从物流要素中人、车、货、仓的透明，到单据流转、流程节点和业务网络的透明，再到基于供应链、需求链的产业信息透明，物流信息透明推动着物流产业转型升级。物流的高质量发展，离不开信息透明。

在《透明数字化供应链》成书之际，我有幸先睹为快。掩卷深思，不禁感慨系之：将"物流透明"进行到底，"物流透明"永远在路上。本书作者黄滨担任深圳市易流科技股份有限公司董事、副总裁，有着丰富的企业管理经验，形成了独特的管理思路和见解。他创办物流透明管理研究院，兼任多所院校的兼职教授、研究生校外导师，既是学者型企业家，也是企业家中知行合一的研究者。在"物流透明"理论研究领域，黄滨称得上是不畏艰险的拓荒者、不知疲倦的先行者。十几年来，他始终坚持在"物流透明"领域进行理论研究和实践探索；先后创作了《运输过程透明管理》《物流透明 3.0》《互联网＋物流导航》等多本专著；辗转十余万里，举办近百场专题讲座，传播"物流透明"理论。

《透明数字化供应链》是黄滨近年来在"物流透明"理论上的最新研究成果，也是兼具创新性、实用性和普及性的力作。在本书即将出版之际，作者邀我为其作序。就本人的学识水平与业界影响力来说，本无力担此重任，但他坚忍不拔的意志和顽强执着的精神感染着我，只好欣然领命，写下这样一段文字，请读者批评指正。

黄滨坚持"将透明进行到底"的理念，围绕数字供应链发展的实际，从基础理论、思维意识和工具、实践应用三个层面渐次展开，为读者呈现了认识供应链、把握供应链、改善供应链的独特视角。本书不仅追求理论创新，也追求实用性，这正是本书的一大亮点。为了帮助读者深入了解每个章节的内容，全书列出了 90 道思考讨论题。如果读者能够结合自身企业的特性，围绕这 90 个问题做深度思考，一定能打开管理思路。

目前，我国经济已由高速增长阶段转向高质量发展阶段。推动物流业的高质量发展，既需要实践领域的推动，也需要理论体系的探索。黄滨多年来坚持实践，对"物流透明"理论的普及深化发挥了积极的促进作用。希望黄滨不忘初心，牢记使命，继续耕耘，不断前进。也希望更多的物流工作者和理论研究人员投身到我国物流行业经营规律的探索、挖掘、提炼和普及工作中来，为推进物流行业高质量发展，建设物流强国做出更大的贡献。

中国物流与采购联合会副会长
中国物流学会（执行）副会长
"十四五"国家发展规划专家委员会委员
于 2019 年 7 月

序三

今天收到黄滨先生的又一部著作《透明数字化供应链》，我欣然受邀为其作序。

黄滨先生是西安交通大学管理学院的校外导师，在过去的 10 余年中，我们开展了多个方面的合作。以我的了解，黄滨先生是一位典型的学者型企业家。在 2006 年，他合伙创办了深圳市易流科技股份有限公司。今天，易流科技已经成为国内知名的企业，在物流科技、车货配载、无车承运人等领域做了诸多创新性的工作。

在经营企业的同时，黄滨先生深入研究在实践中发现的问题，将理论联系实际，创新性地提出了"透明管理"理论和技术。在过去一段时间里，他连续出版了《物流透明 3.0》《互联网＋物流导航》等多部著作。

难能可贵的是，他给自己定下了举办 100 场透明管理讲座的计划，希望将自己的心得传播给更多企业管理人员和研究人员，到今天已经基本上完成了这个目标。我真心为黄滨先生这位朋友和合作伙伴而自豪，为其付出而感动！

今天，互联网、物联网的广泛应用，加速了社会活动的透明化进程。《透明数字化供应链》可以说是黄滨先生对透明管理研究和实践工作的进一步升华。本书站在企业经营者的角度，思考供应链的演进发展规律，对企业如何规划自己的供应链战略，供应链从业人员如何提高自己分析和解决问题的能力，都给出了非常务实的建议。

概括地讲，这本书充分体现了学以致用的特点：一是结合企业实践，阐述和分析供应链管理的理论和技术；二是给出了企业开展透明数字化供应链管理的思维、技术和工具；三是将思想、技术和方法应用于实践，提出了构建透明数字化供应链的实施路径。

黄滨先生的这部新著既有丰富的理论内涵，又有具体的落地实践指引，是一本既切合实际又不乏理论支撑的实践指南。在书中，他还特别提炼了90个思考问题，读者可以将这些问题与书中的内容结合起来进行思考，以加深对书中理论知识的理解。

我们有理由相信，生产、流通和物流等领域的诸多企业家和管理人员，以及学校的教师和学生，都能通过阅读本书而受益。我们真心地希望广大企业运用本书所提供的管理思想和技术方法，推动企业的持续改善，打造出符合未来发展要求的、高效的供应链管理体系，全面提升企业的核心竞争力。

冯耕中

西安交通大学管理学院院长
西安企业家学院院长
中国物流学会副会长
于 2019 年 7 月

序四

易流科技的黄滨先生长期从事物流及供应链领域的理论研究与实践，先后出版了《物流透明 3.0》《互联网＋物流导航》等多部专著，为物流及供应链领域管理经验的提炼总结做出了有益的探索。

适逢黄滨先生的新著《透明数字化供应链》完稿，邀请我作序，我欣然接受。

黄滨先生始终紧跟时代的发展步伐，围绕"透明"这一核心理念不断丰富物流行业的理论研究，从最开始提出的"运输过程透明"，到随后的"物流透明 3.0"，再到本书所提出的"透明数字化供应链"，透明理论逐渐形成并得以完善。

通过阅读本书，读者不难发现，它不仅提供了认识供应链的历史视角、时代视角以及优化供应链的企业实践视角这三种视角，而且系统地阐述了认识供应链、优化供应链所需掌握的基本思维与工具，通过介绍供应链管理方法来帮助管理人员掌握供应链管理的一般规律，让他们能够结合自身的实际情况灵活地应对所面临的种种问题。

书中介绍的十四种思维意识与七种管理工具，正是黄滨先生结合自身多年的学习与实践经验所形成的对于供应链管理规律的认识。对任何一位希望掌握广泛适用的供应链管理方法的管理人士而言，这些思维意识与工具都是值得了解和应用的，它们可以为管理人员提供一条有效的能力提升途径。

相信每一位耐心阅读本书的管理人员都可以在学习和应用本书所介绍的理论知识的过程中，不断提升自己的供应链管理能力。管理能力的提升是没有止境的，读者朋友在看完本书后，还要进行持续的反思与实践，推动企业的持续改善。值得注意的是，黄滨先生在书中还特别提出了90个思考问题。结合这些问题，管理人员可以对自身所处的供应链进行更加深入的分析。

本书兼顾理论与实践，既有理论支撑，也有实践指引，对企业的经营有着一定的参考价值。相信本书的出版将进一步丰富国内的供应链管理理论，我期待着本书能为国内供应链相关领域的研究提供有益的借鉴。我也希望本书能够促进企业界涌现出越来越多能力杰出的供应链管理人员，并进一步推动国内的供应链管理水平迈上新台阶。

中欧国际工商学院运营及供应链管理学教授

中欧普洛斯供应链和服务创新中心主任

于 2019 年 7 月

序五

易流科技在创业伊始，就想做一家有灵魂且能够长远发展的企业。为了实现这个愿望和目标，这些年来我们一直在探索。在探索的过程中，我们发现，企业需要构建自身的道路自信、理论自信、制度自信和文化自信！易流科技下大功夫探索和建设"透明理论"体系，不仅是出于行业探索的需要，也是出于构建企业自身理论自信的需要。

"透明理论"体系不断发展的过程，也是易流科技对行业认知不断深化的过程。从2007年的《运输过程透明管理》，到2015年的《物流透明3.0》，再到如今的《透明数字化供应链》，"透明理论"体系的研究视野，从最开始的运输过程，逐渐拓宽到物流全链条，再到如今的供应链生态体系，我们对行业认知的广度和深度是在不断增加的。

"透明理论"体系，不仅是易流科技对行业探索和研究的总结，也是易流科技进行"透明服务"创新的指南。在"运输过程透明"阶段，易流科技的产品体系主要聚焦于车队管理和运输过程的可视化；在"物流透明"阶段，易流科技的产品体系更加聚焦于货物本身的移动过程。在接下来的"供应链透明"阶段，易流科技将会通过持续创新，为广大的生产制造企业、商贸流通企业、物流企业和供应链企业等提供更加广泛和更深层次的产品服务、数据服务、应用功能服务、技术服务和解决方案服务等。

本书的作者黄滨老师是易流科技的联合创始人。2006年9月19日，我们共同创办了深圳市易流科技股份有限公司。多年来，黄老师一直致力于物流及供应链理论的研究和传播，对丰富和完善"透明理论"体系做出了开创性的贡献。黄老师所带领的理论研究团队的新著

　　《透明数字化供应链》是"透明理论"体系建设的一个新的里程碑。"透明理论"体系的建设和发展是永无止境的，易流科技将会持续地加大理论研究和建设方面的投入。

　　最后，希望此书能给广大读者带来启发和思考，给不同企业的供应链管理变革带来有益的借鉴！

深圳市易流科技股份有限公司董事长

于 2019 年 7 月

自序

亲爱的读者，祝贺您即将正式开启阅读本书之旅！在这个信息大爆炸、知识碎片化、男女老少都被智能手机俘虏成"低头族"的时代，如果您还能静下心来手捧书卷进行系统的阅读和学习，那么您定会获得与众不同的洞见。

人与人之间最大的不同，不是体形与外貌的差异，也不是财富与地位的差别，而是每一个人看待世间万物的视角不同、认知不同、感受不同。

在供应链领域，每个人看问题的视角是不同的，对供应链的认知与理解也是不同的。本书的宗旨就是带领读者以系统的视角来重新认识供应链，剖析供应链，并探讨如何驾驭供应链。

大家在阅读正文内容之前，有必要对本书的基本视角和内容结构等有一个大致的了解。请大家以学以致用的心态来阅读各个章节的内容。

本书的基本视角

本书以三大基本视角来看待问题，这三个基本视角分别是历史的视角、时代的视角和实践的视角。

首先，我们要以历史的视角来认识供应链。有人认为供应链博大精深，穷尽一生都无法全面了解供应链，把握供应链的本质。他们如此恐惧，是因为他们在供应链里面看供应链，只见树木不见森林，仿佛在森林里迷失了方向。

也有人认为，供应链只是一个高度抽象和概括的概念，是一幅只有轮廓而没有具体内容的画像，似乎谁也说不清供应链究竟是什么。他们如此困惑，是因为他们缺乏对供应链的深入剖析与感受。

要想客观、深入地理解供应链，就要以历史的视角来认识供应链。供应链的出现早于"供应链"这个概念的出现。供应链在远古时代就出现了，只不过最近人们给它起了一个名字叫"供应链"。我们不能简单地根据一个人的名字来判断这个人的品行与能力。同样的道理，我们也不能简单地根据供应链的概念和定义来粗浅地判断供应链。历史目光如炬，只有它才知道供应链为何物，我们要以历史的眼光来认识供应链。

其次，我们要以时代的视角来洞察供应链。时代之势，浩浩荡荡，顺之者昌，逆之者亡。供应链历来都是顺势发展的，供应链接下来的发展也必定是顺势而为的。

当下的时势是什么？当下时势最大的一个特点就是透明数字化。信息通信技术的发展，互联网、物联网和人工智能的发展，都在不断地强化透明数字化。人们所说的数字经济、数字时代，都建立在扎实的透明数字化的基础之上。在这样的趋势下，传统供应链必将转型为透明数字化供应链，这正是本书的主题。

最后，我们要以实践的视角来驾驭供应链。历史的眼光和时代的视角纵然能让智者"前知五百年，后知五百年"，但若对改变供应链艰难的现实与现状没有帮助，又有何用？所以，我们要以实践的视角来探讨如何驾驭供应链。

在现实中，是谁在驾驭供应链呢？不是博学的学者，不是勤勤恳恳、精益求精的产线工人，也不是单独的某家企业。驾驭供应链的是市场，是经济政策，是供应链整个链条上各家企业之间的协作。其中，不同企业之间的协作才是驾驭供应链的真正舵手，每一家企业只能驾驭自身所能掌控的某些供应链环节而已。因此，我们要以企业经营管理实践的视角来探讨如何驾驭供应链。

本书的内容结构

本书共分为五篇，分别是供应链历史观、透明数字化供应链、供应链的局、思维意识和工具以及透明数字化供应链实践。

第一篇以历史的视角来阐述供应链。该篇包括五章内容。

第1章主要阐述了供应链的重要性。如果读者早已认同供应链很重要，那么可以略读本章。

第 2 章主要阐述了供应链发展的历史脉络。本章讲述了很多关于供应链的历史和经济知识，比较有趣，建议读者仔细阅读。

第 3 章和第 4 章阐述了供应链的基本知识。如果读者对供应链非常熟悉，那么可以略读这两章；如果读者未曾系统地学习过供应链的相关知识，就要认真阅读这两章，并了解供应链相关概念背后的知识。

第 5 章主要剖析了供应链发展趋势形成的原因。如果读者对经济发展趋势已洞若观火，那么可以略读本章。

第二篇以未来的视角来看待供应链。该篇包括五章内容。

第 6 章对透明数字化进行多维度剖析，阐述了透明与数字化的基本常识，透明与数字化之间的关系，以及透明数字化的基本观点。如果读者的对科学理论研究感兴趣，那么可以认真阅读本章；如果读者对科学理论不太感兴趣，那么可以略过本章。

第 7 章、第 8 章和第 9 章系统地阐述了透明数字化供应链的内涵，建议读者认真阅读。

第 10 章主要阐述了实现透明数字化供应链所需的相关条件。如果读者是业界人士，建议重点关注前两个小节；如果读者是政策制定者或行业协会等方面的人士，建议重点关注第三个小节。

第三篇以企业实践的视角来阐述如何推动供应链变革。该篇包括四章内容。

第 11 章主要阐述了如何以全局的视角来看待供应链，主张用企业系统思维来看待供应链。如果读者对企业系统有非常深入的了解，那么可以略读本章；如果读者对企业系统的运行认知不足，那么请认真阅读本章。

第 12 章主要阐述如何了解供应链及企业系统的现状，建议读者认真阅读本章。

第 13 章主要介绍了如何设计供应链升级方案，第 14 章主要介绍了如何推动企业供应链的变革，建议读者仔细阅读这两章。

第四篇以思维意识和工具的视角来阐述从事供应链管理应该掌握的思维意识和工具。该篇包括两章内容。

第 15 章主要介绍了供应链管理者需要具备的思维意识，提供了认识供应链的多个视角，建议读者仔细阅读。

第 16 章主要介绍了开展供应链管理的一些必备工具，介绍了一系列适用于特定场景的问题处理方法，建议读者结合实践加深对工具的理解。

第五篇以实践操作的视角为分析、优化、构建透明数字化供应链提供了实践路径。该篇包括四章内容。

第 17 章主要介绍了对供应链进行定性评估的一些思路。

第 18 章主要介绍了对供应链进行定量评估的一些思路，建议读者结合自身企业的情况仔细阅读。

第 19 章主要介绍了透明数字化供应链的实践路径，建议读者仔细阅读。

第 20 章主要介绍了供应链达人的进阶路径，为供应链管理人员的成长发展提供了实用的建议，建议读者仔细阅读。

本书力求学以致用

如果您想达成学以致用的目标，那么请在阅读本书的过程中做到三点：一是结合现实情况理解书中的知识和观点，二是将书中介绍的工具和方法内化，三是在经营管理实践中进行灵活应用。

结合现实情况理解书中的知识和观点，是指结合现实中行业及企业的实际情况来理解书中的知识和观点。读者可以根据本书提供的脉络，结合自身经验对各个知识点进行补充和丰富。书中的知识、观点和理论是用来帮助读者理解现实的，所以大家必须结合现实情况来对书中的内容进行独立思考、理解和吸收。例如，供应链的重要性、供应链的发展过程、供应链管理的本质等是不是第 1 章、第 2 章和第 4 章描述的那样，读者要结合现实情况加以判断。

将书中的工具和方法内化，是指对书中的各种工具和方法的内在逻辑建立清晰的认识，并将其内化为自身的思维方式。例如，判断企业的现状时，自然就会想到一系列的评价指标；分析企业系统时，自然就会想到用 SIPOC 模型来分析，等等。孟子云："尽信书，不如无书。"读者在阅读的过程中要独立思考。同时，建议读者认真对待每一章后面的思考讨论题，结合这些问题来加深对内容的理解。

在经营管理实践中进行灵活应用也非常重要。《金刚经》有云："一切有为法，如梦幻泡影，如露亦如电，应作如是观。"任何知识、观点、方法及工具的应用都需要结合现实场景，都有前提条件。例如，管理者要结合行业和企业的实际情况来制定企业供应链升级的目标，制定切实可行的实施方案和实施路径。要想做到灵活应用，就要忘记书中的原文是如何叙述的，但要能够运用书中的知识、观点、理论、方法和工具来分析问题，解决问题。

希望读者通过阅读本书，学会先把书"读薄"再把书"读厚"（读薄是指提炼出书中的关键知识点，理解关键知识点；读厚是指围绕关键知识点深入思考，提出自己的看法），最后把书"读没了"，形成自己的一套看待问题、分析问题和解决问题的知识及方法体系，真正做到学以致用。

透明数字化供应链的整体架构

数字化一切、将一切数字化已经成为一股不可阻挡的时代潮流。物流及供应链领域的数字化研究和探索方兴未艾。

本书所介绍的透明数字化供应链的整体架构如图1所示。理解透明数字化供应链可以从技术基础、透明数字化供应链结构、数字化场景和消费者感知四个层次入手。

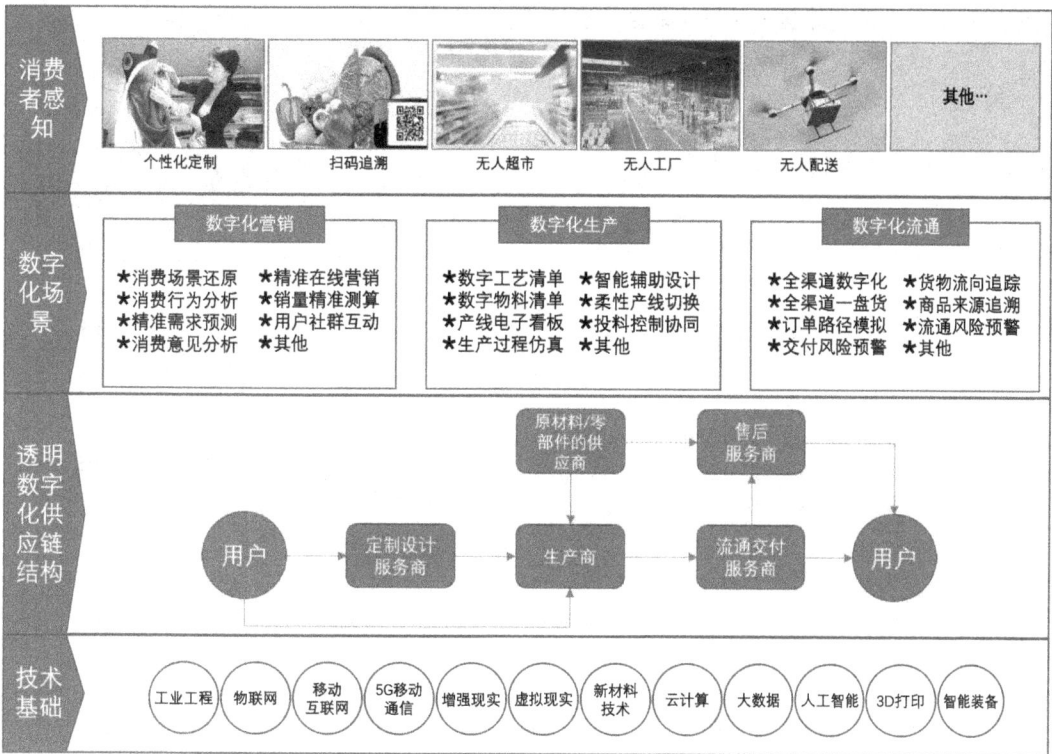

图1　透明数字化供应链示意图

（1）技术基础。透明数字化供应链建立在一切可用的先进技术的基础之上，包括但不限于物联网、移动互联网、云计算、大数据、人工智能、智能装备和工业工程等。

（2）供应链结构。透明数字化供应链的结构与传统供应链有很大的不同。在透明数字化供应链中，用户的需求触发供应链流程。这个流程从用户的需求表达环节开始，到用户使用或享用商品或服务环节结束，这是一个端到端的闭环流程。而设计服务商、生产商、流通交付服务商、零部件供应商和售后服务商等供应链参与角色，在透明数字化供应链的机制下，为实现对用户需求的快速有效响应而密切配合、紧密协同。

（3）数字化场景。透明数字化供应链将表现为多元的数字化场景，包括但不限于数字化营销、数字化生产和数字化流动等场景。

（4）消费者感知。消费者对透明数字化供应链的感知，可能来自对便捷的个性化定制、扫描追溯、无人超市、无人配送等消费场景的体验，也可能来自无人工厂、定制服务等工作环境及工作方式的变化。

总之，图1只是对透明数字化供应链的简单描绘，透明数字化供应链的未来形态肯定会超出我们的想象。而本书的任务，就是对透明数字化供应链进行定义、解构和剖析，介绍做好透明数字化供应链管理工作所需的意识和工具。

全书思考与讨论题汇编

苏格拉底说，最好的授课方式是提出问题，启发学员思考，学员的思考过程比问题的答案更加重要。

在编著本书的过程中，笔者围绕每个章节的内容，一共给出了90道思考与讨论题，这些问题基本都是开放性的问题，没有唯一正确的答案。通过思考这些问题，读者能够深入理解本书的内容，对供应链产生更全面的认识。

请您认真思考这90个问题。回答这些问题时，可以跳出本书找答案，不要被本书的框框所限制。对这90个问题进行思考的过程，也是把这本书"读厚"的过程。

您可以一个人思考，也可以组织团队共同思考。

1. 企业如何获得供应链的话语权？

2. 为什么在招商引资时要考虑供应链的整体配套？

3. 从供应链的视角来看，深圳为什么会成为全球电子信息产业基地？

4. 结合个人的理解，阐述我国完备的供应链体系对未来全球产业分工格局有什么影响？

5. 请您根据自己的理解，给供应链下一个相对完整的定义。

6. 供应链的基本结构是什么？请阐述供应链的演进过程。

7. 假设您是古时候的君王或宰相，您打算怎么管理粮食、盐和铁的供应链？

8. 您怎么看待第一次工业革命以来的供应链发展？

9. 牛鞭效应会带来什么样的消极影响？如何从根本上解决牛鞭效应所带来的问题？

10. 供应链的管理难题有哪些？

11. 假设您是一家大型企业的CEO，您打算怎么管理企业的供应链？

12. 您打算如何培养您所在企业的供应链人才？

13. 请谈谈您对供应链管理本质的理解。

14. 请谈谈供应链中信息流、实物流、资金流、商流、单据流和业务流之间的关系。

15. 请谈谈您对供应链"正三流"集成和"副三流"集成的理解。

16. 请列举现实生活中消费升级的例子。

17. 请谈谈您对 C2B 和 C2M 模式的理解，它们的瓶颈分别在什么地方？

18. 哪些因素在影响和推动着供应链的变革？

19. 请谈谈您对供应链数字化的理解。

20. 什么是透明？请谈谈您对透明的理解。

21. 透明与数字化之间是什么关系？您如何理解透明数字化？

22. 一个透明的世界会给社会和个人带来什么？请谈谈您的理解。

23. "物流透明 3.0" 理论的核心观点是什么？

24. 透明数字化供应链的定义是什么？

25. 透明数字化供应链与数字化供应链有什么异同之处？

26. 透明数字化供应链的理论框架是什么？

27. 透明数字化供应链的需求传导机制是什么？怎样才能够做到先明确需求再组织供给？

28. 透明数字化供应链的基本结构是什么？其与传统供应链的结构有什么区别和联系？

29. 透明控制塔体系的核心思想是什么？企业如何构建透明控制塔？

30. 相比于传统供应链，透明数字化供应链的角色关系会发生哪些变化？

31. 透明数字化供应链为什么能够消除牛鞭效应？

32. 透明数字化供应链在数字经济中的作用和价值是什么？

33. 在透明数字化供应链时代，个人如何才能够工作得更好、生活得更好？

34. 如何让传统供应链接受技术赋能，使之转变为透明数字化供应链？

35. 如何在业务运营层面让透明数字化供应链取代传统供应链？

36. 透明数字化供应链的发展需要什么样的人才来推动？如何培养这个方面的人才？

37. 如何理解宏观政策对透明数字化供应链发展的重要性？

38. 站在企业的立场，如何看待供应链全局？

39. 企业的供应链管理涉及哪些方面的事务？

40. 从供应链的视角来看，企业中高层管理者的责任和使命是什么？

41. 供应链的价值链延伸有哪几种方式？如何理解？

42. 了解企业的供应链现状时，具体要了解企业的哪些方面？

43. 企业推动供应链变革的目标有哪些？

44. 假如您是企业的供应链负责人，您敢不敢接手企业的供应链变革工作，敢不敢挑战企业的供应链残局？对于企业的供应链变革，您将如何做到胸有成竹？

45. 企业的供应链升级具体包括哪些内容？

46. 制定企业供应链升级目标时，需要考虑哪些因素？

47. 对于企业的供应链升级，您会在自身的权责范围内做些什么？

48. 推动企业的供应链转型为透明数字化供应链可能面临哪些困难？企业应该如何布局？

49. 推动企业的平台化转型，需要做好哪些方面的事情？

50. 为什么要培育企业的透明数字化基因？如何培育和壮大企业的透明数字化基因？

51. 如何理解"你看到的是你想看到的"这句话？

52. 思维意识如何影响工作？

53. 您在平时的工作中是否应用了供应链管理人员应具备的14种思维意识？

54. 请试着列出一个您最想解决的问题。

55. 对于该问题，您绘制鱼骨图的目的是什么？仅仅是将问题分类，还是找出原因和对策？

56. 您认为"五问法"能否帮您将问题细化到不能再细化？

57.请运用 PDCA 循环对供应链业务流程进行梳理，包括计划、采购、库存、生产和运输等环节，尽量做到真实和详细。

58.在供应链的运输环节，如果出现延迟交货、配送时间过长等问题，请试着运用 PDCA 循环分析原因并制定相关对策。

59.请列出贵公司（部门）的客户，包括最终用户。

60.您认为贵公司（部门）客户的需求是否明确？请列出您所认为的客户需求。

61.贵公司（部门）的核心流程有哪些？其产品或服务是否满足了客户的需求？

62.贵公司（部门）需要向上游公司（部门）获得哪些支持？

63.贵公司（部门）的关键供应商有哪些？它们分别提供什么产品或服务？

64.基于对价值流的理解，请试着画出贵公司的价值流现状图。

65.基于现状，贵公司主要存在哪些问题？请根据这些问题尝试画出价值流未来状态图。

66.画出价值流未来状态图后，请尝试制订价值流改善计划。

67.您认为改善计划能否得到有效落实？如果不能，请谈谈主要的阻碍有哪些，如何克服？

68.如果您是贵公司运输部门的负责人，您认为贵公司运输业务目前最迫切需要解决什么问题？

69.请用图表描述该问题的具体状况，对问题进行细化描述。

70.造成该问题的根本原因有哪些？如何确定？

71.列出针对问题的根本原因所需采取的对策，由谁负责实施？需要多久？

72.能否用可衡量的数据来解释该问题得到解决后应获得的效果？

73.问题是否得到了预期的改善？该问题的解决能否为其他部门提供帮助？

74.您认为能否利用瓶颈来控制贵企业的供应链运行？

75.如何找到贵企业的瓶颈？

76. 您是如何改善瓶颈的？

77. 您认为六顶思考帽与传统的思考方法相比有哪些特点？

78. 请在一次会议中运用六顶思考帽进行团队讨论。

79. 请试着运用某种思维意识和工具分析贵公司所处的供应链，新的认识与以前的认识有何不同？

80. 请写下您在供应链管理中遇到的问题，您认为哪些思维意识和工具能够帮助您解决问题？

81. 您认为哪些思维意识和工具值得在整个企业推广？

82. 用哪几个定性评估指标能够描述贵公司的供应链水平？

83. 提高供应链协作能力有什么价值？

84. 如何评价供应链的协作性？

85. 结合自己企业的实际经营状况，试着用有效产出、营运费用和投资三个指标分析自己企业的考核指标设置是否合理。

86. 如何在考核中把时间的价值因素考虑进去？

87. 企业在什么情况下选择供应链优化路径？在什么情况下选择供应链重构路径？

88. 在供应链优化及重构的过程中，如何实现传统供应链向透明数字化供应链转型？

89. 结合本书内容，给自己制订一个供应链技能提升计划。

90. 结合本书内容以及自身的实际情况，给自己企业的初、中、高三个层次的岗位画像。

目录

第一篇 ┃ 供应链历史观

第1章 供应链的"输赢" ·· 2

1.1 国家间竞争的供应链较量 ································· 2

1.2 区域经济的供应链生态 ····································· 4

1.3 企业发展的供应链基础 ····································· 6

第2章 供应链的发展史 ·· 9

2.1 供应链诞生的经济基础 ····································· 9

2.2 我国古代的供应链发展 ····································· 11

2.3 工业革命以来的供应链发展 ······················· 14

2.4 "供应链"概念诞生以后的供应链研究概述 ······· 21

第3章 供应链的困境 ·· 24

3.1 牛鞭效应的消极影响 ·· 24

3.2 供应链管理的困境 ·· 25

3.3 供应链人才培养的困境 ····································· 27

第4章 供应链管理的"三流演义" ……………………………… 30

4.1 供应链的"正三流"与"副三流" ……………………… 30

4.2 供应链管理难题与"三流"的关系 …………………… 32

4.3 把握供应链管理的本质 …………………………………… 33

第5章 供应链变革的时代动力 ………………………………… 36

5.1 消费模式变化拉动供应链变革 ………………………… 36

5.2 制造技术升级驱动供应链变革 ………………………… 39

5.3 信息通信技术升级推动供应链变革 ………………… 41

5.4 物流装备及基础设施升级助力供应链变革 ………… 44

5.5 可持续发展诉求推动供应链变革 …………………… 45

第二篇　透明数字化供应链

第6章 对透明数字化的多维剖析 ……………………………… 50

6.1 对于透明的多重理解 ……………………………………… 50

6.2 关于数字化的科学常识 …………………………………… 52

6.3 透明与数字化的关系 ……………………………………… 54

6.4 科技正在编织一个透明数字化的世界 ……………… 56

第7章 透明数字化供应链的理论框架 ……………………… 59

7.1 透明理论体系的深化 ……………………………………… 59

7.2 透明数字化供应链的定义 ……………………………… 62

7.3 透明数字化供应链的核心内涵 ………………………… 64

第8章　供应链逻辑重构 ···················· 70

8.1　供需逻辑重构 ························· 70

8.2　业务逻辑重构 ························· 74

8.3　数据流逻辑重构 ······················· 79

8.4　供应链角色关系重构 ····················· 87

第9章　透明数字化供应链图景展望 ··············· 90

9.1　突破传统供应链的困境 ···················· 90

9.2　数字经济载体 ························· 92

9.3　改变生产和生活方式 ····················· 95

第10章　透明数字化供应链的实现路径 ············· 98

10.1　技术赋能的实现路径 ···················· 98

10.2　业务运营的实现路径 ···················· 101

10.3　政策助推的实现路径 ···················· 104

第三篇　供应链的局

第11章　供应链的局里局外 ················· 110

11.1　企业内部分工与供应链分工 ················· 110

11.2　业务运营的目标就是提高有效产出 ·············· 113

11.3　企业要通过价值链延伸实现发展 ··············· 115

11.4　供应链管理的局里局外人 ·················· 117

第12章　挑战供应链残局 ················· 121

12.1　企业的基本面与成长潜力 ················· 121

12.2　业务流程体系的流畅性 ················· 124

12.3　企业的数字化基础现状 ················· 126

12.4　思考破局的方法 ················· 128

第13章　谋供应链胜局 ················· 131

13.1　供应链架构升级 ················· 131

13.2　供应链网络升级 ················· 136

13.3　供应链管控升级 ················· 140

13.4　实事求是地制定升级目标 ················· 143

第14章　布局透明数字化供应链 ················· 146

14.1　植入透明数字化供应链理念 ················· 146

14.2　推动企业的平台化转型 ················· 148

14.3　培育透明数字化基因 ················· 150

第四篇　思维意识和工具

第15章　认识透明数字化供应链所应具备的思维意识 ·········· 154

15.1　系统意识 ················· 155

15.2　统筹意识 ················· 155

15.3　协同意识 ················· 156

15.4　特殊因与共同因意识 ················· 157

15.5　弹性与柔性意识 ················· 158

15.6　时空意识 ·· 158

15.7　流动意识 ·· 159

15.8　瓶颈意识 ·· 160

15.9　透明数字化意识 ····································· 161

15.10　AI 意识 ··· 162

15.11　工业工程意识 ······································· 163

15.12　现地现物意识 ······································· 164

15.13　结果前置意识 ······································· 165

15.14　精进意识 ·· 166

第 16 章　构建及优化透明数字化供应链所应掌握的管理工具 ·· 167

16.1　六顶思考帽 ·· 167

16.2　鱼骨图 ··· 171

16.3　PDCA 循环 ··· 173

16.4　SIPOC ··· 176

16.5　价值流图 ··· 179

16.6　A3 报告书 ·· 184

16.7　TOC ·· 186

16.8　思维意识和工具小结 ······························ 202

第五篇　透明数字化供应链实践

第 17 章　供应链定性评估的思路 ························ 206

17.1　定性评估的三种视角 ······························ 206

17.2　定性评估思路探索 ··································· 209

第 18 章　供应链定量评估的思路 ………………………… 211

18.1　三种比较经典的绩效评估思路 ………………… 211

18.2　定量评估的思路探索 …………………………… 214

第 19 章　透明数字化供应链实践路径 ………………… 217

19.1　供应链优化路径 ………………………………… 217

19.2　供应链重构路径 ………………………………… 219

第 20 章　供应链达人的进阶路径 …………………… 223

20.1　供应链人员的行业相关性 ……………………… 223

20.2　供应链人员的层次性 …………………………… 224

20.3　供应链达人的进阶之路 ………………………… 225

20.4　供应链达人的书单 ……………………………… 226

附录 A　探索透明数字化供应链的实践案例 …………… 229

案例一　日化品企业的订单智能履约 ………………… 229

案例二　乳品供应链全链条追溯 ……………………… 230

案例三　平台化的集装箱多式联运网络 ……………… 233

参考文献 ……………………………………………… 237

后记 …………………………………………………… 239

致谢 …………………………………………………… 241

第一篇

供应链历史观

供应链涉及经济、管理、科技、人文等方方面面，既有抽象的和复杂的一面，又有浅显的和常识性的一面。要想更好地理解供应链，就要在浩浩荡荡的历史洪流中去洞察供应链的发展脉络，并回归常识去发现供应链的朴实与灵性。

本篇包括以下五章。

第 1 章　供应链的"输赢"

第 2 章　供应链的发展史

第 3 章　供应链的困境

第 4 章　供应链管理的"三流演义"

第 5 章　供应链变革的时代动力

第 1 章　供应链的"输赢"

一个国家的经济地位或经济话语权、一个地区的贫富程度、一家企业的市场竞争力，都与供应链有着千丝万缕的联系。国家经济政策的制定者、各地区主管经济发展的官员、企业的掌舵者，都要充分认识到供应链的重要性。供应链输，则满盘皆输，供应链赢，则发展潜力及后劲无穷。

1.1　国家间竞争的供应链较量

日美汽车贸易战以及各国"世界 500 强"企业数量的变化均说明了国家间的经济竞争的核心是供应链的竞争。

从供应链视角看美日的汽车贸易战

美日双方在汽车领域的贸易战，实际上已经持续了几十年。日本拥有完整且不断升级的汽车供应链体系，日本汽车仍旧风靡全球。

20 世纪七八十年代，日本工业特别是汽车产业快速崛起。1980 年，日本的汽车年产量就已突破 1100 万辆，超过美国成为第一大汽车生产国。日本汽车以卓越的性能和节油特色，受到全球市场的欢迎。出口到美国的日本汽车达到 200 万辆以上，这对美国的汽车产业造成了巨大冲击。美国的克莱斯勒、福特和通用三大汽车公司均遭受了不同程度的亏损。美国政府开始重视，并决定进行干预。

美国从 1981 年开始对日本汽车的整车进口采取限额政策。1981 年是 168 万辆，1982 年是 193 万辆，1993 年是 230 万辆。到了 1994 年，日本出口美国的汽车数量又被迫降低到 165 万辆。从 2007 年开始，美国开始利用日本汽车出现的一些质量瑕疵来打压日本汽车，丰田汽车的召回事件就是在 2007 年从美国开始爆发的，并持续了数年时间。即便美国对日本汽车进行打压，同时大力扶持美国本土汽车品牌，可一旦放宽限额，日本出口美国的汽车数量就会增长。2017 年，出口到美国的日本汽车达 243 余万辆。

从全球汽车销量来看，近年来日本汽车一直占据领先地位。其中，丰田在 2013 年—2017年连续 5 年，每年的销量超过 1000 万辆。日本汽车的成功可以归功于丰田模式在汽车供应链方面的长期积累。虽然日本汽车比较依赖全球市场，但由于其供应链从整车研发设计到零部件供应再到整车组装调试的完整性和自主性，所以不会因为受到美国的打压而伤筋动骨。

从供应链视角看全球产业转移

第二次世界大战结束后，差不多每隔 20 年就会发生一次全球性的产业转移。在产业承接的过程中，有的国家或地区完成了供应链体系的构建和升级，从而走向现代化；有的因为没有及时完成对供应链的构建和升级，最终被其他更具优势的国家或地区替代（见图 1-1）。

美国 ➡ 日本 德国 ➡ 亚洲 四小龙 ➡ 我国沿海 地区 ➡ 我国内陆地区 及东南亚

20世纪50年代　　　20世纪70年代　　　20世纪90年代　　　21世纪10年代

图 1-1　全球产业转移示意图

第一次产业转移发生在 20 世纪 50 年代，主要是美国将钢铁和纺织等部分中低端制造业向德国和日本转移。德国和日本在承接产业转移的同时，成功地构建和升级了自己的供应链体系。迄今为止，德国和日本仍旧是制造业和经济强国。

第二次产业转移发生在 20 世纪 70 年代，日本和德国将中低端制造业转移到亚洲太平洋沿岸的国家和地区。在这个过程中，新加坡、韩国和我国的香港、台湾脱颖而出，成为"亚洲四小龙"。就目前来看，在制造业供应链的升级方面，韩国做得更加出色，并在电子、汽车等产业领域占有重要地位。

第三次产业转移发生在 20 世纪 90 年代，"亚洲四小龙"把制造业转移至我国沿海的改革开放前沿城市。经过 30 年的发展，在珠三角、长三角及沿海的一些地区，已经形成了极具特色的产业集群和完整的供应链生态（1.2 节将进一步介绍）。我国沿海地区能够成功承接这一轮产业转移，与我国努力推进工业化进程，初步建立起完整的工业体系，初等教育基本普及，高等教育蓬勃发展，高素质、高技能人才供给充分等因素有极大的关系。

第四次产业转移发生在 2010 年左右，部分制造业向我国内陆地区和周边国家（如越南、泰国、印度等）转移。我国内地及周边国家在承接产业转移的时候，有的做得好，有的做得一般，这很大程度上取决于有没有应用供应链思维来做好产业集群的构建（1.2 节将进一步介绍）。

从供应链视角看"世界 500 强"企业的变迁

一个国家的经济发展好坏，除了看 GDP，还可以看各个国家"世界 500 强"企业的数量（见图 1-2）。"世界 500 强"企业的诞生，表面上依赖于市场或资源垄断，实际上依赖于完整的供应链生态以及有组织的价值创造。

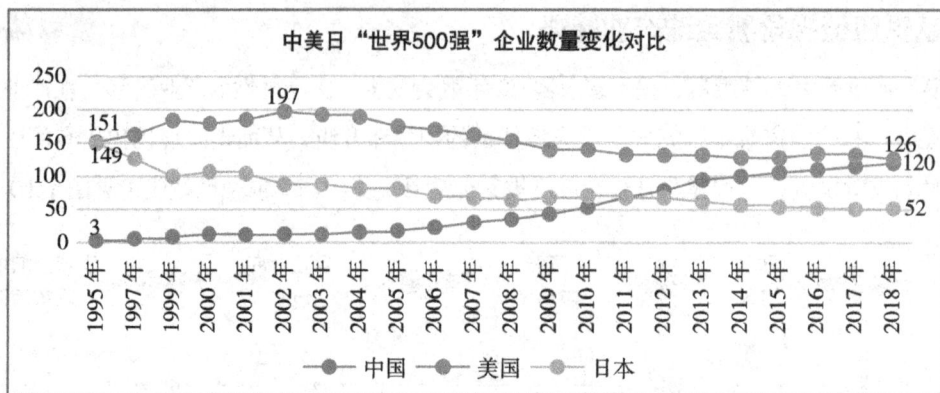

图 1-2 中美日"世界 500 强"企业数量变化对比

《财富》杂志在 1995 年正式推出"世界 500 强"企业榜单，排名依据是企业的年度营业收入。1995 年，中国仅有 3 家企业上榜；美国有 151 家企业上榜，位居世界第一；日本有 149 家企业上榜，位居世界第二。

在 2019 年的"世界 500 强"企业榜单中，我国企业的数量已达到 129 家，超过美国的 121 家，位居世界第一。多年来，我国构建了门类齐全的工业及制造体系，经济迅猛发展，产业结构不断升级，供应链生态逐渐完善，已经成为制造业第一大国。这也使我国的国际经济地位不断增强，国际经济话语权逐渐增强。

1.2 区域经济的供应链生态

一个地区的贫富程度与当地的产业有关，凡是经济发达的区域都构建了自己的产业集群，而产业集群的核心是供应链生态。本节将从产业集群和招商引资两个方面来探讨供应链对区域经济的重要性。

区域产业集群与供应链

我国民营经济最活跃的三个省份浙江、广东和福建，都不同程度地出现了区域性的产业集群，形成了区域性的供应链生态，这让当地经济产生了滚雪球式的规模效应，凝聚形成了区域性的经济竞争力。

浙江省民营经济最有特点的两个地方，一个是温州，另一个是金华的义乌。

温州形成了别具一格的县域产业集群：乐清（县级市）的断路器，瑞安（县级市）的汽车、摩托车零配件，鹿城（区）的皮鞋，永嘉（县）的泵阀，瓯海（区）的眼镜，龙湾（区）的制笔。每一个产业集群都是一个非常完整且高度互动的供应链生态。以乐清的断路器产业集群为例，一个断路器根据型号不同有数十个至数百个零部件，整条供应链还是比较复杂的。

在乐清，断路器的设计、模具制造、零部件生产、整件装配、包装材料与印刷等，都有完整的配套。每一个供应链环节，都有数十家中小企业或数百家小微企业提供服务，不仅供应链上下游紧密互动，而且每一个环节中的各家企业也充分竞争。同时，在德力西、正泰等大型电器集团的牵引力作用下，不断有人才和技术溢出。大型企业不断升级产品，转向中高端，低端产品则不断溢出，由广大的中小微企业生产。由于产业集群优势，全国甚至全世界的断路器类电子产品大部分都是在乐清生产的。

义乌是全球闻名的小商品产业聚集地，以针织、拉链、印刷、毛纺、工艺品和玩具等产品门类为主，集生产与批发贸易为一体。这些小商品的单个品类的供应链并不长，但把很多小商品聚焦在一起的时候，就形成了不同产品供应链之间的交叉，从而实现了部分供应链环节的规模效应。例如，把纽扣、拉锁、鞋带、围巾、袜子、饰物、打火机和五金工具等放在一起的时候，就形成了对上游的塑料、金属材料和纺织品的聚合拉动效应。这些小商品聚焦在一起的时候，不仅催生了庞大的批发贸易市场，也增强了商品对下游贸易商及终端客户的吸引力。

在广东的珠三角地区，也有类似于温州和义乌这样的区域产业集群，如深圳的电子信息产业、东莞虎门的服装产业、中山古镇的灯饰产业和佛山的陶瓷产业等。在福建泉州的晋江市，形成了由特步、安踏、361度和鸿星尔克等数十家企业构成的运动鞋服产业集群。在江苏丹阳，形成了眼镜产业集群。我国80%的镜片、全世界50%的镜片都是在丹阳生产的，世界各地的镜架流转到丹阳，和镜片一起被装配成眼镜，最后流转到世界各地。这些例子充分说明，区域性产业集群的形成，都是供应链的聚合效应使然。

招商引资与供应链

改革开放40多年来，全国各地都在大规模地进行招商引资。然而，招商的成败与供应链有着密切的关系。

长期以来，各地开展招商引资时多以土地配给、基础设施建设、税费减免等方式来吸引企业入驻。在欠发达地区，即便有很多优惠的招商政策，企业也不一定来，即便来了，也不一定就能实现产业落地。这背后的原因，主要是招商引资方缺乏供应链的视角和思维。一家企业决定在哪里落地，在很大程度取决于这个地区有没有相应的供应链配套设施，如果没有，企业是不会轻易落地的。

广西某边境口岸是热带坚果进口的主要通关口岸，但坚果的进口商绝大多数是长三角地区的企业。多年来，口岸所在地的政府一直下大力气想促成坚果的就地深加工，也推出了诸如提供土地建厂房、给予税费减免等政策，然而效果很不理想。虽然口岸所在地有几家小型加工厂，但深加工产业的规模十分有限。

笔者经过实地走访发现，这些小型加工厂内只有小型生产线。为什么不在口岸所在地进行深加工呢？因为口岸所在地的供应链配套实在太弱，连包装材料都是从长三角地区运过来的。深加工后，由于口岸所在地太偏，成品离下游客户太远，送货的物流成本过高。即便该地有口岸通关优势，但对整条坚果供应链来说，它也仅仅是一个物流节点。坚果的深加工步骤有很多，包括分级拣选、清水浸泡、裂壳、清洗、调味、烘干和包装等。在调味环节，加工企业通常要根据下游经销商客户的要求做调整，以满足每个市场区域内终端客户的需求；在包装环节，加工企业很多时候要使用下游经销商客户的包装。因此，在口岸所在地进行坚果深加工，还有很多的供应链条件不具备，招商引资的效果并不理想。

重庆曾用供应链的逻辑成功地开展过招商引资。重庆在 2008 年开始大规模向全球的笔记本电脑企业招商，包括惠普和宏基等。重庆不仅招品牌商和组装企业，还招零部件供应商，从而"无中生有"地在重庆构建了相对完整的笔记本电脑供应链体系。如今，重庆已经成为全球最大的笔记本电脑生产基地，全球三分之一的笔记本电脑都是在重庆生产的，而且70%~80% 的零部件实现了本地供应。

总之，各地应该从供应链的视角来思考招商引资政策，从供应链的视角来思考当地的产业发展政策。招来单个企业无法形成生态，企业没有供应链配套便无法生存。

1.3 企业发展的供应链基础

企业是基于供应链生存的，极少有企业能掌控供应链的所有环节。企业要想发展得更好，就必须重视供应链。没有供应链的紧密配合，再好的产品、营销或商业模式都没有办法落地。

关于手机供应链的两个案例

从供应链的视角来看，小米创业之初获得广泛赞誉的"饥饿营销"实则是供应链约束下的无奈选择；锤子手机出货量低与关注度高的反差，同样是供应链约束下的无奈。

小米在 2011 年推出了第一款手机，当时小米以网络营销和预售的方式将小米手机推向市场。小米第一款手机于 8 月 16 日发布，8 月 19 日发售 1000 部工程纪念版，9 月 5 日接受预定，10 月 20 日正式销售，12 月 28 日开放第一轮购买（限量）。随后，2012 年 1 月 4 日开放第二轮购买，1 月 11 日开放第三轮购买。第一款小米手机从发售到开放第三轮购买，经历了 5 个月的时间。当时，小米的营销策略被称为针对发烧友的"饥饿营销"。

小米选择"饥饿营销"，实际上是在供应链约束下的无奈选择。一家初创公司，可以有很好的产品设计理念，也可以引进尖端的设计人才，但若缺乏供应链话语权，则很难调动供应链资源来紧密配合企业的市场行为。

锤子起步时与小米一样，也是明星企业。锤子成立于 2012 年 5 月 28 日，其产品锤子手机的设计理念和营销宣传每一次都能吸引市场及社会的广泛关注，甚至一度被誉为"最有工匠精神和情怀"的手机。然而，锤子手机的迭代速度和出货量与其所受到的关注形成了巨大的反差。从 2012 年到 2018 年年底，锤子用 7 年时间推出了 8 款手机，2018 年的出货量大概是 300 万部。同时期的小米推出了近 20 款手机，2018 年的出货量高达 1.1 亿部；同时期的华为推出了 40 多款手机，2018 年的出货量高达 2 亿部，并已经成为全球出货量排名第二位的手机品牌商。锤子手机受到了市场的极大关注，但是锤子手机的迭代速度和出货量与其所受到的关注不成正比，其重要原因之一是锤子自身的实力和体量不足以支撑供应链的快速运转，从而在市场的竞争中处于被动地位。

煤炭新零售模式落地的障碍

笔者曾调研过北方某省的"世界 500 强"企业 S 公司，该公司想通过构建煤炭新零售平台来实现煤炭新零售模式的落地。尽管领导层的设想很宏大，但在落地环节却面临着诸多困难和阻碍，其根本原因是该公司缺乏供应链运营能力。

S 公司是当地有名的企业，掌握着当地的很多煤矿资源。S 公司旗下拥有众多的子公司，且子公司各司其职，例如，矿业公司负责挖煤，交易中心（公司）负责煤炭的在线交易撮合，运销公司负责收煤款结算、发提煤单等。实际上，煤炭供应链的核心掌握在经销商手中，供应链的信息流、资金链和物流都是通过经销商来协调的（见图 1-3）。

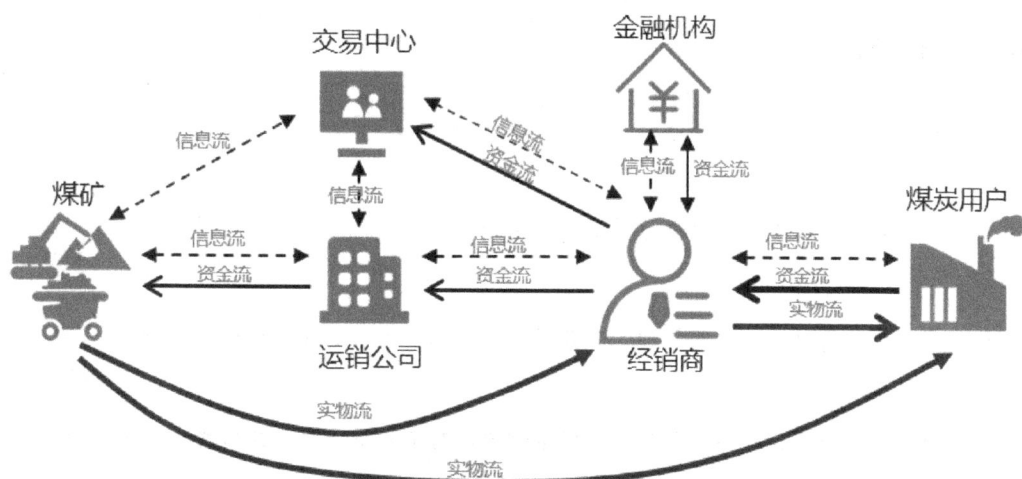

图 1-3　煤炭供应链示意图

S 公司想构建煤炭新零售平台，通过平台与终端客户接触，压缩经销环节，从而实现以终端价格把煤炭卖出去。这样的设想在落地时遇到了很多困难和阻碍，其中最重要的一点是

S 公司没有物流服务能力。在煤炭供应链的诸多增值环节中，末端的四个环节完全由下游的经销商客户控制，如图 1-4 所示。因此，打造煤炭新零售平台的关键不在于交易，而在于对供应链下游环节的整合。

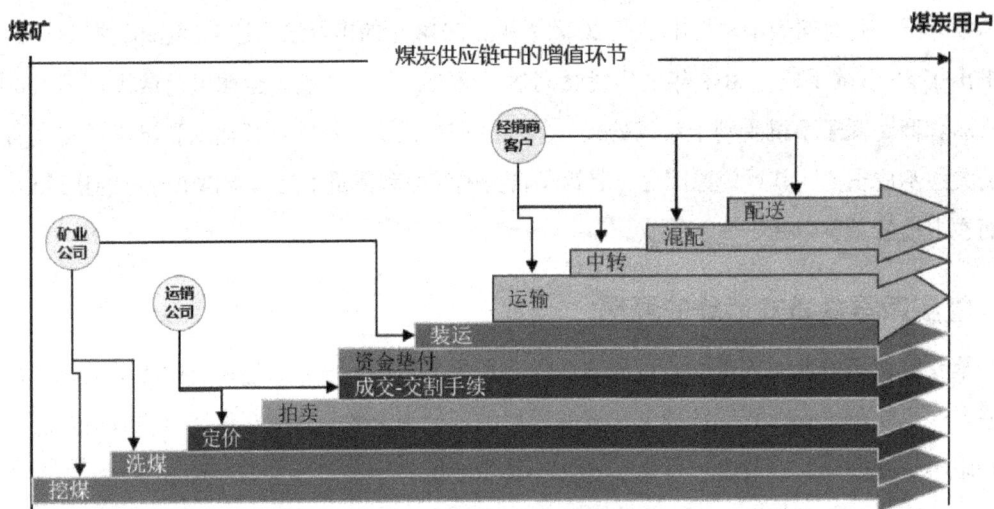

图 1-4 煤炭供应链的增值过程

该例子说明，局部的资源垄断不等于对供应链的掌控。若没有供应链延伸服务的支撑，企业要想增加市场份额，也就只能想想而已。

思考与讨论

1. 企业如何获得供应链的话语权？

2. 为什么在招商引资时要考虑供应链的整体配套？

3. 从供应链的视角来看，深圳为什么会成为全球电子信息产业基地？

4. 结合个人的理解，阐述我国完备的供应链体系对未来全球产业分工格局有什么影响？

第 2 章　供应链的发展史

在"供应链"这个概念被提出来之前供应链就已经存在了，要想全面地认识供应链，首先要了解供应链的发展史。

2.1　供应链诞生的经济基础

当社会有了较大规模的商品交换，生产的主要目的是为了实现商品交换时，较完整的供应链就诞生了。完整的供应链是由采购、生产、流通、消费四大基础环节和信息流、实物流、资金流三大基本内容构成的。

供应链四大基础环节的演进过程

以今天的视角来看，供应链有四大基础环节，即采购、生产、流通和消费。

然而，在远古部落时期，最开始的经济活动只有生产和消费。生产者与消费者来自同一个部落或同一个家庭，经济形态是自给自足式的。那个时候，谈不上有什么供应链。

后来，人们开始使用工具，社会生产力得到了提高，日常所需物品有了富余。于是，在不同的部落和家庭之间发生了物品的交换，但这个时候也谈不上有什么供应链。直到后来，当人们的生产活动主要是为了实现物品交换的时候，供应链才算正式诞生了。因此，供应链的雏形结构包括生产、商品交换和消费三大环节。为什么没有采购环节呢？因为最初的商品都是人们通过狩猎和农业生产得来的，只经过一次交易就到达消费环节，所以没有采购环节。

后来，随着商品的进一步丰富，从生产到消费环节需要经过多次交易，人们便把商品经过多次交易的过程统称为流通。随着商品流通的进一步发展，开始有一些人专门从事"倒买倒卖"的事情，我国古时候把这些人统称为"商贾"。

在我国农耕社会时期有"士农工商"的说法，为什么商贾的地位最低？因为古时候的商品以农产品为主，农业生产是社会财富的主要来源，商业交易只是互通有无而不是直接创造财富。而且，从事商品流通需要承担巨大的风险，不少丧失了家园无处安身或者社会地位低下的人迫于生存需要才去做商贾。在古人眼里，商品的"倒买倒卖"所创造的价值最低，对社会的贡献最小。古时候，信息闭塞，交通条件和社会治安差，战争频发，这些都增加了商品流通过程中的风险。从供应链的视角来看，在很长的历史时期内，商品流通只是供应链中一个非常不起眼的环节。

从商贾的角度来看，上一个交易环节"买"是为下一个交易环节"卖"而服务的；相对于"卖"，"买"被称为采购。从供应链的演进来看，流通采购要早于生产采购。那么，生产采购是在什么时候出现的呢？是在手工业品成为商品的时候出现的。例如，买棉花用来纺成棉纱，买棉纱用来织成布，把布卖给人们做衣服，这个过程中的买棉花和买纱就是生产采购。

有了生产采购之后，采购、生产、流通和消费四大基础环节便构成了供应链的基本结构。不管现在的供应链结构有多复杂，都是在这四大基础环节之上演化出来的。

供应链信息流、实物流和资金流的演进

一条完整的供应链，一定会涉及信息流、实物流和资金流，这三个流也是供应链的基本内容。那么，这三个流是怎么诞生和演进的呢？

信息流一定是最先出现的。供应链的雏形结构是"生产—商品交换—消费"；生产商品是为了实现交易，是为了交换到不同的商品。在远古的部落社会中，每个部落或家庭都要知道谁有什么、哪里有什么。要想实现商品交换，首先要有信息沟通。如果能通过沟通达成一致，那么双方就把各自的东西拿出来交换。因此，实物交换是在沟通的基础上实现的，实物流是基于信息流实现的。

在开始出现商品频繁交换的远古社会，当时制约供应链效率的环节是物品交换。为了提高物品交换的效率，人们开始使用一般等价物。一般等价物经过进一步发展，最终变成了货币。

什么是一般等价物？2只羊=1把斧子，2只羊=1担谷，那么就把羊当作一般等价物。最初，人们把自己的物品换成一般等价物，再拿一般等价物去换自己想要的东西。但是，最初的一般等价物都不便于流通，那些便于流通的商品逐渐就变成了一般等价物。在不同的历史时期，一般等价物有贝壳、黄铜等，还有后来的金、银。这些一般等价物也是第一阶段的货币，即自然货币。

在供应链的结构中，一定有商品的交换，因而一定会涉及一般等价物的交换，发展到最后就变成一定有货币的流通。商品交易规模越大，货币流通规模也就越大。因此，资金流是伴随着供应链上下游环节之间的交易而产生的。社会经济发展到今天，如果没有货币（或资金链中断），那么供应链的交易就会变得很困难甚至无法进行，供应链的运转也会停滞，生产难以为继，企业将面临倒闭。美国强大的一个关键原因就是其货币美元是世界流通货币，国际贸易以美元作为结算货币。一个国家若没有美元，就很难开展全球贸易活动，无法融入世界经济。

2.2　我国古代的供应链发展

在第一次工业革命之前，我国是世界经济的中心。那时，我国的供应链能够代表同一时期全球供应链的最高水平。

古代社会的商品以农副产品和手工业品为主，我们可以从粮食、盐、铁和丝绸等商品的供应链来窥探漫长的农业经济社会的供应链形态。从今天的视角来看，我国古代历朝历代都十分重视供应链基础设施的建设，并将其视为千秋功业。

古代的粮食供应链

民以食为天。自古以来，粮食就是非常重要的大宗商品。古代的粮食供应链主要掌控在官府和地主手中。

粮食是古代农业社会主要的财富形式，而土地和劳动力是生产粮食必备的两大生产资源。因此，古代的征战以掠夺土地和人口为主要目标。古时候的官府也是直接以"纳粮"的形式向老百姓征税。此外，官府还严格控制粮食的存储和流通。

早在夏商周时期，我国就出现了官方的粮仓及粮食仓储制度。到了隋朝，我国建造了著名的黎阳仓，并一直使用到北宋年间。官府控制粮食的仓储，一是为了平定动乱和储备战争物资，毕竟兵马未动、粮草先行；二是为了调节丰收年与歉收年的粮食供应；三是为了赈灾，开仓放粮帮助老百姓渡过灾荒。

古时候，官府严格控制粮食贸易，主要手段是禁止粮食出口、鼓励粮食进口，甚至还会发动贸易战，以削弱他国的粮食自给能力。在春秋时期，齐国想打败南方的楚国，但是楚国土地辽阔，粮食储备丰厚，战争能力强，于是齐国向楚国发起了"买鹿制楚"的贸易战。齐国出高价向楚国买鹿，使楚国上下疯狂去捕捉鹿而荒废农时，造成楚国粮食歉收，自给不足。当楚国出现粮食短缺时，齐国联合其他诸侯发起了对楚国的战争，并下令各诸侯国禁止与楚国进行粮食贸易，使楚国被迫屈服。

在漫长的农业社会时期，土地主要被地主阶层所占有。在该阶段，粮食生产的组织方式是地主把地租给佃户耕种，或雇佣长工和短工进行耕种，每年绝大部分的余粮都被地主所占有。东汉时期所著的《四民月令》叙述了当时地主阶层一年的农业运作，还记录了不同月份的主要粮食交易，如"二月粜粟、黍、大小豆""三月粜黍""七月籴麦""八月籴黍""十月籴粟"等。粟、黍、大小豆、麦都是粮食作物，"粜"是卖出的意思，"籴"是买进的意思。

古代的盐、铁供应链

盐和铁是古代非常关键的战略物资和商品，两者具有同等重要的地位。古代的盐、铁供应链是被官方甚至中央政府控制的。

春秋时期，齐国的宰相管仲推出了"盐铁专卖"政策；战国时期，秦国宰相商鞅效仿了管仲的"盐铁专卖"政策，以管控秦国的经济秩序；汉武帝时期，为了扩充中央财政，也制定了"盐铁官卖"政策，之后的历朝历代都继承并加强了该政策。

盐是人们生活的必需品。在远古时期，人们就掌握了"煮海为盐"的食盐生产方式；到周朝时期，官方就开始对盐商征税。由于"盐铁官卖"政策，盐的生产和流通都由官方来组织。但并不是没有私盐，私盐是对官盐的补充。那些贩卖私盐的，要么向官府缴纳重税后获得了特许经营权，要么纯属违法贩卖，一些官盐经过非法运作也有可能变成私盐。因此，盐的流通环节是古代发生腐败的重灾区。

铁是古代打造兵器、农具及生活器具的重要材料。我国早在夏朝就有了陨铁制品，在春秋时期开始掌握冶铁技术，在战国时期正式进入铁器时代。在秦汉时期，冶铁成为重要的手工业。汉武帝时期实行"冶铁官营"政策，该政策被以后的历朝历代所继承和发展。古代官方之所以控制铁的流通，主要是为了禁止民间大规模地制造兵器。铁的供应链分为冶铁和铸造铁器两个部分。汉朝时，产铁的县设大铁官，由其管理铁的冶炼、铸造和流通；不产铁的县设小铁官，由其管理铁的铸造和流通。古代的铁匠铺必须持有官方牌照才能经营，铁匠也是非常吃香的职业。

在汉朝，盐铁应该官营还是私营曾引发决策层的辩论。桓宽根据当时的盐铁辩论会议的主要内容，写了著名的《盐铁论》。《盐铁论》较为客观地记录了西汉时期的经济、政治和文化等方面的实际情况，也是研究西汉经济的重要史料。

古代的丝织品及瓷器供应链

我国是丝织品和瓷器的故乡。丝织品和陶瓷在古代的地位，好比现在的汽车和家电。丝织品和陶瓷最初只是为了满足古代宫廷生活用度所需，以及作为皇帝赏赐给外交使节和大臣的礼物；后来，变成了官宦人家和地主阶层的必需品；再后来，就变成了对外贸易的商品，这也成就了古代的丝绸之路。这就是古代的丝织品和瓷器供应链发展的大致过程。

我国在远古时期就掌握了丝织技术，到商周时期桑蚕养殖已成规模，秦汉时期出现了体现极高丝织技术水平的蜀锦。最初，丝织品是供统治阶层使用的。在战国时期，各诸侯国就设立了少府，专门供应宫廷的生活用度所需。秦汉时期延续少府制度，之后的朝代也设有类似的机构。到隋唐时期，少府下面设有染织署，而染织署的职能就是管理丝织品的生产和供应。明朝则专门设立了纺织衙门和染织局。清朝延续了明朝的制度，设立了织造府和织造署。历朝历代的这些机构，虽然是为皇家服务的，但在客观上也促进了丝织手工业和丝织品供应链的发展。经过数千年的发展，目前的丝织品可分为绫、罗、绸、缎、绉、绢、绒等14

大类。

与丝织品具有同等地位的是瓷器。在古代，瓷器主要用作生活器皿和祭祀器具。在河南三门峡仰韶村的考古发现证明，早在 5000 多年前的新石器时期我国就出现了非常发达的制陶业。在商周时期，出现了原始的青瓷；到了汉朝，青瓷的做工已经非常精细；到了隋朝，瓷器成了人们的日常用品；唐朝的"唐三彩"代表了当时陶瓷的最高水平；宋朝出现了汝、官、哥、钧、定等制作瓷器的名窑，陶瓷产业空前发达；到了元朝，景德镇成为陶瓷中心，至今仍享有盛名；在明清时期，青花瓷的制作水平达到了登峰造极的地步。

我国丝绸与瓷器的对外流通，开辟了古代丝绸之路的国际贸易大通道。陆上的丝绸之路始于汉朝，丝绸之路贸易的鼎盛时期在唐朝。海上的丝绸之路始于秦汉时期，发展于三国时期，鼎盛于宋朝。通过丝绸之路，中亚、西亚和欧洲的商人把金银珠宝、奇禽异兽等商品运到我国贩卖，然后购买我国的丝织品和瓷器等商品回去贩卖。丝织品和瓷器代表了我国古代手工业品的最高成就，代表了华夏文明及其影响力的对外输出。丝织品和瓷器供应链是古代丝绸之路贸易与中外交流的核心载体。

古代的供应链基础设施建设

古代的供应链基础设施可以从生产和流通两个方面来看。为了促进农业生产，官府大力兴修水利工程，以扩大农业种植面积。为了促进物资及商品流通，官府大力兴修官道、运河。

古代水利工程的代表有都江堰和郑国渠等。都江堰建于秦昭襄王在位期间，至今已经有2200 多年的历史，是世界上最悠久、至今还在使用的水利工程。都江堰的灌溉面积近 67 万公顷土地，范围覆盖成都平原的 30 多个县市，使四川盆地成了天府之国。都江堰在 2000 年被列入"世界文化遗产"名录，在 2018 年被列入"世界灌溉工程遗产"名录。

比都江堰稍晚的郑国渠建于公元前 246 年，修建用时 10 余年，全长约 150 千米，灌溉面积约 7.3 万公顷，开辟了引泾河灌溉关中土地的先河。因郑国渠的示范作用，之后的各个朝代在关中地区不断完善水利设施，先后修建了白公渠、三白渠、丰利渠、王御史渠、广汇渠和龙洞渠等。

古代历朝历代不仅大力兴修水利工程，还大力兴修道路和桥梁工程。《诗经》里就有"周道如砥，其直如矢"的诗句。《史记·货殖列传》中记载："关中南则巴蜀，栈道千里，无所不通。"秦始皇统一六国后，制定了书同文、车同轨、统一度量衡的政策。其中，"车同轨"是指统一修建道路的标准。秦朝时修建的"驰道"是我国最早的国道。唐朝广修驿道，以促进军事情报的传递和物资流通。有路，就必然会有桥。我国的大型桥梁出现在宋朝，如北宋年间在泉州修建的万安桥，历 7 年之久建成，桥长 200 米。我国的著名古桥还有河北的赵州桥、北京的卢沟桥和潮州的广济桥等。在我国，修桥铺路历来被认为是功德无量的善事，开展基础设施建设也是我国数千年来的传统。

除了路桥，运河也是我国古代非常重要的交通基础设施。春秋末期，吴国就开通了胥溪、邗沟和黄沟三条运河。秦朝在湖南、广西之间开凿灵渠，以通漕运。所谓漕运就是利用水路交通调运粮食的专业运输，是古代很重要的一项经济措施。漕运始于秦朝，之后的各个朝代都非常重视漕运。汉朝修漕渠接通黄河，修阳渠接通汴河，并对之前的运河进行维护。三国及魏晋南北朝修通了汴渠、贾侯渠、讨虏渠、广槽渠、破冈渎、桓公沟和杨口运河等。

隋朝的隋炀帝把运河的修建推到高峰，修建了通济渠、邗沟、永济渠和江南运河，并把历代修建的运河和自然河连接起来，形成了巨大的水网交通。唐朝对在隋朝时期形成的运河进行疏浚和进一步凿通完善。南宋时，北方沦陷，为阻金兵南下，对运河进行了破坏，北方运河得不到疏浚。元朝定都北京，忽必烈下令开凿济州河、会通河和通惠河，形成了京杭大运河，直通南北。明清非常重视运河及漕运，设置了漕运衙门、漕运总督、河道总督等机构和官职。

我国历史上凡是相对稳定的朝代或政权，都非常重视基础设施的建设，目的是促进农业生产和商品物资的流通。从今天供应链的视角来看，这些基础设施的建设扩大了供应链的空间范围，提高了供应链的流通速度，促进了社会经济的发展。

2.3 工业革命以来的供应链发展

供应链的大发展主要是第一次工业革命之后的事情。本节将介绍自第一次工业革命以来，供应链发展的根本动力，供应链发展的表现，供应链在不同时期的侧重点以及全球供应链的形成机理。

推动供应链发展的根本动力

推动供应链发展的根本动力至少有两个，一是科学技术的进步，二是生产组织方式的进步。

第一次工业革命以来，科技发展迅猛，极大地促进了生产力的发展。科技进步首先带来了生产工具的创新，其次带来了消费产品的创新，这两个方面的创新都能够极大地促进供应链的发展。

第一次工业革命的两项标志性发明珍妮纺织机和瓦特蒸汽机都属于生产工具的创新。珍妮纺织机的织布效率是旧式纺车的九倍。瓦特改良的蒸汽机则开启了人类大规模利用化石能源的时代，开启了机械力代替人力的时代。大规模制造和使用新式纺织机和改良蒸汽机增加了社会对钢铁和煤炭的需求，从而带动了煤炭和钢铁行业的发展。第二次工业革命中的发电机和内燃机也属于生产工具的创新，但电灯、电话和无线电报等的发明则侧重于消费产品的创新。第三次工业革命中的计算机既属于生产工具的创新，也属于消费产品的创新。从供应链的视角来看，生产工具的创新提高了供应链生产环节的效率，消费产品的创新催生了更多消费需求和供应链活动。

第一次工业革命以来，为了促进生产力的不断提高，生产组织方式也在不断进步。从供应链的视角来看，生产组织方式的进步也是供应链组织方式的进步。生产组织方式的进步体现在劳动分工理论、生产流水线原理和精益生产方式等方面。

亚当·斯密在《国富论》中提出的劳动分工理论对第一次工业革命以来的生产组织方式产生了巨大的影响，后来的学者相继提出的专业分工、职能分工和社会化分工都继承了劳动分工理论的观点。借鉴分工理论，福特公司把汽车生产分为 8772 个工时，并在 1913 年开发出了全世界第一条生产流水线。生产流水线原理被普遍应用于各种工业生产，对实现大规模生产起到了极大的促进作用。流水线生产将供应链的诸多要素进行大规模的集成，从而极大地提高了供应链的效率。丰田的大野耐一提出并发展完善的精益生产方式则更重视供应链上下游环节的协作，更重视生产活动的有效性。

体现供应链发展的四个维度

第一次工业革命以来，供应链的发展至少体现在四个维度：商品越来越丰富也越来越复杂，供应链的信息沟通方式越来越先进，供应链的物流基础设施越来越发达，供应链创造的财富规模越来越大。

（1）商品维度。

每一种商品的背后都是一条供应链，商品的种类越来越多，商品越来越复杂，这本身就体现了供应链的发展。

对于商品种类越来越多，我们可以用自己的切身体会来佐证。在改革开放之前，国内市面上的服装种类、款式很少，衣服大多是买布回来手工做的，中山装和衬衫是那个时代最经典的服装款式。自 20 世纪 80 年代起，国内开始流行西装，后来流行牛仔裤。到 90 年代之后，服装种类、款式变得非常丰富。改革开放之前，称得上家电的只有收音机和黑白电视机，改革开放之后陆续出现了彩色电视机、VCD、DVD、电冰箱、微波炉、电磁炉、电饭煲、液晶电视等。实际上，改革开放 40 多年来的发展历程就是商品不断丰富的过程，也是第一次工业革命 200 多年来商品种类不断丰富的过程的缩影。

当然，在商品种类不断丰富的过程中，商品本身也变得越来越复杂。以汽车为例，1896年诞生的第一辆四轮轿车即"戴姆勒 1 号"，只不过是把汽油发动机安装在有四个车轮的车架上，看起来跟马车一样。在 120 多年后的今天，汽车的复杂程度已经不能同日而语。一辆普通的汽车有 1 万多个零部件，使用数十种材料，采用近 20 种连接工艺，并且很多还装上了互联网系统。

极端复杂的供应链当属飞机的供应链，飞机的零部件多达数百万个。例如，我国的大飞机 C919 的供应商有数十家大型集团公司及上千家企业（见图 2-1）。

（2）信息沟通维度。

商品越来越丰富、越来越复杂，实际上也反映了供应链越来越复杂。那么，越来越复杂的供应链是怎样提升效率的呢？关键是要解决信息沟通问题。供应链越复杂就代表分工程度越高，要把供应链中的复杂分工有序、高效地组织和统筹起来，就要靠有效、及时的信息沟通。

在互联网兴起之前，供应链中的信息沟通主要依靠面谈、信函、电报、电话和传真，以及严密的企业组织架构。在互联网兴起之后，供应链中的信息沟通主要依靠邮件、在线沟通、视频会议和信息系统，信息系统极大地提高了供应链各个环节之间的信息沟通效率。

关于供应链中信息沟通手段的升级，企业资源计划（Enterprise Resource Planning，ERP）的发展过程就是最好的例证。最开始，企业一般根据安全库存发出订单补货，这就是订货点法。后来，企业大多根据需求和需求预测来制订补货计划，这就是物资需求计划（Material Requirement Planning，MRP）。将 MRP 的方法深入应用到制造企业的生产计划统筹环节，从上一个生产计划开始到下一个生产计划结束，并按这样的方法统筹不同生产周期的物料需求，这就是闭环 MRP。闭环 MRP 只考虑生产物料的输入与成品的输出，没有从财务及资金流通的视角来看待问题。用闭环 MRP 的方法统筹生产和财务两大系统，这就是制造资源计划（Manufacturing Resource Planning，MRP Ⅱ）。在 MRP Ⅱ 的基础上，对企业的物流、信息流、资金流进行统筹和集成，这就是 ERP。ERP 的发展历程就是供应链中信息沟通得到不断强化的过程，ERP 在过去的三四十年中极大地提高了供应链的效率。

ERP 是以企业的制造环节为核心，统筹企业内部的供应链环节的信息系统。但随着供应链上下游企业之间的相互配合更加紧密，沟通愈加频繁，同时企业把销售、售后、采购审批、质量管控、订单履约、物流过程和产品设计等方面纳入供应链的范畴，ERP 已经无法满足供应链对信息沟通的需求。因此，近年来出现了很多种企业信息管理系统，如客户关系管理系统（Customer Relationship Management，CRM）、订单管理系统（Order Management System，OMS）、生产过程管理系统（Manufacturing Execution System，MES）、运输管理系统（Transportation Management System，TMS）、仓库管理系统（Warehouse Management System，WMS）和办公自动化系统（Office Automation，OA）等。不管哪种系统，它们的作用都是增强企业在供应链中的信息沟通能力，以提高企业自身的运营效率。

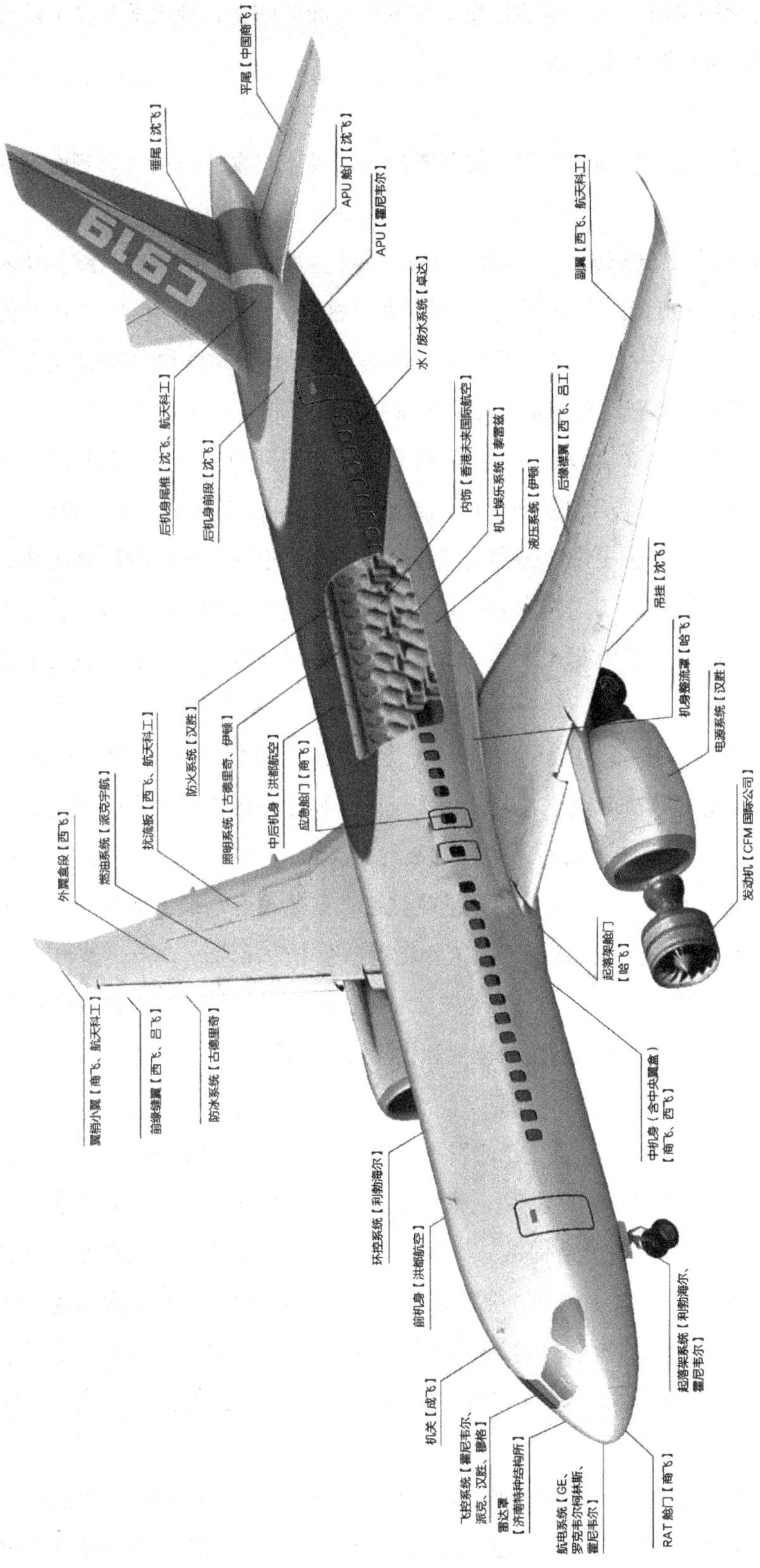

图 2-1　C919 部分供应商示意图

从一个相对长的时间周期来看，供应链的信息化程度和企业的信息管理水平是在不断提升的，这一点能够体现供应链是在不断发展的。

（3）基础设施维度。

供应链的发展依赖于物流基础设施的发展。物流基础设施越来越发达也从一个侧面反映了供应链的发展。

1807年在美国首次轮船海上试航成功，1825年在英国诞生了世界上第一条铁路，1896年在德国诞生了第一辆卡车，1903年在美国诞生了第一架飞机"飞行者一号"，1931年在德国诞生了第一条高速公路，200多年来的交通工具及交通基础设施的发展为物流和供应链的发展奠定了重要基础。这些交通基础设施也是关键的物流基础设施。

交通工具和交通基础设施的发展能够拓展供应链所覆盖的空间范围。首先，企业能够把商品送到更远的地方；其次，企业也可以从更远的地方获取原材料。随着交通工具的提速，物流的流动速度不断加快，从而加快了供应链的周转速度。如今，中欧班列从我国重庆开到德国的杜伊斯堡，全程11000千米，15天左右就能到达。再看古代的丝绸之路，从古长安到中东地区，在一切顺利的情况下，也要花大半年，而且要靠骆驼和马匹，运送的商品数量也很少。

除了交通工具和道路设施，基础设施还包括港口、铁路货站、航空货站和多式联运枢纽等。这些基础设施都是关键的物流节点，其繁忙程度反映了物流及供应链的发达程度。随着港口的进出货物越来越多，在中转货物时，货物的装卸效率成了瓶颈。于是，在20世纪五六十年代，集装箱运输诞生了。特别是集装箱标准化之后，集装箱运输极大地提高了货物在各个物流枢纽之间的中转效率，也极大地降低了货物在运输途中的耗损。

预计在不久的将来，无人机、无人卡车、货运高铁和分拣机器人等新工具、新设备也会加入物流基础设施的行列，并极大地提升物流的速度和供应链的效率。

（4）财富创造维度。

供应链活动是以创造财富为目标的，供应链的发展最终会体现在财富的增长上。

供应链所创造的财富体现为零售业的繁荣，体现为零售企业规模的增长。世界第三大零售企业乐购在1919年的时候只是一个杂货摊，其2017年的营业额高达754亿美元，位居"世界500强"第102位。世界第二大零售企业家乐福在1959年的时候只是一个大卖场，其2017年的营业额高达912.7亿美元，位居"世界500强"第68位。世界第一大零售企业沃尔玛在1962年的时候只是一家平价商店，其2017年的营业额高达5003亿美元，位居"世界500强"第1位。

大型企业是供应链的主要载体，企业的规模越来越大，也就意味着供应链所创造的财富越来越多。1995年，"世界500强"的门槛是22亿美元；到了2018年，其门槛已经提高到了 235 亿美元。供应链创造的财富规模增长也体现在全球贸易的规模增长上。1950 年，全球的货物进出口总额只有 610 亿美元，到 2017 年时已经超过了 35.7 万亿美元。

不同时期供应链的侧重点

第一次工业革命以来，不同时期的供应链的侧重点是不同的。最开始，供应链的侧重点是把商品生产出来。在这一时期，如何高质量、低成本、大批量地生产商品是供应链关注的重点；制造问题被突破后，供应链的侧重点转移到了商品的流通上。

从世界范围看，在 1960 年之前，供应链的侧重点在制造环节。前文提到，第一次工业革命以来，技术进步带来了大量生产工具的创新，商品种类也越来越丰富。但最初的难题是怎么把商品生产出来，怎么生产蒸汽机、内燃机、发动机，怎么生产轮船、飞机、汽车，怎么生产电话、家电、计算机。这些工业产品的发明，本身就是在解决怎么生产出来的问题。把产品生产出来解决了有无的问题，接下来要解决怎样将产品生产得更好的问题，即让产品更易用、性能更好。在产品基本稳定之后，需要解决大规模生产的问题，所以就有了流水线生产，有了大规模生产。在开展大规模生产的初期，生产多少就能卖多少。但到了一定规模之后，市场开始饱和，于是，供应链的侧重点就转移到怎么开拓市场上，即怎么让更多的消费者知道自己的产品，让更多的人来购买。

为什么 1960 年是一道分水岭呢？因为"市场营销"这个概念在 1960 年正式诞生了。在 1960 年之后，市场营销成了最重要和最活跃的商业活动之一。从供应链的视角来看，流通环节变得与制造环节一样重要，甚至更加重要。从历史的视角来看，正因为供应链的侧重点在这一时期发生了转变，所以家乐福和沃尔玛分别在 1959 年和 1962 年诞生，并在随后的数年里获得了快速发展。本书第 1 章提到了美日汽车贸易战，1980 年美国汽车市场受到了日本汽车的冲击，克莱斯勒、福特和通用等美国本土汽车企业都遭受了不同程度的亏损。其中，克莱斯勒和福特是巨亏，而通用只是小亏，这主要是因为通用在营销及流通环节做得很好。

在我国，改革开放之前和改革开放初期，物资相对匮乏，生产制造是供应链的核心。改革开放前的供销社和改革开放初期的百货商店是这个阶段零售业的主要业态。在 1990 年之后，流通环节变得越来越重要，其在零售业上的表现为：1990 年—2005 年，大卖场、大型超市兴起；2000 年—2010 年，家电卖场苏宁、国美以及海尔、格力的专卖店先后兴起，运动鞋服领域的安踏、361 度等品牌的专卖店兴起，供应链开始在流通环节发力；2003 年，电商兴起，并在 2008 年之后进入快速发展阶段，电商变成了供应链流通环节的重要渠道。

供应链在不同时期的侧重点是不同的，那么，供应链的下一个侧重点是什么？本书第 8 章节会做进一步的介绍。

国际贸易发展与全球供应链的形成

从全球化的视角来看，供应链的发展体现为国际贸易的发展与全球供应链的形成。全球供应链和跨国公司是国际贸易发展的高级形态。

从国际贸易理论的阐述来看，国际贸易最初是为了互通有无；后来的重商主义学派认为，国际贸易是为了赚取更多金银财宝形态的货币；再后来，分工学派认为国际贸易是为了发挥不同地区与国家的比较优势，从而让贸易双方都获利；新古典学派认为，比较优势主要源于不同国家及地区之间的资源禀赋不同；新学派认为，国际贸易是为了满足技术外溢、产品生命周期传递以及获得国家产业竞争优势的需要。关于国际贸易理论的观点非常多，这些观点都在试图解释国际贸易形成的机理，并从不同的侧面来分析国际贸易，但很少有人从供应链的视角来进行分析。

国际贸易的产生源于供应链的内在诉求。供应链的基本结构（采购—生产—流通—消费）决定了生产就是为了实现交易，大规模生产就是为了实现更大规模及更大范围的交易。把商品推向全世界的消费者，这是供应链的本能。

最初的国际贸易只是商品的流通和交易，供应链的结构是"生产国出口—消费国进口"。

后来，企业想要获取更多的原材料，于是就有了全球采购及大宗物资贸易，供应链的结构变成了"原材料国出口—生产国进口原材料—生产国制造成品—生产国出口成品—消费国进口成品"。

品牌企业为了利用低成本的劳动力，把装配环节转移到工资水平比较低的国家，来料加工贸易便诞生了。来料加工贸易的供应链结构是"零部件生产国出口零部件—装配国进口零部件—装配国组装成品—装配国出口成品—消费国进口成品"。品牌企业处于上游，影响着整条供应链。

由于原材料及零部件的种类非常多，导致来料加工贸易需要从不同的国家和地区进口零部件，而成品也需要向不同的国家和地区出口，这样一来，就形成了非常复杂的全球供应链。例如，智能手机和笔记本电脑一般采用美国的芯片、韩国的液晶屏和我国的零部件，在我国装配，然后销往全球。最典型的全球供应链是飞机的供应链，一架大型客机一般有数百万个零部件，而零部件的供应商达到数百上千家，这些企业分布在全球多个国家和地区。

如果把技术支持、服务咨询、设计和跨国直接投资看作供应链的要素，那么全球供应链就会变得更加复杂。因此，全球供应链一般都是由跨国公司主导的。跨国公司一般以资本和技术为基础，通过对外投资和技术转让的方式，在全球其他国家和地区成立分子公司，从事全球化的经营活动，组织全球供应链的运转。例如，苹果公司是美国企业，但苹果的生产线和大部分的零部件供应商都在我国。

　　全球贸易已经发生在产品、技术、服务和资本等多个层面，但把产品、技术、服务和资本串起来的是全球化的供应链。全球供应链还在进一步发展，全球供应链管理已经成为当下跨国公司的热门话题。透明数字化供应链也在试图找到全球供应链管理的钥匙，后面的章节将会阐述具体内容。

2.4　"供应链"概念诞生以后的供应链研究概述

　　本节将着重从供应链研究的视角来阐述供应链的发展。供应链研究是"供应链"这个概念被提出来之后的事情。本节将阐述"供应链"概念诞生的背景、"供应链"概念的发展以及国内外供应链研究等。

"供应链"概念诞生的背景

　　一般认为"供应链"这个概念有两大起源：一是起源于军事后勤供应管理和物流管理的实践；二是起源于价值链与价值流的观点。

　　之所以认为"供应链"概念起源于军事后勤供应管理和物流管理的实践，主要是因为在后勤管理及物流管理中，往往会涉及采购和库存以及与供应商的沟通和协同，实践者逐渐认识到上下游企业伙伴关系的重要性，进而提出了"供应链"这个概念。到目前为止，采购管理与库存管理依然是供应链管理实操方面的两大重要内容。

　　美国哈佛商学院教授迈克尔·波特在 1985 年提出了"价值链"这个概念，他认为企业之间的竞争不是单一环节的竞争，而是由诸多能够创造价值的环节所组成的价值链的竞争。迈克尔·波特认为，价值链分为企业内部价值链、竞争对手价值链和行业价值链，企业之间的竞争就是不同企业的价值链在行业价值链中的竞争。他认为，企业需要高度重视与供应商、经销商的关系，这样才能提高企业的竞争力。

　　1996 年，詹姆斯·沃麦克和丹尼尔·琼斯在《精益思想》一书中提出了"价值流"这个概念。所谓价值流，是指从原材料转变为成品的一系列过程，是由赋予其价值的一系列活动组成的，原材料的购买、生产加工、企业内部以及企业与上游供应商和下游客户之间的信息沟通都是价值流的一部分。

　　很多学者认为，价值链和价值流阐述了供应链的核心内涵，但描述得不够完整。因此，也可以说关于价值链和价值流的观点是"供应链"这个概念的两大源头。

"供应链"概念的发展

　　1996 年，美国的赖特首次提出了"供应链"这个概念，并下了一个定义：供应链是一个实体的网络，产品和服务通过这一网络传递到特定的顾客市场。意思就是说，供应链是承载价值链或价值流的实体网络。

美国的史蒂文斯认为，通过增值过程和分销渠道控制从供应商的供应商到用户的用户的流就是供应链，它始于供应的源点，终于消费的终点。

美国的苏尼尔·乔普拉和彼得·迈因德尔认为，供应链是由直接或间接地履行顾客需求的各方组成的，不仅包括供应商和制造商，还包括运输商、仓储商和零售商，甚至包括顾客本身。在每一个组织中，如制造企业中，供应链包括接受并满足顾客需求的全部功能。

哈里森将供应链定义为："供应链是执行采购原材料，将它们转换为中间产品和成品，并且将成品销售给用户的功能网链。"

我国的马士华教授认为，供应链是围绕核心企业，通过对工作流（Work Flow）、信息流（Information Flow）、物料流（Physical Flow）和资金流（Funds Flow）的协调与控制，从采购原材料开始，制成中间产品及最终产品，最后由销售网络把产品送到消费者手中的，将供应商、制造商、分销商、零售商直至最终用户连成一个整体的功能网链结构。目前，这一定义被很多教科书所引用。

《物流术语》将供应链定义为："生产与流通过程中所涉及的将产品或服务提供给最终用户的上游与下游企业所形成的网链结构。"

至今为止，供应链还没有一个相对统一的定义，但已有的各种定义在内涵上都差不多。供应链包罗万象、内涵丰富，正如《道德经》所言，"名可名，非常名"，确实很难对供应链下一个十全十美的定义。

国内外的供应链研究

目前，供应链领域的研究成果主要来自供应链领域的学者所写的大量文献和专著，这些学者对供应链的发展有着重要的贡献。

目前，比较重要的供应链著作有以下几部。

◎ 美国西北大学凯洛格管理学院苏尼尔·乔普拉教授和彼得·迈因德尔博士所著的《供应链管理》。

◎ 英国的肯尼斯·莱桑斯和布莱恩·法林顿所著的《采购与供应链管理》。

◎ 美国的约翰·科伊尔、约翰·兰利、罗伯特·诺华克、布里安·吉布森所著的《供应链管理》。

◎ 美国的唐纳德·鲍尔索克斯、戴维·克劳斯、比克斯比·库珀和约翰·鲍尔索克斯所著的《供应链物流管理》。

这些教科书式的供应链著作多被用作高校经济类、管理类专业的教材，在普及供应链的基础知识方面发挥了重要作用。

偏重实操的专著则以美国供应链理事会所著的《供应链运作参考模型》为代表。

目前，中国知网上以供应链为主题的文献仅有 18000 余篇。华东交通大学经济管理学院的张诚在 2011 年发表了一篇关于供应链管理研究的论文，他得出了这样的结论：国内供应链研究的研究对象，主要集中在供应链信息共享、供应链协作、供应链效率、供应链物流管理和供应链风险这几个方面；供应链研究涉及的行业主要集中在制造业（43%）、零售业（19%）、农产品（18%）和医药（9%）。

总体而言，国内对供应链的研究还很欠缺，目前缺乏相对系统的、比较符合我国国情的供应链理论，缺乏对供应链管理实践有指导价值的方法和工具。我们提出透明数字化供应链，就是希望能够在一定程度上弥补国内供应链研究的不足。

思考与讨论

1. 请您根据自己的理解，给供应链下一个相对完整的定义。

2. 供应链的基本结构是什么？请阐述供应链的演进过程。

3. 假设您是古时候的君王或宰相，您打算怎么管理粮食、盐和铁的供应链？

4. 您怎么看待第一次工业革命以来的供应链发展？

第 3 章　供应链的困境

供应链发展到今天，其发达程度前所未有，但也面临着前所未有的困境。供应链主要面临三个方面的困境：一是牛鞭效应产生了越来越大的消极影响，但尚未找到能够从根本上解决该问题的办法；二是供应链管理面临着越来越多的难题，但尚未找到解决问题的路径；三是供应链人才稀缺，但供应链人才的培养却面临很大的困境。

3.1　牛鞭效应的消极影响

早在"供应链"这个概念诞生之前，牛鞭效应就已经存在了。对牛鞭效应的经典描述是 20 世纪 60 年代麻省理工学院斯隆商学院发明的"啤酒游戏"。笔者于 1999 年 10 月在国家发改委组织的国有企业经理人培训班上第一次对"啤酒游戏"做了沙盘模拟。20 年来，笔者对"啤酒游戏"所刻画的供应链管理困境的感触越来越深。

在"啤酒游戏"中，由一群人分别扮演一款啤酒的制造商、批发商和零售商，他们彼此之间通过订单和送货来沟通，每个角色可以自主决定向上游下多少订单，向下游出多少货。消费者则由活动组织者来扮演，但只有零售商才能面对消费者。在该游戏中，发出订单和送货的周期为一个星期。不管什么身份、什么学历背景的人来参加这个游戏，游戏结果都是一样的，即零售商和批发商都面临着缺货和滞销的问题，制造商面临着产能不足和滞销的问题，且缺货与滞销的波动难以预测、不可控。后来，人们发现"啤酒游戏"刻画的这种现象普遍发生在各个行业，便把这种现象称为"牛鞭效应""长鞭效应"或"神龙效应"（见图 3-1）。

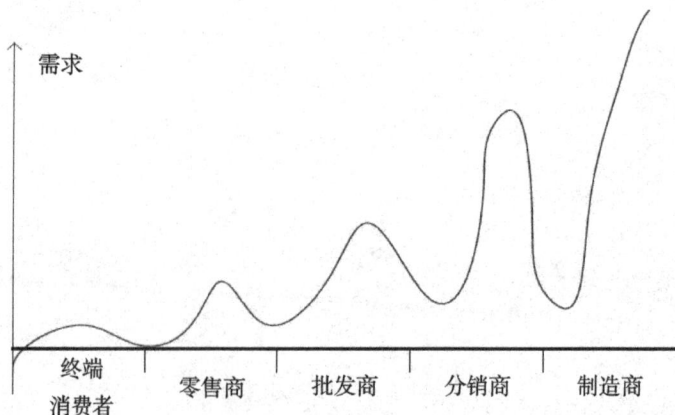

图 3-1　牛鞭效应示意图

近 10 多年来，人们试图解释牛鞭效应的原因，大部分人认为多重需求预测、批量生产与订购、价格波动、促销和非理性需求等造成了牛鞭效应。这些只是造成牛鞭效应的一部分原因，但不见得是根本原因。人们试图通过设计拉式供应链、上下游的信息共享、全渠道库存"一盘货"、利用大数据精准预测市场需求等方式来消除牛鞭效应。这些方式在理论上可以算是解决问题的思路，但目前还普遍不具备可行性。

供应链的流程越长，供应链中的角色越多，供应链中的产品越复杂，供应链所覆盖的空间范围越广，供应链的牛鞭效应就越明显。因此，在现实中，几乎所有企业都会受到牛鞭效应的影响。

从事服装批发业的一位老板透露，服装的零售价一般是出厂价的 10~20 倍，除了流通过程中的物流成本和零售环节的租金成本，最大的成本便是存货成本。例如，一款衣服进了 10件，能卖出去 2 件就可以算是畅销款，款式越多则存货越多。某汽车物流企业的运营总监透露，汽车组装厂家要求他们提前半年做汽车大灯的大批量采购，因此整体上汽车零部件的存货成本和仓储成本非常高。某企业的高层透露，该企业每年的营收为 3000 多亿元，而积压在库房里的存货就达到了 3000 多亿元。

从宏观的角度来看，因为牛鞭效应的存在，所以产能过剩不可能避免。现在看来，经济发达的重要表现就是供应链发达，但与此同时牛鞭效应也愈加显著，产能过剩规模更大，造成的浪费更多，从而对资源的索取更多，对环境的压力也更大。牛鞭效应不仅仅是企业的问题，也是人类社会面临的一系列困境的重要根源。

3.2　供应链管理的困境

从企业经营管理的视角来看，供应链的困境就是供应链管理所面临的困境，包括企业范围内的供应链管理难题、企业之间的供应链协同困境以及全球供应链的管理难题。

企业范围内的供应链管理难题

在企业范围内，供应链管理难题是指采购、生产、分销和物流等方面的难题，但更大的难题是怎么做好各个方面的协同。

采购管理难在怎样解决信任问题和杜绝腐败，怎样提高采购效率，降低采购成本。生产管理难在何保障有效产出，保证产品质量，杜绝浪费。分销管理难在怎样拓宽渠道，怎样提高客户满意度，怎样提高回款效率，怎样降低销售费用。物流管理难在怎样在保证物流服务品质和效率的同时降低物流成本。而更大的难题是怎么实现采购、生产、分销和物流等方面的协同。

把采购、生产、分销和物流四个方面协同起来，才勉强算得上是相对完整的供应链管理。然而在现实中，很多企业的供应链管理要么侧重于采购，要么侧重于物流，并把供应链管理排在生产和销售的后面，供应链总监的话语权远不如销售总监和生产总监的话语权。很多企业现行的运营逻辑是，获取收入靠销售，满足销售订单的要求靠生产，保障生产和订单交付靠采购和物流。如果把供应链管理局限在采购和物流的范围内，那么供应链总监就成了"后勤部长"，其职责就是为生产和销售提供可靠的后勤服务。

然而，广义的供应链还包括市场研究、产品研发、新品推广、渠道设计和售后服务等。供应链管理应先从供应链设计开始，应从终端用户的需求反推到供应商的配合。一个新的产品或服务的出现，往往意味着一条全新的供应链的诞生。供应链总监的职权范围太小，很多供应链管理问题难以得到解决，必须依靠董事长或 CEO 来亲自解决。

对供应链的认知不同，供应链管理的侧重点也就不同。让企业上下对供应链管理达成共识非常关键，但这并不是一件容易做到的事情。

企业之间的供应链协同困境

一条供应链上的企业，就是一条绳上的蚂蚱，不能各蹦各的，但要让所有的蚂蚱按照同一个频率或节奏蹦起来也很困难。企业之间的供应链协同，往往都是按照供应链核心企业的意志在运转的，核心企业被称为"链主企业"，其他企业则被称为"链属企业"。但链主与链属并不是绝对的，而是相对的。这也增加了企业之间的供应链协同的难度。

以苹果手机为例，从产品设计、品牌运作和科技集成的角度来看，苹果公司是链主。但从整机组装生产的角度来看，富士康才是链主。当苹果手机通过天猫和京东等电商平台销售时，这些电商平台才是链主。这使这些企业之间的供应链协同变得非常复杂。

企业的业务形态是多元化的，看待供应链的视角也是多维度的，而供应链的结构是非常复杂的，因此每一家企业为供应链协同设定的目标都是不同的。企业之间的供应链协同在现实中面临着很多难题。

供应链要求有合作关系的企业之间能够为供应链的整体利益进行有效的协同，但企业之间的本质关系是商业交易。到底是协同，还是交易，这要看合作伙伴之间博弈的结果。例如，某大型综合物流企业在承运中小企业的业务时，整个信息化协同按照该物流企业的规则进行；但是，该企业在承运"世界 500 强"等大型企业的业务时，整个信息化协同就要按照大型企业的规则进行。

在现实中，很多供应链核心企业都倾向于采用供应商管理库存（Vendor Managed Inventory，VMI）、协同式供应链库存管理（Collaborative Planning Forecasting and Replenishment，CPFR）、准时生产（Just In Time，JIT）或销售与运营计划（Sales & Operations Planning，S&OP）等

管理模式。但是，好的管理模式并不一定能够促成好的合作关系。很多供应商认为，VMI 和 JIT 是核心企业侵占供应商利益的手段，即核心企业把高额的仓储、配送成本转嫁给供应商，但并没有提高采购价格。

很多链主企业制定了严格的供应商考核制度，供应商一般只能被动地接受。若供应商稍不配合，链主企业就会遭受重大损失。如果某种原材料或零组件被单一的供应商所垄断，那么核心企业也不得不向供应商妥协。例如，芯片制造技术以及制造芯片的原材料被少数企业垄断，对芯片有大量需求的企业很多时候不得不向供应商妥协。

经销商一般都不愿意向品牌商透露自己掌握的客户信息，供应商也不愿意向制造商透露原材料的供应成本，而链主企业又总想加强对上下游合作企业的管控力度……供应链成员之间的频繁博弈，使供应链整体效率的提升遇到重重阻力。

笔者认为，解决企业之间的供应链协同困境的根本出路在于转变企业经营思路，从单向的压榨思路转变为命运共同体思路，构建稳定长期的供应链合作伙伴关系。

全球供应链的管理难题

全球供应链能够组织全球的合作伙伴，将产品和服务推向全球市场，在这个过程中自然也面临着来自全球的语言文化、政策法规、贸易保护、汇率波动、政治动荡及战争等风险和挑战。

例如，贸易货物运经亚丁湾，被海盗扣押、勒索，这属于地区动荡和治安风险。再如，海啸和地震会导致跨国公司在当地的业务中断，这属于自然灾害风险。全球供应链比国内供应链面临着更多的风险。

即便具备和平稳定、治安良好和贸易规则正常等有利条件，全球供应链也面临着诸多管理难题。例如，若把工厂设在东南亚或非洲的一些国家，员工的工资最好按日发放，如果按月发放，那么员工就会在两三天内把工资花光，生活陷入窘境会影响他们正常工作。再例如，在南亚和南美洲的一些国家，交通、电力、通信等基础设施比较落后，导致供应链的整体配套运行成本很高。

在全球化进一步深入和跨境电商兴起的背景下，如何破解全球供应链的管理难题，是所有跨国企业、国家和国际组织需要面对的课题。

3.3 供应链人才培养的困境

随着我国经济结构的深入调整，各个行业、各家企业都必须从粗放型发展模式转向效益型发展模式。在这个过程中，供应链的重要性将会越来越突出。目前，供应链人才十分稀缺，但不管是高等院校还是企业，在供应链人才培养都面临着非常大的困境。

高等院校的人才培养困境

从社会对供应链人才的需求来看，我国高等院校目前在供应链人才的培养方面还相对滞后。直到 2018 年，武汉学院申报并得到教育部同意才设置了供应链管理本科专业；2019 年 3 月，教育部发文同意中央财经大学等七所高等院校设立供应链管理专业。

在 2018 年之前，高等院校为什么不设置供应链管理专业？这个问题直接反映了供应链人才培养的困境。首先，很难对供应链管理专业人才的基本专业素养和技能进行定义和描述。其次，企业招聘应届毕业生时，一般不会提供供应链管理岗位。因此，高等院校在设置专业时，通常不会考虑供应链管理专业。

在目前的高等教育中，供应链管理更多的时候只是一门课程，仅在物流管理、管理工程、工商管理和工业工程等专业的课程大纲中出现。

很多高校都设有物流管理专业，这个专业算是与供应链相关的专业，但目前的物流管理专业更多地侧重于供应链中的采购和物流环节，缺乏完整的供应链思维和基本技能的训练。而管理工程、工商管理和工业工程等专业对供应链管理的介绍只是蜻蜓点水，甚至仅将其作为一门选修课。

即便有些专业设置了供应链管理课程，少数高等院校设立了供应链管理专业，但学校普遍缺乏具有供应链管理实践经验的师资，缺乏见习和实践的基础条件。高等院校要引入既有博士学位又有企业供应链运营管理实践经验的精英人士来任教，确实不是一件容易的事情；同时，让正忙于生产和经营的企业给高校的供应链管理专业提供见习和实践的条件也很困难。

高等院校在供应链管理学科建设方面可谓任重而道远。

企业的人才培养困境

很多受过高等教育的职场精英人士都没有系统地学习过供应链管理的基础知识。也就是说，企业很难通过招聘找到可用的供应链人才，一般都要自己培养。然而，企业在供应链人才培养方面也面临着很多困境。

首先，每家企业都在特定的行业中，隔行如隔山。学习供应链的基础知识或许并不是很困难，但要把供应链知识结合企业和行业的现实情况应用起来则非常困难。

很多行业的基础知识的门槛往往高于供应链的基础知识的门槛。例如，化工和电子等行业的基础知识的专业性很强，光有供应链的基础知识是不够的。如果对产品和行业的理解不够深入，那么就无法深刻理解企业和行业的供应链。例如，一家化工企业的供应链管理者必须对物流商提出专业的物流服务要求，如果管理者缺乏化学专业基础知识，对产品特性的理解不充分，那么就很可能会造成极其严重的后果。

其次，企业很难培养出能够全面理解供应链的人才。供应链人才必须懂产品、懂技术、懂销售、懂生产、懂采购、懂财务、懂信息化、懂物流、懂行业，企业很难让一个员工通过轮岗来全面掌握从事供应链管理所应具备的知识和经验。能够全面理解企业供应链的人，一般都是在企业工作了很多年，或在同一行业工作了很多年，非常热爱学习并对供应链的各个方面都有所了解的人。在现实中，能够看透并掌控供应链的人才都是企业经营管理方面的精英，精英的培养都是很困难的。从人才培养的角度来看，企业既要能招聘到基础素质非常好的可塑之才，又要让可塑之才留下来长时间地跟随公司发展，还要让能留下来的可塑之才接受各种历练，最终才能培养出供应链高级人才。然而在现实中，企业招人、留人、培养人，任何一件事情都不容易。

思考与讨论

1. 牛鞭效应会带来什么样的消极影响？如何从根本上解决牛鞭效应所带来的问题？

2. 供应链的管理难题有哪些？

3. 假设您是一家大型企业的 CEO，您打算怎么管理企业的供应链？

4. 您打算如何培养您所在企业的供应链人才？

第4章 供应链管理的"三流演义"

正如第 3 章所述，供应链管理确实很难，但供应链管理的本质是什么呢？本章将通过分析供应链的信息流、实物流和资金流来呈现供应链管理的本质。笔者认为，供应链管理的本质，就是对供应链的要素和过程施加管控，从而使供应链的信息流、资金流和实物流顺畅、高效、经济地流动。

4.1 供应链的"正三流"与"副三流"

供应链的"正三流"是指信息流、实物流和资金流，供应链的"副三流"是指商流、单据流和业务流（或操作流）。把这几个流的内涵和关系弄清楚是做好供应链管理的前提。

"正三流"的内涵

本书第 2 章已经论述过信息流、实物流和资金流的演进过程，先有信息流，然后有实物流，最后才有资金流。在商品种类少、供应链链条短的情况下，供应链的信息流、实物流和资金流都比较简单，容易理解。

信息流的内涵，最初就是传递需求与供给两个方面的信息，即需求方与供给方就如何达成交易相互沟通的过程。后来，商品越来越复杂，供应链链条越来越长，供应链中的环节和活动越来越多，供应链的信息流也变得越来越复杂。市场调查研究、需求预测、寻找供应商、采购招标、制订生产计划、组织发运和交付等都属于信息流的范畴，信息流的内涵非常丰富。

实物流的内涵，最初只是商品从供给者手中转移到需求者手中的移动过程，例如，把羊从卖方的家牵到买方的家。当供应链链条变得越来越长的时候，实物流也就相应地变长。供应链变长，首先是在流通环节变长，因而存储和运输是实物流的两大基本形态。当商品形态变得越来越复杂的时候，供应链的实物流也就变得越来越复杂。例如，一件电子产品有多少种零部件，就有多少个实物流的过程。同时，生产过程也是实物流发生质变的过程，它使对消费者无用的原材料和零组件转变成对消费者有用的成品。在供应链管理中，人们把对实物流的管理归为物流管理。对应于供应链的采购、生产、流通（分销）和消费（使用）四大基础环节，支撑供应链的物流分为采购物流、生产物流、销售物流和售后物流四种基本类型。

资金流的内涵，最初只是一般等价物作为交易媒介在流动，货币诞生之后就变成了资金的流动。供应链的整个过程是由很多次交易构成的，所以资金流就是为促进一系列交易顺利进行而存在的。例如,一件产品被生产出来,这件产品是很多员工的劳动和智慧的结晶,而员工所做的每一项工作都是由背后的交易规则在推动的,即劳动能够换取薪酬。其中,资金流的形态之一就是准时给员工发放的工资,而工资的多少通常与员工的付出和贡献相匹配。由于供应链的复杂性,现实中资金流的形态非常丰富,包括应收账款、应付账款、现金、转账、汇票、差旅费和借款等。

"副三流"的内涵及演进

供应链的"副三流"是指商流、单据流和业务流,它们是供应链"正三流"发展到一定阶段的衍生形态。

商流实际上是信息流中关于交易信息、商品所有权转移信息等的确认。供应链中的交易环节有很多,把每一次需要确认交易信息及商品所有权转移的环节按时间顺序串起来,就是所谓的商流。商流在合作企业之间以合同和订单等形式予以确认,在企业内部则以派工单和调拨单等形式予以确认。

在供应链中,还有很多种单据,如订单、调拨单、报销单和发票等。每一种单据都有其用途和流转的路径,因此可以把单据的流转称为单据流。实际上,单据流是对信息流的记录和确认,其作用是分清供应链中上下游角色之间的权责。

业务流也被称为业务流程或操作流程,也就是对先干什么后干什么以及怎么干的规定。例如,客户下订单、付款,然后企业确认订单、按订单要求交付商品。这是供应链中常见的一个大流程。在这个大流程中,又有很多小的流程。例如,在发运环节,首先要对订单进行拆拼处理,生成运输计划;然后承运单位派车,库管单位安排出库,车辆按约定时间到达指定仓库装货;然后按既定的程序进行提货手续交接、货物装车,装车完成后办理发运手续。当然,这些流程还可以进一步细化,直到细化到每一个操作步骤,如在装车环节怎么操作叉车等。

从演进过程来看,最早出现的应该是商流。最初,人们以口头的方式确认商流。刚开始,人们都很淳朴,达成口头交易的双方都信守承诺。后来,口头确认不再能保证双方的信用,人们便开始以立字据的形式确认双方达成的交易,字据逐渐演变成了现在的商业合同。在企业内部,领取材料、发货都需要立字据或打收条。刚开始,字据、收条等很不规范,将其规范化之后,它们就演变成了现在的单据。单据和单据流产生后,企业的供应链运转在整体上还是粗放和杂乱无章的。为了确保整体上有序,企业对业务的处理步骤进行定义和规范,进而产生了相对规范的业务操作流程。

由于"副三流"是由"正三流"衍生出来的,如果认识了供应链的信息流、实物流和资金流的本质,那么就更容易对商流、单据流和业务流进行把握。

4.2 供应链管理难题与"三流"的关系

本书第 3 章论述了供应链管理三个方面的困境，即企业范围内的供应链管理难题、企业之间的供应链协同困境和全球供应链的管理难题。实际上，这些难题都可以归结于当下的管理手段及管理方式无法对供应链的"正三流"及"副三流"进行有效的管控。

信息流滞后、失真导致供应链管理盲人摸象

供应链管理要求企业对市场信息、客户需求信息、供应商信息、采购信息、生产信息和物流信息等进行全方位的把握。但供应链的信息流往往是滞后的，甚至是失真的，这就导致现实中的供应链管理往往局限于部分范围内，处于一种盲人摸象的状态。

企业范围内的供应链管理很难把采购、生产、分销和物流等方面协同起来，这是因为供应链总监权责不匹配，更重要的是企业没有办法及时获取供应链的全局信息。从需求信息传导到生产计划、采购计划直至订单交付，目前企业中的 CRM、OMS、ERP 和 MES 等信息系统很难做到信息共享与协同，更何况很多企业还不具备这么多的信息系统，多数企业的信息化基础还很薄弱。

企业之间的供应链协同很难实现，除了上下游企业各自的立场不同，更重要的原因是彼此之间信息不对称。首先，供应链中各家企业的信息化基础不同；其次，各家企业的信息系统很难兼容。用信息系统及信息平台管控供应链的整个信息流是一件非常困难的事情，这也是透明数字化供应链的重点研究方向。

全球供应链管理的信息滞后和失真问题更加严重，所以跨国企业要想了解一个情况、做一个决策，周期是很长的。某跨国企业在我国某省的子公司想引入一个运输管理系统（TMS），项目报总部审批，总部认为可行，报大中华区总部审批，大中华区总部还需要报集团总部审批，流程过于漫长，最终项目不了了之。虽然总部认可该子公司的想法，但子公司需要服从集团整体的信息化战略和相关部署。全球供应链的各个区域市场、生产基地、供应商分布和库存分布等每时每刻都在产生大量的信息，管控好全球供应链的信息流是一个大课题、大工程。

实物流失控导致供应链乱象丛生

信息流滞后和失真还会导致实物流失控，而实物流失控则会导致供应链产生各种各样的乱象。实物流失控的例子在现实中不胜枚举。

举个例子，在正规的大超市中，人们发现某知名日化用品品牌的产品是假货。超市为了自己的信誉，不会卖假货；而品牌商也不会砸自己的牌子，不可能供应假货，那么问题一定出在实物流上，实物流失控导致货物在运输过程中被调包了。

中央电视台"新闻 1+1"栏目曾报道过很多"海淘货"都是假货，从网上特别是从微商

那里买的"进口货",很多都是所谓的"贴牌货";同时,包装、快递单据都被仿造得跟真的一模一样。失控的实物流和造假的单据流使"海淘"购物者成了受害者。

实物流失控还会导致供应链上下游环节之间没办法相互信任。例如,工厂需要不厌其烦地对供应商提供的零部件进行质量检验。即便在同一家公司范围内,总公司与子公司之间以及不同部门之间也是缺乏信任的。

笔者在 2008 年调研过一家大型制造企业的物流运转情况。某产品在广东工厂制造完成后,由公路运输运到上海的仓库。从广东工厂运到上海仓库入库用时 170 个小时,其中,公路运输时间是 30 个小时,多出来的 140 个小时耗费在哪里?笔者和项目团队经过调研发现,多出的时间主要耗费在入库验收环节上。另外,上海码头出入货拥堵,也耗费了大量时间。那么,为什么要入库验收?因为公路运输失控,导致偷换货情况时有发生。由此可见,实物流失控会极大影响整个供应链的运转效率。

实物流失控是供应链管理的一大障碍,既增加了供应链的风险,又提高了供应链的综合成本。

资金流混乱、枯竭导致经营难以为继

资金流之于供应链,好比血液之于人体。血液循环承载着人体氧气和二氧化碳的运输和交换,而资金流则承载着供应链的价值流动和交易。一旦资金流混乱、枯竭,供应链将会停止运转。在现实中,很多企业之所以倒闭,不是因为技术、模式和管理问题,而是因为资金流断裂。

导致资金流混乱的一个重要原因是企业将主营业务的资金挪用到其他地方。特别是中小微企业,有的挪用资金去炒股、炒房。这对供应链的运转及企业主营业务而言,是巨大的伤害。在中小微企业里面,有些老板公私不分,拿主营业务的回款(不是利润)去买房、消费、还信用卡,导致拖欠员工的工资,企业上下人心浮动。

4.3 把握供应链管理的本质

所谓供应链管理,就是通过对供应链的要素及过程施加管控,使供应链的信息流、实物流和资金流能够顺畅、高效、经济地流动,促进主营业务的高效运行。要想把握供应链管理的本质,就要理解供应链的出发点和落脚点,理解供应链的"三流集成",理解供应链管控与信息化的关系,了解如何评估与改善供应链的绩效。

供应链的出发点和落脚点

供应链的出发点是创造社会财富、经世济民,而落脚点就是营利。这两者犹如一枚硬币

的两面，若缺了其中一面，另一面也就不复存在。如何把握供应链的出发点和落脚点，是供应链管理的首要问题。

供应链为何而存在？为什么能存在？供应链首先以利他为出发点去创造财富；然后以营利为落脚点，获得财富的回馈，即通过销售商品和服务营利。

对供应链而言，每个人既是生产者，又是消费者。我们每一个人对商品和服务的需求都是多元化的，如衣、食、住、行、医疗、教育等。但是，每个人从事的工作都在特定的行业里。也就是说，每个人只是某条或某几条供应链中的生产者，却是很多条供应链中的消费者。人们在某条供应链中创造的商品和服务，需要拿到市场中去交换其他供应链中的产品和服务，这就是当下商业社会运转的内在逻辑。

商业社会的这种运转逻辑决定了供应链的出发点和落脚点。理解了供应链的出发点和落脚点就能够理解钱（货币）并不等于财富，钱只是财富的影子，是用来衡量财富的。

一个人只有抓住了供应链的出发点和落脚点，才有可能成为一位真正的企业家、一位顶级的供应链管理者。所有可行的、成功的商业模式和盈利模式都找准了供应链的出发点和落脚点。

供应链"正三流"和"副三流"的集成

供应链的"正三流"（信息流、实物流和资金流）的集成是供应链商业模式的问题，供应链的"副三流"（商流、单据流和业务流）的集成则是供应链管理模式的问题。

商业模式实际上描述了这样的问题：在什么样的场景下为谁提供什么样的产品和服务，谁会愿意为这些产品和服务买单，他们愿意付出多少代价。

谁在哪里在什么场景下需要什么样的产品和服务，这些是供应链信息流的原点。产品和服务的内容是什么，产品和服务怎么设计、怎么生产、怎么交付，这些是供应链信息流的焦点。原材料和零部件的流动轨迹，实际的生产过程，商品从工厂到消费者的流动轨迹，这些就是供应链的实物流。供应链管理者要设计和安排好实物流的流通路径，只有这样才能有效地为消费者提供产品和服务。而资金流与实物流的方向是相反的，资金流的主干逻辑是资金从终端客户流向供应链中的每一个环节，流向每一个零部件的生产，流向每一次创造价值的劳动。在很多情况下，只有交付产品和服务之后才能收到终端客户的钱，而在此之前的各项供应链活动也是需要资金的，因此垫资、借贷、还款和利润分配等都是资金流的具体活动。

企业管理以供应链活动的相关事件为管理对象，供应链的管理模式是企业管理的核心内容。通俗地讲，企业管理分为管事和管人，而供应链"副三流"的集成就是围绕着如何管事展开的，解决的是如何管理好供应链相关活动和事件的问题。商流管理就是管理供应链的一系列交易事件，单据流管理就是管理供应链的一系列交接及权责交割事件，业务流管理就是管理供应链一系列执行事件。

那么，落到集成上，"正三流"的集成就是商业模式设计；而"副三流"的集成就是经营管理组织架构和业务流程的设计。

供应链管控与企业信息化

供应链管理的具体活动，就是对供应链的信息流、实物流、资金流、商流、单据流和业务流进行管控，而管控是建立在有效的信息化的基础上的。目前，企业常见的信息系统包括 OMS、CRM、ERP、MES、WMS、TMS、OA 和合同管理系统（Bargains Management System，BMS）等系统。

其中，OMS、CRM 侧重于管理商流和单据流，OMS 侧重于管理客户订单及与客户的结算，CRM 侧重于管理客户需求信息及客户关系；MES 侧重于管理生产环节的实物流；WMS 和 TMS 侧重于管理单据流和实物流；OA 侧重于管理审批流程，算是对单据流的管理；BMS、ERP 侧重于管理单据流和资金流。

然而，从供应链管理实践的经验来看，没有任何一家企业的信息系统能够全面地覆盖供应链管理的方方面面，即便有很多系统，依旧满足不了供应链管理的需要。首先，这些传统的信息系统侧重于特定范围的流程管理，系统之间有交叉重合的部分，但系统之间很难实现信息同步与管理协同。其次，这些信息系统的信息采集方式比较单一，在很多情况下只能采取人工录入，很多场景信息、过程信息和关键节点信息都采集不到。再次，供应链在运营过程中是不断变化的，信息系统的迭代很难跟得上业务形态的变化。

供应链的绩效评估与改善

供应链管理的有效性最终以供应链的投入产出绩效来衡量。而供应链的绩效指标体系非常复杂，既涉及企业经营的财务指标体系，又涉及日常运营的效率指标体系。本书第 17 章和第 18 章将从定性评估和定量评估两个维度介绍构建供应链绩效评估指标体系的一些思路。

我们提出透明数字化供应链的目的是希望以全新的视角来看待供应链，看待供应链管理，看待供应链的信息化和互联网化。这也是本书的主要目标，后面的章节将详细论述。

思考与讨论

1. 请谈谈您对供应链管理本质的理解。

2. 请谈谈供应链中信息流、实物流、资金流、商流、单据流和业务流之间的关系。

3. 请谈谈您对供应链"正三流"集成和"副三流"集成的理解。

第5章 供应链变革的时代动力

供应链从远古部落社会走到商业文明高度发达的今天，正面临着前所未有的困境（参见第3章），同时也正面临前所未有的变革。要想洞察供应链的变革趋势，就要了解供应链变革的时代动力。本章将从消费模式变化、制造技术升级、信息通信技术升级、物流装备及基础设施升级和可持续发展诉求等几个方面来阐述供应链变革的时代动力。

5.1 消费模式变化拉动供应链变革

当社会进入商品丰富甚至过剩的时代，各种"选择困难症"会让消费者的自我意识觉醒，进而推动消费升级与消费分层，推动购物方式及零售业态的变化，而这些变化又会反过来拉动供应链向以用户为中心的响应型模式转型。

消费者的自我意识觉醒

我国社会从整体上已经进入商品丰富甚至相对过剩的时代，以目前的经济发展水平和居民平均收入水平来看，2020年全面建成小康社会的目标即将实现。在这样的社会经济背景下，消费者的自我意识觉醒将会越来越明显。

消费时的"选择困难症"源于商品的极大丰富。70多年来，人们经历了从吃不饱到吃得饱，从吃得饱到吃得好的转变。在穿衣上，20世纪70年代出生的人穿过有补丁的衣服，80年代出生的人穿过哥哥姐姐的旧衣服，90年代出生的人基本只穿新的；2000年后出生的人，由于成长在物质相对丰富的时代，在消费方面比较任性，被称为21世纪的"新新人类"。这也意味着，我国逐渐进入了消费者自我觉醒的时代。

现在，不少人最大的烦恼就是一日三餐吃什么。好吃的太多，难免患上"选择困难症"。去逛超市、逛商业街，面对琳琅满目的商品，怎么挑都感觉不是很满意。在天猫、京东、淘宝和唯品会等电商平台上逛逛，只有你想不到的，没有你找不到的；在电商平台上对想要购买的东西进行品牌、商家、口碑和价格等方面的比较，还是一样会面临选择困难的情况。各种各样的"选择困难症"会让消费者的自我意识觉醒。

消费者的自我意识觉醒分为三个层次：初级觉醒表现为对商品广告及推销信息的理性判断；中级觉醒表现为自主理性消费；高级觉醒表现为对商品需求的自主定义和自由表达。

在20世纪90年代，人们被三株口服液、脑白金、步步高VCD、海飞丝等商品铺天盖地的广告轰炸得不知所措。一方面，当时的互联网远没有今天这么发达，人们只能被动地接收广告信息；另一方面，当时的商品种类远没有现在这么丰富，也没有太多的对比和可选择性。现在的人们会先对广告及推销信息进行各种验证、比较，然后才做出选择。

近年来，越来越多的人逐渐加入了理性消费的行列。2011 年、2012 年智能手机刚出来的时候，有人声称为了获得一部苹果手机宁愿"卖肾"，这是非常不理性的表现。最近几年来，国产手机的性能、易用性和性价比等日益突出，智能手机的可选择范围逐渐变大，人们不再狂热地追捧苹果手机，在买手机时都表现出了理性。现在，去饭店吃饭的人也越来越多地表现出了理性消费行为，能吃多少点多少，尽量避免浪费，而且会把吃剩的打包带走。

消费者的自我意识觉醒，还表现为消费者对自身需求的自主定义和自由表达。10 多年前，什么发型流行，大家就一股脑地去剪什么样的发型；什么衣服款式流行，大家都一窝蜂地去买什么款式的衣服。但近几年来，人们不再跟风而是追求个性。例如，穿衣服要尽量避免"撞衫"，人们会有意识地不买流行款式，参加重要的活动时可能还会根据需要定制衣服。有个性的年轻人买手机，还会选择激光刻字服务，在手机上刻上签名或特殊的符号。被称为"新新人类"的年轻一代，他们成长在物质相对丰富的时代，所以他们在消费方面的自我意识更强，追求自主定义和自由表达，这是消费模式变化的原动力。

消费升级与消费分层

在商品日益丰富和消费者自我意识觉醒的背景下，消费升级与消费分层成了当下的两种消费趋势。消费升级是指人们追求更有质量的消费；消费分层是指根据消费能力的不同，消费者呈现出分层的趋势，不同层次的消费者对商品的需求不同，消费习惯也不同。

如今，我国社会呈现出一种消费升级的趋势。例如，在交通出行上，前些年高铁刚开始普及的时候，不少人抱怨高铁票价太贵，声称买不起票。但是近年来，人们出行的首选交通工具就是高铁。大家已经不再抱怨高铁票太贵，而是抱怨自己想去的远方没有高铁直达，抱怨高铁怎么还没有修到自己的家乡。当满足吃穿等基本的物质需求之后，人们便会寻求满足精神层面的需求。例如，近年来人们更加注重健身消费、养生消费和旅游消费等，这些都是消费升级的体现。

消费分层首先体现为收入分层，也就是说，收入层次不同的人，其消费的特点是不一样的。有些经济条件较好且有空闲时间的人会选择一种候鸟式的生活方式，在炎热的夏天去北方或避暑胜地生活，在寒冷的冬天去热带地区的度假胜地生活。但与此同时，也有很多人因为经济条件的限制，从未考虑过远行。如今，很多家庭都有了汽车，这也是消费升级的体现。但与此同时，消费分层也在发展，具体体现为经济条件较好的人会开豪华汽车，而一般工薪阶层多选择实用的紧凑型汽车。

消费分层还体现为不同年龄段的人的消费行为也不同。上了年纪的人，一辈子勤俭节约惯了，即便有钱，仍会选择实用的或刚好够用的东西。例如，上了年纪的父母都不太愿意买新的智能手机，而选择使用被子女淘汰的智能手机。年轻的白领因为工作忙或嫌麻烦，不太愿意回家做饭，下馆子是常态；而年纪稍大的白领，连中午饭都是自带的，他们认为下馆子要多花钱而且吃不好。

消费升级与消费分层正在改变我国的零售业态，也将对供应链变革产生重大的影响。

购物方式变化与新零售

电商平台及快递的兴起是支撑购物方式变化的重要基础条件。消费升级与消费分层是推动购物方式变化，推动新零售兴起的内在动力。

近10多年来，购物方式变迁速度很快，首先是传统的电商，然后是团购，再然后是O2O、微商和跨境电商。传统的电商在我国兴起于2003年，那个时候个人计算机已经普及，PC互联网初具规模。对不爱外出的人来说，电商是一个不错的购物平台。但是，刚刚兴起的电商存在很多短板，如支付、快递和售后服务等。随着这些短板被一一补齐，2008年之后，电商的发展进入了快车道。2010年，美团诞生了，团购和O2O模式开始兴起；2013年，微信推出微店，微商开始兴起；2015年，拼多多诞生，分享式团购开始兴起。近两年来，全球代购和跨境电商成了流行的购物方式。

新零售近年来已成为热点话题。目前，新零售仍是一个比较有争议的概念，没有一个相对统一的定义。人们把网红促销、无人超市、机器人导购、自助售货机和扫码点餐等都视为新零售的典型场景。人们把线上线下的各种购物场景、更加便捷的购物方式、更好的消费体验等都归入新零售的范畴。

购物方式变化与新零售兴起的原动力来自商品的日益丰富甚至相对过剩，来自消费者自主意识的觉醒，来自消费升级和消费分层。首先，商品过剩和消费者自主意识的觉醒使消费者比以往拥有了更多的话语权，整个零售业态几乎都是在按照买方市场的逻辑在运行。其次，消费升级和消费分层给零售业带来了新的增长点。品牌商和零售商都在想各种办法去迎合消费者，这推动了购物方式的变化以及新零售的兴起。

以用户为中心的响应型供应链

购物方式的变化及新零售的兴起，在本质上都围绕着如何构建以用户为中心的响应型供应链。响应型供应链与传统的拉式供应链类似，但内在的动力不同。

传统的拉式供应链，是指生产商或品牌商按照下游客户的订单或相对精准的销售预测数据来组织生产，从而避免产品滞销和产能过剩。但是，传统的拉式供应链的拉力来自经销商客户，而不是真正的终端需求，只是把产品滞销的压力转移给了渠道。

响应型供应链的逻辑类似于传统拉式供应链，但其拉动力来自真正的终端用户及消费者的需求。有这样一个案例，人们通过老乡微信群定期购买家乡的土猪肉。一个村子里有几十个人在省城工作，他们建了一个微信群。大家都喜欢吃家乡的土猪肉，但在省城买不到，于是他们在群里组织土猪肉团购，让老家的人把土猪宰了，把肉送到省城分给大家。从村里到省城的距离为 200 多千米，两个多小时就能送到，加上冷藏措施，肉质很新鲜。这个群刚开始只有数十人，后来邻村人也陆续加入这个群，群友扩大到了数百人，他们进群目的就是买家乡的土猪肉。这条土猪肉供应链就是完全由终端消费者的需求拉动的响应型供应链。

近两年来，"大规模定制""C2B""C2M"等概念的火热实际上也反映了业界对响应型供应链的思考。例如，2014 年诞生的必要商城就在实践 C2M 模式，用户可以在该商城中下单定制箱包、小电器、家纺和家具等产品。根据产品的复杂程度及供应链条件不同，定制品的生产周期为 5 到 30 天不等。

总之，在消费模式变化的拉动下，以用户为中心的响应型供应链将成为供应链变革的大方向。

5.2　制造技术升级驱动供应链变革

供应链究竟能不能以用户为中心，能不能对终端需求进行有效响应，取决于供应链的生产制造能力能否满足 C2B 及 C2M 模式的设想。因此，驱动供应链变革的力量源于制造技术的进步。驱动供应链变革的制造技术至少包含四项，即增材制造技术、新材料技术、虚拟制造技术和柔性生产线技术。

增材制造技术与供应链

增材制造俗称"3D 打印"，它是基于"离散—堆积"原理，结合三维形状数据直接制造零件的技术。增材制造技术可以加快制造速度，缩短制造周期，进而提高响应型供应链的实际响应能力。

那么，3D 打印是怎么加快制造速度的呢？首先，3D 打印可以用于制造零件，它在制造小批量的、结构比较复杂的零件上具有较大优势。例如，3D 打印已经广泛应用于飞机、高铁等高端装备的关键零部件制造。

其次，3D 打印还可以广泛应用于模具制造，它能有效地提高模具制造效率。例如，利用 3D 打印可以在数小时内制造出注塑模具、压铸模具和吸塑模具等。利用 3D 打印制造的随型冷却模具可以生产出更加均匀的零件，消除因冷却速度不均而导致的零件缺陷。这有效地提高了产品研发设计效率，缩短了产品设计周期。

一旦缩短了产品的设计周期，特别是缩短了模具制造和个性化复杂零件的制造周期，个性化、小批量的产品定制就能得到普及，响应型供应链在制造环节的短板就可以得到弥补。

目前，增材制造技术应用实践已经获得了重大进展。随着技术的进步，3D 打印装备及工艺水平也会不断进步，其在模具制造及零部件制造方面的应用将会得到普及。当下，3D 打印已经开始对供应链的变革产生影响，它对供应链变革的驱动值得期待。

新材料技术与供应链

制造业的升级往往基于新材料的出现和材料科学的进步。例如，机械制造业的进步得益于金属材料的进步，电子电器制造业的发展得益于半导体材料的进步。新材料技术的进步对供应链的变革有着非常重大的影响和意义。

首先，新材料技术的进步将会使 3D 打印得到更广泛的应用。目前，3D 打印材料主要包括塑料、金属材料、陶瓷材料和生物材料等。随着高分子材料技术的发展，更多类型的塑料将符合 3D 打印的要求，理论上几乎所有塑料制品都可以采用 3D 打印的方式来生产。例如，碳纤维增强塑料和玻璃纤维增强塑料使"以塑代钢""以塑代木"变成了趋势。

其次，新材料技术的进步将会推动产品的更新换代，并推动产品的创新。例如，半导体技术以及纳米技术的进步支撑着微电子领域的"摩尔定律"，推动计算机、智能手机等电子产品快速地更新换代。例如，石墨烯材料带来了"超级电池"研发的成功，有效地解决了新能源汽车充电时间长及电池容量不足的问题。

新材料技术的进步能够助推 3D 打印的发展，进而推动生产方式的变化以及供应链形态的变革；新材料技术的进步可以推动产品创新，进而重构产品的供应链结构。这些都对供应链变革有着非常重大的影响和意义。

虚拟制造技术与供应链

虚拟制造技术将是未来供应链实现智慧化的关键技术，对供应链变革有着重要的意义。

虚拟制造是指在产品设计阶段，通过计算机仿真对设计、制造等生产过程进行统一建模，模拟出产品制造的全过程，进而分析产品制造过程与产品设计之间的相互影响，以此准确地预测产品性能和制造成本。它能够在配置生产资源、压缩开发周期、降低生产成本、提高生产效率等方面发挥作用。虚拟制造技术是指计算机辅助设计、呈现虚拟制造场景的计算机仿真、制造过程管控的数学建模等方面的技术。

虚拟制造技术已被应用于飞机、汽车等高端离散型制造行业。例如，波音公司应用虚拟制造，使新飞机的开发周期得到了大幅缩短；各大汽车企业通过虚拟制造系统，使新车研发周期从几十个月缩短到了几个月。

虚拟制造技术可以应用于消费者定制的仿真设计，可以应用于订单交付过程的模拟，甚至可以对供应链的全链条运行进行仿真模拟。未来，供应链的运行结果如何，完全可以先在供应链仿真系统里面进行预演，再用得出的相关结果（数据）指导现实状况的改善。

柔性生产线技术与供应链

以用户为中心的响应型供应链能够快速响应多品种、小批量的生产要求，能够应对终端客户需求的波动。那么，现行的大规模生产方式如何转变，才能够满足多品种、小批量的生产要求呢？柔性生产线技术是实现这一转变的关键技术。

目前，柔性生产线一般是依据多种生产模式的需要，把多台可以调整的专用机床连接起来，并通过计算机系统和自动化传送带的辅助所构成的生产线。柔性生产线可以进行不同单品生产的快速切换，以实现多批次、小批量的生产。

目前，"工业4.0"、智能工厂等热点话题的不少具体内容，都是在研究如何打造柔性生产线。以汽车总装生产线为例，如何只通过一个批次就实现不同车型的总装生产，这非常考验生产线的灵活性和协调能力。笔者近几年多次到几家主流汽车制造厂参观考察，发现工厂里的工艺装备的自动化程度很高，各种自动化设备、机器人被应用到生产线上，它们可以灵活高效地完成汽车柔性装配。

柔性生产线不一定都是自动化流水线，在不同的场景下，只要是能够根据客户的订单需求快速切换不同产品的生产的，都是柔性生产线。柔性生产线主要考验两个方面的能力，一是围绕订单要求进行生产线切换和调节的能力，二是响应生产计划的物流组织能力。随着技术的进步，柔性生产系统、柔性生产线将会普遍被应用于制造业，这将有效地提高供应链的灵活性。

5.3　信息通信技术升级推动供应链变革

当下信息通信技术（Information and Communications Technology，ICT）领域的前沿技术是 5G 和物联网（Internet of Things，IoT），还有在 PC 互联网、移动互联网、信息系统和信息平台的基础上，围绕着数据应用的大数据处理、云计算和人工智能（Artificial Intelligence，AI）等技术。这些技术在实际应用中彼此渗透、相互融合，推动了整个世界的数字化发展。业界普遍认为，这些技术正在推动供应链的数字化。本节将通过回顾与展望供应链数字化来探讨信息通信技术升级对供应链变革的影响。

供应链数字化回顾

供应链数字化的探索在很早以前就已经开始了，只是不同时期的侧重点有所不同：在 2000 年以前叫"信息化"，在 2000 年左右叫"电子商务化"，在 2010 年左右叫"两化融合"（工业化与信息化融合）或"平台化"，在 2015 年左右叫"O2O 化"，在 2018 年左右叫"数字化供应链"。此处，还有"互联网化""互联网＋""消费互联网""产业互联网"等概念，它们都从不同的侧面涉及了供应链数字化。

在互联网普及之前，更普及的是局域网。计算机局域网与企业管理软件相结合，就可以实现企业范围内的信息化管理，通过信息系统使企业流程更加规范化，进而提高企业不同部门之间的沟通和协同效率。ERP 就是在这一时期兴起的，企业的局域网覆盖到哪里，企业的 ERP 就可以覆盖到哪里。信息化阶段更多地聚焦于供应链生产环节的数字化。

在 PC 互联网普及之后，电子商务发展的土壤已经具备，于是电子商务化成了 2000 年左右供应链数字化的具体体现。电子商务化聚焦于供应链分销渠道的在线化和数字化。目前的电子商务巨头，如亚马逊、阿里巴巴和京东，都是在那个时代诞生的企业。渠道的在线化和数字化打破了供应链在分销环节的信息不对称，去掉了那些不必要的分销环节，进而提高了供应链的效率。

两化融合是人们对工业生产过程的互联网化思考，即工业化与信息化的融合。"两化融合"这个概念比较宏观，现在普遍认为"中国制造 2025"是对两化融合的深化和延续。人们对供应链上下游企业之间的互联网化思考，被统称为"平台化"，即希望通过平台把行业中的众多企业都连接起来。在两化融合与平台化方面，凡是成功的企业，都充分考虑了供应链的特性；凡是失败的企业，都受到了供应链规律的制约。例如，风靡一时的生鲜电商平台有很多都失败了，这是因为各平台在运营时没有遵循生鲜产品供应链的规律。

O2O 则是在智能手机普及、4G 网络普及，即移动互联网普及之后的产物。O2O 提倡线上引流、线下消费，提倡随时随地消费，提倡随时随地实现产品和服务的交付。从供应链的视角来看，O2O 实际上是供应链消费环节的在线化和数字化。

而数字化供应链更多地引用了国外的概念，目前尚未有相对统一的定义。目前对数字化供应链的研究，大多缺乏基于供应链视角的深度剖析，缺乏对我国供应链数字化实际现状的剖析，因而对我国的供应链发展缺乏实际的指导意义。我们提出透明数字化供应链，就是希望能够在这些方面有所贡献。笔者深信透明数字化供应链将是产业互联网阶段的核心课题之一。

"互联网化""互联网＋""消费互联网""产业互联网"等概念都从不同的侧面涉及了供应链的数字化。互联网化主要是指社交的互联网化，最初的概念叫即时通信，如 QQ、微博，后来的微信、秒拍、抖音等也可归为此类。所谓消费互联网，更多的是指 B2C 电商、O2O 平台等与个人消费行为相关的互联网应用。产业互联网是指垂直细分行业的互联网化。而"互联网＋"则是对各个领域互联网应用的高度概括。其中，除了社交的互联网化，其他方面的互联网化都与供应链有着千丝万缕的联系。因此，透明数字化供应链是这个伟大时代的产物。

供应链数字化展望

随着 5G 的发展和物联网的普及，供应链数字化将会得到进一步的发展；随着大数据、云计算和人工智能等技术的进步，供应链的发展将会得到数据的进一步赋能。这是供应链数字化发展的大趋势。

随着 5G 通信的发展，可以预期的一个突破是，大量的视频数据可以得到实时回传。随着物联网终端的进步，我们可以采集到更多类型的现场数据，可以采集到一个事件的多维度数据。摄像头也属于物联网的一类终端，无数个摄像头就像无数只眼睛，正在观察着这个世界的各个角落、各个场景中的每一个事件。

过去，由于技术方面的原因，我们无法对视频数据进行快速识别，海量的视频数据成了一个负担。以前，警察破案时要想调动视频证据，就要安排一群人反复播放、排查海量的视频，直至发现某些蛛丝马迹。但随着算力、算法的进步，出现了快速处理视频数据的终端及云计算中心。

视频数据识别及处理能力的进步，对供应链数字化而言，是一个非常有利的技术条件。工厂、仓库、码头和门店等供应链场景都可以通过摄像头来采集数据。例如，亚马逊的无人超市基于视频数据来识别每一位顾客进店之后的行为，并对顾客选中的商品进行精准统计和结算。目前，无人超市还无法得到普及，主要是因为整套数字化设施的成本比较昂贵。但随着技术的成熟和各类物联网终端得到规模化应用，这类应用的成本势必会被摊薄，一旦这套设施的成本低于超市导购岗位人员的人工成本，无人超市将会快速得到普及。同时，无人工厂、无人仓库和无人港口等也是非常值得期待的，目前已经出现了一些探索型案例。例如，青岛港全自动化集装箱码头引入整套自动化系统，使操作人员减少了 85%，作业效率提升了 30%。

用摄像头采集供应链场景的数据只是一个例子。供应链的场景千千万万，所需要的物联网终端有成千上万种。例如，温度传感、湿度传感、烟感、光感和磁感等类型的物联网终端，都有可能应用于供应链场景的数据采集环节。

采集到供应链的数据只是供应链数字化的起点，供应链数字化的目标是实现供应链的透明。大数据、云计算和人工智能等技术都是基于数据的应用技术，或者说，这些技术的应用必须以数据为基础，数据是这些技术的生产资料。

当通过大数据、云计算、人工智能等技术处理供应链数据时，将会产生透明的、智能的、智慧的供应链，也就是说，这些技术会实现对供应链的赋能，推动供应链的智能化和智慧化。

那么，透明与数字化、智能、智慧之间是什么关系呢？后面的章节将会进一步论述。总之，透明数字化供应链是供应链数字化的发展趋势，这是本书的基本观点和主题。

5.4 物流装备及基础设施升级助力供应链变革

供应链的发展要以物流装备及基础设施的进步为前提，这一点在第 2 章已经论述过。物流装备及基础设施也处于不断发展的进程中，而物流装备的进步和物流基础设施的升级一直在助推着供应链的变革。

物流装备的进步助推供应链变革

物流装备的进步一直在助推着供应链的进步。以生鲜肉的供应链为例，以前没有冰箱、冷库和冷藏车的时候，要买新鲜的肉必须要起个大早去菜市场，如果中午或下午去买肉，就买不到新鲜的肉了。现在的生鲜肉供应采用全程冷链，在低温环境下进行屠宰加工，用冷藏车运输，中转环节有冷库，零售门店里有冷柜，消费者的家里还有冰箱。这就是冷链物流装备的进步推动着生鲜食材供应链的进步的体现。当然，冷链物流装备还有很大的提升空间，而更加优质的冷链食材或食品的供应链，必须以更加高级的冷链物流装备为前提。

同时，便捷的包装材料与包装装备在零售环节发挥着极大的作用，给顾客带来了很好的体验。例如，卖散装米、散装副食和生鲜肉时，商家都会使用便利化的包装。另外，现在网购很流行，每一个包裹都需要可靠的包装，正是包装装备的进步使海量的包裹得到了高效和高质量的包装。

物流装备正朝着自动化、智能化和无人化的方向发展。配送专用无人机和分拣机器人等新型的物流装备会使供应链的流通环节变得更加高效和灵活。

物流基础设施的进步助推供应链变革

物流基础设施包括运输线路网络和仓储节点网络两大类型。运输线路网络包括以公路、铁路、水路、航空、管道等运输方式构成的线路网络。仓储节点网络就是由各个层级的仓库、分拨中心和物流中心等构成的网络。这两类物流基础设施网络一直在进步，也一直在助推着供应链的发展。

在我国，大宗物资的流通主要靠公路、铁路、水路联运网络，普通货物的流通主要靠公路干线网络，电商包裹的流通主要靠快递网络。这些是在供应链视角下，物流基础设施网络所呈现出来的形态。

我国幅员辽阔,人口众多,资源分布不均衡。单纯依靠铁路、水路和管道运输,满足不了大宗物资的流通需要,还有很大一部分要靠公路运输。以煤炭运输为例,铁路运输目前占比不足 50%。当然,随着中央相关指示的逐步落实,铁路运输的比例在逐年增加。即便如此,对于大宗物资的流通,公路运输仍具有不可替代性。随着我国高铁网络的进一步扩张,传统铁路运输会逐渐让位于货运。同时,高铁货运项目也在起步。目前,铁路运力整体不足,随着铁路运力的增强,铁路运力进一步向市场开放,社会物流总费用将明显降低。我国的多式联运网络正在不断发展和形成的过程中,海港、内河港、铁路货站、航空货站和公路港等都有可能成为新型的多式联运枢纽。我们期待多式联运枢纽设施及多式联运网络能够快速升级,为物流及供应链的提速带来更多的便利。

云仓设施助推供应链变革

云仓是指应用信息技术把线下的仓库设施在线化和数据化,同时把储藏在仓库中的货物数据化,进而实现对仓库分布及库存分布的全局掌控。

云仓的作用在于,当终端客户下一个订单时,云仓系统可以智能地分析哪里有库存,释放哪个仓库的存货最合适。所谓"全渠道一盘货",就是基于云仓设施实现全局的库存管理和全局的订单响应策略。云仓设施可以为商家提供前置仓服务和库存代管服务。

目前,业内有很多企业在尝试云仓设施的整合项目,但都不同程度地遇到了一些困难。主要困难在于以下几个方面:首先,仓库设施是重资产,很多企业在资金投入上力不从心;其次,仓库的数据化和管理需要比较大的投入;再次,货源的引流比较困难。要想实现云仓设施的资源整合,既要有钱、有技术,还要有货源。目前,只有大型电商企业和大型综合物流企业在云仓设施的资源整合上有所突破。

此外,一些大型的品牌商也在自建云仓,利用信息系统统一管理工厂仓库、中心库、区域仓和渠道仓(经销商的仓库),并基于这样的云仓设施进行营销创新及供应链管理变革。

不管是在宏观层面还是在微观层面,物流装备及基础设施的进步都在助推着供应链的进步,这一点在过去、现在和未来都不会改变。

5.5 可持续发展诉求推动供应链变革

可持续发展是全人类的重大课题,包含脱贫、对抗疾病、治理环境污染和应对自然灾害等具体课题,我们可以从供应链的视角来寻找解决问题的路径。这些课题推动着供应链向透明数字化的方向发展。

基于供应链的精准扶贫

从可持续发展的视角来看，扶贫是维护人口及不同地区之间公平性的重要举措，精准扶贫是我国全面建成小康社会的重要政策和工作。然而，从供应链的视角来看，有效的精准扶贫必须与供应链关联，必须与就业关联。

一个地区的贫困是由各种因素造成的，但最关键的因素是贫困地区的人们没有找到一条可以解决就业、可以让人们致富的供应链。我国的贫困地区一般都交通闭塞、远离市场、环境恶劣、土地贫瘠或资源匮乏。

对于自然条件优越但交通闭塞、远离市场的贫困地区，精准扶贫的策略之一是扶持当地的特色产业，帮助这些特色产业找到市场。因此，近年来农村淘宝和电商下乡成了精准扶贫的一个重要工具，即利用电商打通供应链的关键节点，带领部分贫困地区脱贫。

对于自然条件恶劣、资源匮乏的贫困地区，精准扶贫的策略之一是异地搬迁，即让人们搬出自然条件恶劣、资源匮乏的地区，迁到交通便利的地方，并在新的居住地配套相关产业，以解决贫困人口的就业问题。

扶贫不仅要关注贫困人口的生活状况，更要关注贫困人口的就业状况，关注与贫困人口关联的供应链。贫困人口赖以脱贫的供应链如果发生崩溃，已脱贫的人们会瞬间返贫。那么，怎样才能找到贫困人口赖以生存的供应链？构建透明数字化供应链是可行的路径。

在供应链上保障医药的安全和普惠

看病贵、看病难，一方面是因为医院和医生资源供不应求；另一方面是因为医药供应链的失控。管控好医药供应链，就能在很大程度上降低就医成本。

有这样一种现象，过去常见的、实惠的、很管用的药，却陆续都停产了。即便那些药很有效，对患者来说很实惠，但从医药生产和医药流通企业的角度来看，这些药都不挣钱。更有甚者，一些不法企业生产假药，或者违法违规流通药品。要想解决药的问题，就必须从医药供应链下手，构建透明数字化医药供应链。

医药关乎每个人的健康。构建透明数字化医药供应链是一个普惠民生工程。对于"互联网＋医疗"或"互联网＋医药"的相关项目，应从透明数字化供应链的视角来看待和解决相关问题。

在供应链上控制环境污染

每一种工业产品背后的供应链，或多或少都会有一些环节涉及污染物的排放。要想做到无污染排放，除了要在技术上对污染物进行有效处理，还要对污染物的处理进行有效的监督。那么，怎样才能进行有效的监督呢？答案是构建透明数字化供应链。

在应对农药污染方面，目前社会大力提倡生产有机农产品，尽量少打农药、少施化肥。但是，在缺少监督的情况下，目前依旧存在过量打农药和过量施肥的现象。解决这个问题的有效办法之一，就是建立透明数字化农产品供应链，通过土壤监测、水质监测、生长周期监测、采摘监测和流通监测，实现从田间到餐桌的全链条透明。

应对自然灾害考验供应链能力

应对自然灾害要从防灾、抢险救灾和灾后重建这三个方面着手。特别是防灾和抢险救灾，十分考验供应链的能力。

预防自然灾害是一个非常复杂的课题，其中，对自然灾害的监测和预警尤为关键。例如，地震监测和预警网络、极端天气监测及预警网络均涉及大量的监测设备，涉及监测点的维护，这都需要供应链能够支撑这些网络的运行。而在抢险救灾方面，通常需要调动紧急物资，而紧急物资的储备、调拨和生产都涉及供应链。

一旦供应链出现问题，就可能导致监测预警网络失灵，进而导致无法估计的后果。一旦供应链出现问题，救灾物资无法及时抵达灾区，受灾群众就无法得到及时救助。因此，在应对自然灾害方面，必须考虑供应链能力，应该通过构建透明数字化供应链来增强应对自然灾害的能力。

思考与讨论

1. 请列举现实生活中消费升级的例子。

2. 请谈谈您对 C2B 和 C2M 模式的理解，它们的瓶颈分别在什么地方？

3. 哪些因素在影响和推动着供应链的变革？

4. 请谈谈您对供应链数字化的理解。

第二篇

透明数字化供应链

第一篇已经多次提到了透明数字化供应链。透明数字化供应链究竟是什么？它是什么样的一个理论框架？它揭示了什么规律？这些是第二篇将要介绍的内容。

本篇包括以下五章。

第6章　对透明数字化的多维剖析

第7章　透明数字化供应链的理论框架

第8章　供应链逻辑重构

第9章　透明数字化供应链图景展望

第10章　透明数字化供应链的实现路径

第6章 对透明数字化的多维剖析

透明是客观存在的现象，数字化是实现透明的一种方式，透明与数字化、智能、智慧有着密切的关系。随着科技的进步，透明数字化的世界正在逐渐显现。

6.1 对于透明的多重理解

透明是一个既直观又抽象的概念，每个人对透明都有着切身的体会，但是每个人对透明的认知和理解又不尽相同。本节将从不同的视角来阐述人们对透明的多重理解。

对透明的直观认知

目前，人们对透明的直观认知有两种最常见的表述，第一种是"透明就是监控"，第二种是"透明就是可视、看得见"。在一些场景里，监控或可视确实是透明的表现形式。

对透明的这种直观认知是正确的，但并不全面，也不深刻。这就好比，问人们什么是动物，人们脱口而出"动物就是鸡、猫、狗等"，并列举一堆日常见到的家禽和家畜。但事实上，动物是指动物界，它是与植物界、原生生物界等并列的一种生物类别。但是，越从动物的本质属性来解释什么是动物，人们对动物的直观认知越模糊。

有人说监控就是透明，但在有些情况下，监控也实现不了透明。例如，冷藏车带有温度监控探头，司机只需把两瓶冰冻的矿泉水与车厢内的温度探头绑在一起就可以改变温度数据，这足以说明透明不是简单的监控就可以实现的。此外，可视、看得见也未必就是透明，因为人们看到的往往都是假象。举一个极端的例子，一位患有红绿色盲症的人是不能够分清红色和绿色的，他看到的都是假象。

因此，我们要颠覆过往的直观认知，对"透明就是监控或可视、看得见"这样的理解保持审慎的态度。那么，究竟什么是透明呢？

物理光学中的透明

物理光学中的透明是指物体透过光线的现象，能够透过光线的物体叫透明物体。玻璃、纯净水、空气都是常见的透明物体，这些物体能够被光线穿透。

物理光学中的透明有三个要素，即光、传递光线的媒介（透明物体或空间）和眼睛。光是第一个要素，在一个没有光的世界里，透明物体也在一片黑暗之中，那么就不可能有所谓的透明现象。第二个要素是传递光线的媒介，透明物体和真空都能够透过光线。第三个要素是眼睛，这个要素经常被忽略。如果没有眼睛看到光线透过一个物体或一个物理空间，那么这个现象也无从被发现。

眼睛能看到的就是透明。耳听为虚、眼见为实，但这里的"耳听"和"眼见"已经不再是物理光学的范畴，而是信息科学的范畴。

信息科学领域的透明

日常生活中提到的透明实际上多与信息有关。人看到光线，这是最初级的透明，人看到光线带来的五颜六色的色彩信息才是透明的本质。

所谓"眼睛看到"的原理是，光线把视线范围内的景物信息传递到了人的眼睛里。如果信息是真实的，并且眼睛也能准确地识别景物信息，那么这一切就是透明的。如果信息不真实，那么就是眼睛受骗了；如果眼睛分辨不了信息，那么就是看走眼了。

透明与信息有关，一段语音被录下来当作证据是透明；通过烽火传递军情是透明；通过字条传递消息也是透明。透明是指信息得到了真实的、及时的反映。

从自然现象到科学真理

在光学的范畴，可以对透明下这样的定义：自然界中一切关于光的传递和感知的现象都叫透明。在信息科学的范畴，则可以对透明下这样的定义：一切关于信息的识别、传输和应用，都叫透明。

透明是自然界普遍存在的现象。光是一系列的电磁波，人的眼睛能看到的只是可见光。当人类把电磁波用作信息及数据传输的物理载体时，光的透明与信息的透明就交织在了一起。

但"信息"一词也比较抽象，百科全书给信息下的定义是："信息是对客观世界中各种事物的运动状态和变化的反映，是客观事物之间相互联系和相互作用的表征，表现的是客观事物运动状态和变化的实质内容。"

信息科学是当下最热门的科研领域之一，科学家们对信息的研究和认知在不断深入。已故美国华人科学家张首晟说："人类文明最高的建树是科学真理，科学真理最重要的是两点，一是能量，二是信息。"笔者借用张守晟的话作为铺垫，提出这样的一个观点和论断：透明是对信息这一科学真理的理解和追求。

社会生活中的透明

透明是科学真理层面的，也就是哲学层面的，因此透明具有很多引申含义，被广泛应用于社会生活中的很多方面。

最常见的就是公开透明，这里的"透明"就是展示真实信息的意思。例如，在企业的经营管理中，董事会要求公司的财务对董事会透明。在文学表述中，透明就是彻底知道的意思；"心里更加透明了"就是心里明白了、领悟了的意思。本书所指的透明融合了信息科学和社会生活两个方面的内涵，是指信息得到真实的、及时的反映；一切关于信息的识别、传输和应用的公开和不隐藏都可以称之为透明。

6.2 关于数字化的科学常识

对于数字化，我们既熟悉又陌生。熟悉是因为人们的生活和工作的很多方面都在逐渐数字化；陌生则是因为数字化是计算机、ICT 领域的产物，现实中很多人缺乏这个方面的专业知识。本节将重点介绍关于数字化的几个常识。

奠基数字化的科学家

现代人享受着今天的数字化便利，我们要饮水思源，感谢那些为数字化做出重大贡献的科学家。为数字化发展做出重要贡献的科学家有很多，其中具有代表性的有以下几位。

"无线电之父"伽利尔摩·马可尼在 1894 年通过实验证明了电磁波的存在，在 1896 年获得了电报专利，并在 1898 年成功发射了无线电波，从此奠定了人类利用无线电波进行通信的基础。

"计算机之父"冯·诺依曼在 1945 年起草了"存储程序通用电子计算机方案"，该方案对计算机的设计产生了重大影响，存储程序的二进制编码至今仍是计算机设计遵循的规则。

还有为信息论做出重要贡献的克劳德·香农和诺伯特·维纳。香农公式和维纳信息论为如今的信息通信发展奠定了非常重要的基础。

致敬那些为数字化发展做出贡献的科学家，是他们的工作给我们带来了数字化便利。然而在现实中，绝大多数人对数字化的理解无法像专业人士一样深刻，但我们仍要了解信号、数字信号和信息的数字化等基础概念。

信号及数字信号

信号是信息的载体，信号的形式包括光、声、电等。例如，口哨就是一种声音形式的信号，吹响口哨时发出的声音是信号，特定的口哨所代表的具体含义就是信息。电磁波、电磁脉冲、电流脉冲等是常见的信号形式，被广泛应用于现代通信工程中。

在现代通信中，通常用电磁波（正弦波）的幅度、频率或相位的变化，或者用脉冲的幅度、宽度或位置变化来模拟原始信号，使原始信号（信息）能够被复制、传输。这种情况下的波及脉冲的信号就叫模拟信号。

从连续的波及脉冲信号中截取一段进行定义，用定义好的波段或脉冲信号对原始信号进行模拟、复制、传输，在接收端对接收到的信号进行编译，从而识别出原始信号，像这样对波及脉冲进行定义和编译处理的信号，就叫数字信号。

数字信号把物理信号转化为二进制代码，然后对二进制代码进行编译来识别原始信号和原始信息。

发报机就是一个对信息和信号进行处理的典型例子。发报机发出"滴滴"的声响就是将无线电波信号转化为声音信号，分别代表 0~9 这 10 个数字，这一阶段可以称之为模拟信号。假如用连续发出的每 4 个数字代表 1 个汉字，如用 2001 代表"我"字，用一个密码本对汉字进行编号定义，并基于这个密码本对汉字进行编译，从而实现信息的传达，这个过程就可以简单类比为信号的数字化处理。经过数字化处理的信号就叫数字信号，数字信号能够代表特定的含义。

信息的数字化

信息的数字化就是将信息转变为数字、数据，再把这些数字、数据转变为一系列二进制代码，使信息能够被计算机按照机器语言的逻辑进行处理。在计算机中，所有的信息都是通过数字化进行存储的。例如，Word 文档通过将信息转化成一串二进制代码把信息存储在硬盘中的某个位置。要识别 Word 文档中的信息，就要通过 Word 软件来对这一串数字进行翻译和展示。当然，在 Word 软件翻译 Word 文档的过程中，还要遵守操作系统的相关规则。

Word 软件只是一类应用软件，实际上各个领域都有专门的应用软件。例如，手机上的各类 App 就属于应用软件。应用软件是在特定领域进行数字化处理的工具。在信息化或互联网化的应用中，若要对某项业务进行数字化，就一定会涉及相关的应用软件和系统。

数字化的意义

数字信号与信息的数字化在原理上是类似的，数字化是应用现代科技处理信息的一种基本方式，数字化的意义在于可以实现信息的快速共享，实现信息的低成本备份和存储。

计算机之间可以通过通信网络实现数据传输和共享。所谓 PC 互联网就是由 PC 组成的网络；移动互联网就是由移动设备组成的网络；物联网就是由各类可以采集数据的终端设备组成的网络。互联网、移动互联网和物联网的信息传递速度很快。在互联网上发邮件，发件人刚点击发出，收件人在不到 1 秒钟的时间内就能够收到。如果没有数字化，那么不同的计算机、智能手机和物联网终端之间是无法实现数据传输和信息共享的。

在数字化时代之前，信息的存储成本非常高。最简单的例子就是照相，以前拍照时必须使用胶卷，然后对胶卷进行冲洗才能得到照片，而且胶卷很难长时间保存。如今的数码相机以及带拍照功能的智能手机，让拍照变得轻而易举，并且相机存储卡或手机内存卡可以存储大量的照片；我们还可以把照片存在个人的网络空间，而且几乎是免费的。数字化使信息的存储和传播变得更容易了。

其实，大部分人都可以在生活中随时随地感受到数字化，例如，现在看的电影都是数字化电影，不需要放映机和胶片；用手机支付，使用的是数字化货币，不需要使用现钞；用手机可随时随地录像、拍照，得到的都是数字化视频、音频文件。到医院拍 X 光片，也可生成数字化的片子，医生在计算机上就能看到数字化图像；坐飞机、乘高铁，都可以不用纸质票据，购票、验票都已经实现了数字化。类似的例子不胜枚举，每个人都已经生活在数字化的世界里。

大多数人被动地接受了这种变化，而马云、马化腾和李彦宏这些企业家在数字化时代创造了基于数字化的新的商业模式，加快了社会发展的进程。

6.3 透明与数字化的关系

为什么要提出"透明数字化"这个概念？因为透明和数字化之间有着密切的关系，透明数字化的发展将会推动社会的各个方面走向智能化和智慧化。

透明与数字化

透明是信息科学发展的大方向和趋势，而数字化是实现透明的一种技术手段，这就是透明与数字化的关系。

透明是指信息得到真实的、及时的反映，涉及信息的识别、传输和应用。而数字化是处理信息的一种基本方式。因此，数字化是实现透明的一种基本方式。透明需要数字化，但是数字化并不等于透明。

透明需要数字化，是因为数字化能够快速、低成本地处理信息，以实现透明。数字化不等于透明，是因为数据化并不代表信息得到了真实的反映。本书第 4 章举过这样一个例子，"海淘"购物者被造假的单据流欺骗，"海淘货"很多都是所谓的"贴牌货"。"海淘"购物者虽然可以在快递信息查询系统中查到快递包裹的流转信息，但那些信息是假造的，不能反映快递包裹真实的运动轨迹。因此，透明不是简单的数字化，在数字化的同时，还要有相应的机制来确保被数字化的信息是真实的。

因此，我们提出了"透明数字化"这个概念。所谓透明数字化，就是实现透明的数字化，而不是无效的数字化。透明数字化是本书的一个基本概念和基本理念，在本书后面的章节中，数字化将被默认为是透明数字化。

人工智能需要透明数字化作为基础

目前，人工智能十分火热。实际上，人工智能是基于透明数字化的进一步应用，即基于对信息和数据的掌握来处理相关事件。

最初级的人工智能就是日常见到的监控报警系统，如冷库的监控报警系统。安装该监控系统时要先在冷库内安装温湿度监控探头，然后为冷库的冷机开关安装监测装置，最后给冷库安装门禁装置。安装完成后，一旦冷库的温湿度到达系统设定的上限或下限阈值，就会触发报警；一旦冷机停止工作的时间达到系统设定的阈值，就会触发报警；一旦冷库门的打开时间超过系统设定的阈值，就会触发报警。温湿度信息、冷机信息、门禁信息再加上相应的报警规则，构成了冷库监控报警这样一种简单的智能应用。

目前，人们认为最具代表性的高级的人工智能，就是会下围棋并且赢了围棋世界冠军的阿尔法狗（Alpha Go）。阿尔法狗之所以能赢世界冠军，是因为阿尔法狗背后有众多数学家的帮助。阿尔法狗被植入了围棋的规则，数学家针对围棋落子的可能性分析设计了很多算法，并将这些算法植入了阿尔法狗。阿尔法狗对每一步落子的可能性都做了精确的运算，阿尔法狗的算力远远超过人脑。所以，阿尔法狗的每一步落子都能基于精确的计算找到先机。在围棋对战中，每一步落子的可能性对阿尔法狗来说都是透明的，阿尔法狗只要机械地选择对自己有利的落子处就可以了。

诺贝尔奖得主托马斯·萨金特、华为创始人任正非等人曾多次说过，人工智能就是统计学。更精确的阐述是，人工智能是指基于强大的计算机算力，应用统计学原理对大数据进行处理。如何拥有数据和大数据，应用什么样的统计规则、算法规则，这些都是透明数字化的范畴。

透明数字化将促进社会运行的智慧化

透明数字化的不断发展将会促进社会运行的智慧化。

智慧是一种判断力。智慧通常被用在一些重大事情的决策上，如指挥大规模战役的智慧、治国理政的智慧、经营企业的智慧等。智慧实际上是指人基于对信息、知识、规律的把握就具体的事件进行决策判断。

从社会治理的角度来看，智慧化能够解决错综复杂的社会问题，如污染问题、交通拥堵问题等。具体办法就是掌握相关问题所涉及的方方面面的信息和知识，并用这些信息和知识来指导问题的处理。

对于污染治理问题，通过获取关于污染问题的方方面面的数据并进行分析，明确污染源和造成污染的原因，就能找到根治污染的办法。对于交通拥堵问题，通过获取关于交通拥堵的大数据，分析拥堵的规律，找到造成拥堵的根本原因，就能找到有效治理交通拥堵的办法。然而，数据的获取、大数据的汇聚，都要基于透明数字化。

随着透明数字化的深入发展，智慧交通、智慧城市和智慧乡村等将会取得实质性的发展，并推动整个社会运行的智慧化。

6.4　科技正在编织一个透明数字化的世界

科技进步就像生物的进化，科技进步的速度往往会超出人们的认知和预判。科技正以数字化的方式编织一个透明数字化的世界。透明将引导社会向善，人们终将拥抱透明，并受益于透明。

科技的自我升级

未来学家凯文·凯利在其著作《失控》开篇就提出了这样一个观点："机器，正在生物化；而生物，正在工程化。"他还提出这样一个观点："科技是生命的延伸。"因为科技与生命都出现了提高效率、增加机会、提高复杂性、提高多样性、提高可进化性等行为。

如今，科技进步几乎不再以个人的意志为转移，科技本身已经具备自我升级的能力，就像生物具备自我进化的能力一样。对于科技自我升级的能力，用一个简单的例子就能说明白，那就是用计算机来设计和生产性能更强的计算机。第一台计算机的研发和生产周期很长，而且性能不理想，但是后面每一代计算机的性能都在成倍地提升，研发和生产周期都越来越短，而且，早已实现用上一代的计算机作为工具去设计下一代的计算机。

因为科技具有自我升级这种能力，所以科技的进步速度越来越快。

科技进步曲线

从时间维度来看，科技的进步曲线是指数曲线。随着时间的推移，科技的发展速度将成倍地提升。从科技的视角来看，人类社会的快速发展只不过是最近几千年、几百年甚至几十年的事情。而最近几十年的发展速度，则超过了以往的任何时期。这主要与科技进步曲线为指数曲线有关。

智人的出现距今有上百万年的时间，但是人类的快速发展只不过是最近几千年的事情。几千年前特别有影响的科技事件包括：文字的出现，农业技术进步带来的农耕文明，手工业技术的进步。文字是一项科技发明，主要解决了人与人之间沟通效率低下的问题。农业技术包括农作物的种植、栽培和育种，以及把动物驯化成家禽和家畜。农业技术的进步使人类摆脱了居无定所的狩猎生活，转向稳定的农耕生活。手工业的进步则不断地改进了人们的生产工具和生活器具，不断地改善着人们的生活。

人类社会发生巨大进步则是第一次工业革命以来 200 多年的事情。第一次工业革命以来，技术进步使人类社会整体上从农业社会走入了工业社会。这 200 多年来，全球的人口增长、人均寿命的增长、社会财富的增长都超过了以往任何时期。而最近这几十年来，社会的发展速度更是前所未有的快。例如，基础设施、通信网络和互联网的发展让人类社会进入了互联网时代。

总之，技术的进步是呈指数级发展的，技术的快速进步在推动着社会的快速进步。但是，人们对未来通常会基于过往经验以线性思维做预测。在 20 世纪五六十年代甚至七八十年代，我国人民期盼的美好生活是"楼上楼下，电灯电话"。可是，现在电灯和电话已经成为最基本的生活设施。当下，人们的基本诉求是有房有车、出门坐高铁。即便在 10 多年前，绝大多数人都不敢想象人手一部手机的情景。

无所不在的透明数字化

科技的进步促进了透明数字化的发展，人类社会的一只脚已经迈入了数字经济时代。所谓数字经济，就是所有行为都会被数字化，所有的经济活动都与数据相关。

在现实生活中，我们每个人都在不知不觉中被数字化影响着。例如，在路边买烤红薯，支付的时候可以扫码支付，买烤红薯的行为被记录；乘坐公交、地铁时，也可扫码支付，出行过程会被记录；还有我们平时网上购物，都会留下下单记录和快递签收记录。

又例如，出差、出行时，我们必须持身份证取票，必须持身份证入住旅馆；步行时，手机上的运动软件可以记录我们的步行数据；我们上下班打卡、发邮件、通过 OA 走报销审批流程，都会留下记录。

无所不在的数字化，已经成为我们工作和生活的一部分。尽管数字化才刚刚起步，但数字化的发展速度一定会越来越快，数字化带来的透明还会进一步改变人们的生活和工作方式。

透明在引导社会向善

透明的魅力在于，它能引导社会向善，引导人类社会走向美好。

基于互联网带来的透明，所有的恶性事件都会遭到网络的曝光和社会舆论的谴责，使相关人员受到应有的惩罚。世间之所以还有那么多的不平事，是因为这个社会还不够透明，导致有些恶无法得到有效的监督。要想让人们弃恶扬善，说教的作用是有限的，最有效的办法就是让人的行为置于透明的环境中，接受社会的监督。

因为无所不在的数字化，如今的社会已经比过去透明了很多。近两年来，网约车连续出现恶性事件，网约车的安全性受到了质疑。但是，我们回过头来看，过去有那么多的乘车不安全事件，都没法得到社会的关注，为什么网约车的不安全事件会受到如此多的关注？因为网约车是在一个相对透明的机制下运行的，所以更容易受到社会的关注。随着网约车的车主身份和行为以及乘客的身份和行为被置于更加透明的环境中，网约车行业的秩序一定会得到改善。有一些人之所以铤而走险，是因为这些人还不明白自己处在一个透明的环境中，所以肆意地放纵人性恶的一面。

如今，有很多好人好事也被网络曝光，成了一条条"暖新闻"，被曝光的好人好事普遍被大众点赞，这是对社会向善的引导，是正能量。总之，透明正在发挥弃恶扬善的作用，正在引导社会向善。

以前，社会靠道德、靠法律对人进行约束。在未来的社会，约束人的行为靠的是每个人自己不断积累的行为数据，因为你的行为数据就是你的信用财富。

拥抱透明将受益于透明

目前仍有很多人在默默地抗拒透明，因为他们还不明白，只要拥抱透明，必将受益于透明。

害怕透明的真正原因，就是人们害怕自身所谓的隐私因为透明而被公之于众。如果一个人行得端坐得正，就不会害怕。为什么经常有名人的隐私被曝光？因为名人的隐私有被曝光的价值，曝光名人的隐私能吸引人们的眼球，能获得流量。而普通人的隐私不被曝光，是因为大家对普通人的隐私不感兴趣，而不是普通人的隐私没法被曝光。要想让自身的隐私不被曝光，唯一的办法就是心要向善，自身行为要自觉地接受道德和法律的约束。

拥抱透明将最终受益于透明。我国乳业曾因为一系列恶性事件遭到市场的不信任，但经过多年的努力，很多乳品企业都建立起了从原奶到成品奶流通，覆盖整个乳品供应链的透明监控体系，这使乳品的质量安全得到了有效的保障。这些年来，国产乳品品牌已经发生了根本性的变化，重新获得了国内消费者和市场的信任。透明在重塑国产乳业品牌方面发挥了重要作用，乳品企业拥抱透明，最终也受益于透明。

随着透明数字化的进一步普及，会有更多的人和更多的企业拥抱透明，整个社会将从透明中获得越来越多的便利和价值。

思考与讨论

1. 什么是透明？请谈谈您对透明的理解。

2. 透明与数字化之间是什么关系？您如何理解透明数字化？

3. 一个透明的世界会给社会和个人带来什么？请谈谈您的理解。

第 7 章　透明数字化供应链的理论框架

科技正在编织一个透明数字化的世界，而透明数字化供应链是透明数字化世界不可或缺的重要组成部分。透明数字化供应链是对透明理论体系的进一步深化，它代表着未来供应链变革的方向和趋势。本章将对什么是透明数字化供应链进行阐述。

7.1　透明理论体系的深化

透明数字化供应链的理论框架是在"物流透明 3.0"理论的基础上发展起来的。本节将介绍透明数字化供应链的研究背景及理论基础。

物流透明管理研究院简介

物流透明管理研究院是深圳市易流科技股份有限公司旗下的行业研究机构，成立于 2007年，专注于物流与供应链领域发展规律的研究，是"物流透明"理念和"物流透明 3.0"理论的提出者。

物流透明管理研究院的使命是研究透明、传播透明，把透明的基本原理应用于物流及供应链管理等领域。为了传播透明，物流透明管理研究院发起了"物流透明管理峰会"，从2007 年到 2018 年连续举办了 12 届，该峰会被业界称为"透明峰会"。

10 多年来，物流透明管理研究院的研究团队编著了大量的资料和图书。其中，已正式出版的图书有《运输过程透明管理》《物流透明 3.0》和《互联网＋物流导航》；供内部交流的资料有《精益物流》和《透明之道》等。

物流透明管理概述

物流透明管理就是充分利用各种信息技术手段，采集并处理物流过程的各类相关数据，在后台存储、分析数据并通过互联网展示结果的过程。在此基础上，任何与物流业务相关的机构和个人都可以通过授权，在互联网上清楚地了解物流过程，并利用这些数据展开多种维度的数据挖掘和利用。

物流透明管理对提高物流运作效率、保障物流过程安全、实现物流过程追溯、增强物流过程各个主体之间的协同效应都有着非常重要的意义。物流透明管理所积累的物流数据有助于实现物流业务的数据化，通过对物流数据的深入挖掘，可以延伸出智能物流和物流金融等诸多应用。

概括起来,物流透明管理就是16个字——采集数据、分析数据、展示数据、应用数据。物流透明管理就是将物流过程数字化的过程。

"物流透明3.0"理论概述

"物流透明3.0"理论是物流透明管理研究院提炼总结出来的一套指导物流企业实践物流透明管理的理论。

"物流透明3.0"理论把物流透明管理及物流的互联网化发展水平分为三个阶段(见图7-1)。

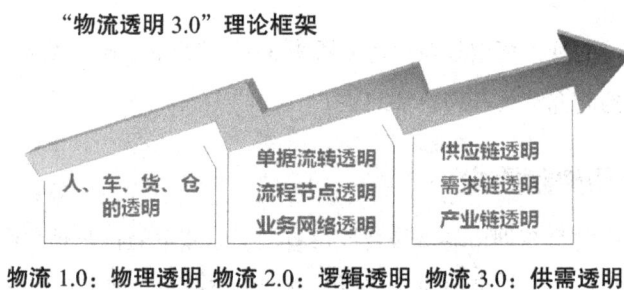

"物流透明3.0"理论框架

| 人、车、货、仓的透明 | 单据流转透明 流程节点透明 业务网络透明 | 供应链透明 需求链透明 产业链透明 |

物流1.0:物理透明 物流2.0:逻辑透明 物流3.0:供需透明

图7-1 "物流透明3.0"理论框架

第一阶段是"物流透明1.0",主要实现了物流要素中人、车、货、仓的透明,重点是物理信息的透明。物理信息包括空间信息、时间信息和状态信息等。例如,人、车、货当下(时间)在什么地方(空间)是时空信息的透明;人在做什么、车的速度是多少、车厢的温度是多少、货物的包装有没损坏等是状态信息的透明。

第二阶段是"物流透明2.0",主要实现了物流要素中单据流转、流程节点和业务网络的透明,重点是逻辑信息的透明。

(1)单据流转透明。单据是货物交付的依据,是提取货物的凭证。物流单据在流转过程中会经过各个环节(出库、入库、调度、装车、运输和交付等)和各个主体(发货方、3PL、车队、司机和收货方等),单据流转与货物流通两个过程既分离又统一,单据的流转效率会直接影响货物的流通效率。因此,单据流转透明能够提升单据流转的效率,促进物流业务的顺利进行。

(2)流程节点透明。物流活动的流程比较长,由很多个环节组成,而每一个环节又有不同的节点。例如,装车环节包括装车开始节点和装车结束节点。对节点进行准确判断依赖于流程节点信息的真实性和实时性,而获取和反映真实、实时的信息就是透明。流程节点透明能够直接反映流程的进度和流程中各个环节的作业效率。

（3）业务网络透明。物流的业务网络由营业网点、分拨中心、仓库、专线、发货点和收货点等组成。货物从发货点到收货点，会经过一系列的业务网点，并形成严格的时间先后顺序，同时伴随着货物的集中与分散。业务网络透明能够反映各个业务网点的运营情况以及全局的经营状况。

第三阶段是"物流透明 3.0"，主要实现了供应链组织过程的透明和需求链形成过程的透明，以及基于供应链、需求链的产业链的透明，重点是供需信息的透明。

通俗地讲，在"物流透明 3.0"阶段，明确的社会需求将拉动生产、制造，拉动原材料、零部件供应，并进一步拉动物流活动，而物流活动需要多少车辆、多少仓库、多少装卸工具、多少个分拨中心等，都是按确定的需求进行组织的。

明确了商品需求，就明确了如何组织供应，进而明确了物流的规模和流向，也就明确了如何组织物流活动。

"物流透明 3.0"理论的深化

"物流透明 3.0"理论明确提出了"供应链透明"这一概念。那么，供应链透明将会如何发展？供应链透明会带来什么？我们提出"透明数字化供应链"这一概念，就是为了回答这些问题。

供应链透明的具体形态就是透明数字化供应链，所以说透明数字化供应链是对"物流透明 3.0"理论的深化。

从理论研究过程来看，透明数字化供应链是对"物流透明 3.0"理论的延续和深化，但两者看问题的视角已经发生了很大的变化。"物流透明 3.0"理论基本上是从物流的视角来看问题的，而透明数字化供应链则是从供应链的视角来看问题的。

物流透明理论是物流透明管理研究院在长期实践中，根据我国的具体情况提出的一套管理理论，具有现实的指导意义。

笔者认为，我国到现在为止有两个原创的管理理论创新。一个是"鞍钢宪法"，即鞍山钢铁公司于 20 世纪 60 年代初总结出来的一套企业管理理论。该理论提倡"两参一改三结合"，"两参"即干部参加生产劳动，工人参加企业管理；"一改"即改革企业中不合理的规章制度；"三结合"即在技术改革中实行企业领导干部、技术人员、工人三结合的原则。另一个就是物流透明理论。

美国、日本在产业崛起的同时，也输出了各种管理理论。管理理论输出是重要的竞争优势。很多人没有真正接触过丰田，但是都听过"零库存""丰田模式""精益制造"等概念。"丰田模式""波特的五力模型""麦肯锡七步法""六西格玛""瓶颈理论"等概念的传播实际上也是美日经济体及企业影响力的传播。随着我国经济的崛起，我们也要有意识地提炼一些理念性的东西进行广泛传播。

7.2 透明数字化供应链的定义

本节将具体阐述什么是透明数字化供应链。透明数字化供应链与行业热议的数字化供应链比较相似，但两者的内在逻辑有本质的不同。为了便于读者搞清楚两者之间的区别与联系，本节先对受到行业热议的数字化供应链进行简单的介绍，然后再对透明数字化供应链的定义推演展开论述。

行业热议的数字化供应链

数字化供应链的定义多引用美国数字化供应链研究院在《供应链白皮书》中所下的定义，即数字化供应链是一个以客户为中心的平台模型，它可以获取并最大限度地利用来源不同的实时数据，它能够进行需求刺激、匹配、感知和管理，以提升业绩并最大限度地降低风险。

该定义认为，数字化供应链是一个平台模型。但它在技术和应用两个方面的论述还有待进一步完善。在技术方面，对于该平台模型的结构，目前还缺乏相应的具体论述；对于如何体现以客户为中心，也缺乏相应的具体论述；该平台可以利用来源不同的实时数据，但获取数据的具体方式是什么、获取哪些数据，也没有具体的论述。在应用方面，该平台如何刺激、匹配、感知、管理需求，如何提升供应链业绩，以及如何降低供应链风险，也没有具体的论述。

笔者认为，数字化供应链是一个相对先进的理念，但缺乏理论的严谨性和指导实践的可操作性。我们提出"透明数字化供应链"这个概念，就是希望弥补这个方面的遗憾。

透明数字化供应链的定义

透明数字化供应链是指应用 ICT、IoT、大数据、云计算和 AI 等先进技术实现供应链的透明数字化。供应链的透明数字化是一个渐进的发展过程，这个过程包含两个阶段，第一个阶段是实现供应链的业务数据化，第二个阶段是深挖第一阶段所积累的数据的价值，实现数据业务化。这就是本书对透明数字化供应链所下的定义。

要想理解这个定义，首先要把握定义中的五个关键点。

（1）透明数字化供应链是一个发展过程，是一个接受透明数字化赋能的过程。第 6 章已经介绍过，透明数字化是指能够实现透明的数字化。简单一点讲，透明数字化供应链的发展过程，就是供应链接受透明赋能的过程。

（2）透明数字化供应链是供应链发展的主流趋势，供应链不管怎么发展都会实现数字化，都会不断地强化供应链的透明。

（3）透明数字化供应链是未来的供应链形态，未来的供应链是透明的。供应链是透明的意味着什么呢？供应链的全链条信息会得到真实的、及时的反映，供应链将实现智能化和智慧化。

（4）要想实现供应链的透明数字化，就要应用 ICT、IoT、大数据、云计算和 AI 等先进技术。

（5）透明赋能供应链的过程分为两个阶段，第一个阶段是实现供应链的业务数据化，第二阶段是深挖数据价值，实现数据业务化。实际上，业务数据化与数据业务化是透明发展的一般过程，即如何获得真实的数据、如何应用数据。

透明数字化供应链与数字化供应链的区别

透明数字化供应链与数字化供应链之间的区别如下。

（1）前提不同。透明数字化供应链的目标是实现供应链的业务数据化，这是供应链发展的必经阶段。数字化供应链则假定供应链已经被数字化，并通过一个平台获取供应链中的数据。因此，透明数字化供应链需要解决供应链的业务数据化问题，而数字化供应链则需要获取供应链中的数据。

（2）严谨性不同。透明数字化供应链强调的是实现透明的数字化，而数字化供应链可能会面临"无效的数字化"陷阱。

（3）数据应用所涵盖的范围不同。透明数字化供应链对数据进行应用是为了实现供应链的智能化与智慧化，其所涵盖的范围较广。数字化供应链对数据进行应用是为了刺激、匹配、感知、管理需求，提高效率、防范风险，其所涵盖的范围较窄。

（4）透明数字化供应链有清晰的理论框架，数字化供应链目前还只是一个相对模糊的概念。

（5）透明数字化供应链是对"物流透明 3.0"理论的延续和深化，是基于我国的发展实际和行业实践而进行的理论创新。数字化供应链则侧重于引用国外的概念，侧重于学术研究。

透明数字化供应链与数字化供应链之间相同的地方如下。

（1）两者的技术基础和时代背景相同，都基于 ICT 和 IoT 等先进技术，都基于互联网应用和数字经济的时代背景。

（2）两者可能会殊途同归，最终都能实现供应链的智能化与智慧化。

（3）很多人所说的数字化供应链，可能已经默认其中的"数字化"就是透明数字化。

7.3 透明数字化供应链的核心内涵

本节将介绍透明数字化供应链的理论框架。

透明数字化供应链的理论框架

透明数字化供应链分为供应链的业务数据化和供应链的数据业务化两个阶段；同时，这个过程分为技术赋能、流程变革和供需生态变化三个层面。这就是透明数字化供应链的理论框架，具体如图 7-2 所示。

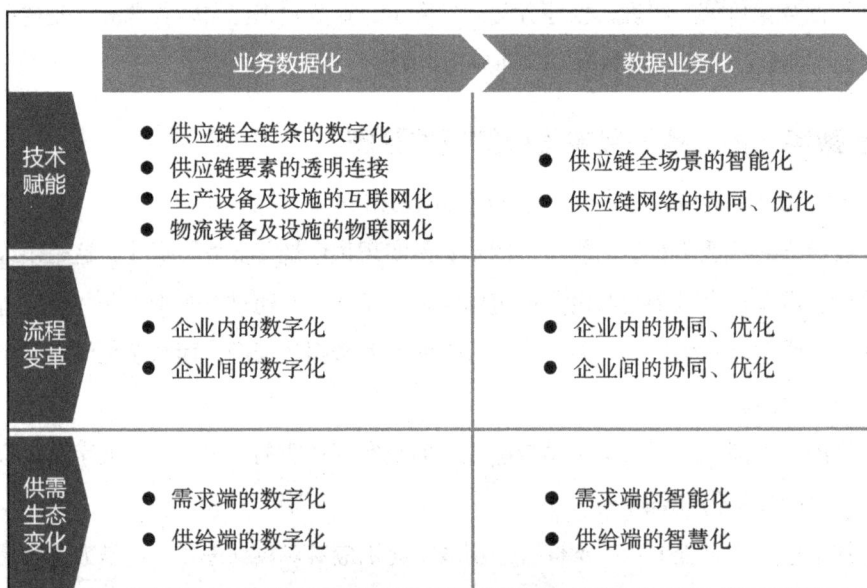

	业务数据化	数据业务化
技术赋能	● 供应链全链条的数字化 ● 供应链要素的透明连接 ● 生产设备及设施的互联网化 ● 物流装备及设施的物联网化	● 供应链全场景的智能化 ● 供应链网络的协同、优化
流程变革	● 企业内的数字化 ● 企业间的数字化	● 企业内的协同、优化 ● 企业间的协同、优化
供需生态变化	● 需求端的数字化 ● 供给端的数字化	● 需求端的智能化 ● 供给端的智慧化

图 7-2　透明数字化供应链的理论框架

在技术赋能层面，业务数据化阶段表现为供应链全链条的数字化，数据业务化阶段则表现为供应链全场景的智能化和供应链网络的协同、优化。

在流程变革层面，业务数据化阶段表现为企业内的数字化和企业间的数字化，数据业务化阶段则表现为企业内的协同、优化和企业间的协同、优化。

在供需生态变化层面，业务数据化阶段表现为需求端的数字化和供给端的数字化，数据业务化阶段则表现为需求端的智能化和供给端的智慧化。

技术赋能

技术赋能主要是指通过应用 ICT、IoT、大数据、云计算和 AI 等技术实现供应链全链条的数字化、供应链全场景的智能化以及供应链网络的协同和优化。

实现供应链全链条的数字化的具体方式是，实现供应链要素的透明连接、生产设备及设施的物联网化和物流装备及设施的物联网化。

供应链要素主要是指供应链活动的参与角色，以及供应链的信息流、实物流和资金流。供应链的参与角色是指在供应链中的供应商、生产商、分销商、零售商、消费者和最终用户，即供应链所涉的企业和个人。对于供应链的信息流、实物流和资金流的内涵，第 2 章和第 4 章已经做了介绍，这里不再赘述。

供应链要素的透明连接是指运用 ICT、IoT 及互联网等相关技术，建立供应链要素之间的通信连接，实现供应链要素之间的信息交互，以及供应链要素之间的透明。供应链角色之间的交互比较好理解，例如，商家通过电商平台与消费者、终端客户及用户进行交互；生产商通过 OMS 及 CRM 等信息系统实现与经销商和终端客户的交互。信息流、实物流、资金流之间也存在交互。例如，企业通过 OMS、WMS、TMS 等信息系统实现订单发货和订单签收的交互，实际上发货及签收就是信息流与实物流的交互环节；企业通过财务系统完成对账、结算操作，其中的对账就是信息流、实物流、资金流三者交互的环节。

供应链全场景的智能化体现在智能选购、智能下单、智能采购、智能工厂、智能拼单、智能配载、智能签收和智能对账等方面。供应链中每一个环节及每一个场景下的智能化，都基于透明数字化，以及对大数据、云计算和 AI 的应用。

供应链网络的协同和优化体现在围绕生产环节的供应商协同、面向终端客户的库存及分销渠道网络优化等方面。要想实现供应链网络的协同和优化，就要基于供应链网络的大数据，根据协同和优化的目标以及相应的算法进行运算，最终输出协同和优化的可行方案。

流程变革

供应链在接受数字化赋能的过程中，必须进行必要的流程变革。透明数字化供应链的流程变革有两个重要方面，一是企业内的流程变革，二是企业间的流程变革。

（1）企业内的流程变革。企业内的流程变革在业务数据化阶段主要体现为企业内部的数字化，在数据业务化阶段主要体现为企业内部各部门之间的协同和优化。

目前，企业的各类信息系统大多偏向于企业内部的数字化，很难实现部门之间的协同和优化。某制造企业有 OMS、ERP、MES、WMS、TMS、CRM 和 OA 等信息系统。其中，OMS 侧重于订单处理，ERP 侧重于财务和资产管理，MES 侧重于生产过程管理，WMS 侧重于库存管理，TMS 侧重于发运管理，CRM 侧重于售后管理，OA 侧重于日常审批管理。整个企业的信息化程度较高，但是每个系统都是信息孤岛。除了 OA，每个系统只有个别的一两个部门在深度使用，而各部门之间的协同很难在一个系统内完成。另外，随着业务的发展，已有系统很难适应企业的新增流程和流程变化，而系统升级迭代的速度慢、成本高。

在信息化时代，企业的信息系统大多是专业化的信息系统，侧重于实现某个特定业务领域或某个专业部门的数字化。从微、小、中、大等不同规模企业的信息化水平来看，个体户几乎不会使用信息系统，比较正规的微型或小型企业一般会使用财务系统，稍具规模的中小企业会使用订单系统，大型企业会使 ERP 和 CRM 等系统。也就是说，企业规模越大，企业的信息系统越多，也越复杂。这主要是因为企业规模越大，其所涉及的业务领域越多，也更加专业，分工程度更高，所以需要更多的信息系统来辅助。

在数字化时代，企业信息系统的建设要覆盖所有业务和全流程，更加重视部门之间的交互和协同；同时还重视企业大数据的归集和数据分析处理能力，以便为企业的协同和优化提供决策依据。透明数字化供应链的流程变革，在企业范围内则主要强调根据主营业务的需要进行流程优化及流程重构，并配套面向主营业务全流程的信息系统重构。具体的流程变革应基于重构的供应链逻辑，关于供应链的逻辑重构的内容将在第 8 章进行论述。

（2）企业间的流程变革。企业间的流程变革以实现企业之间的业务协同和优化为目标，通过业务数据化和数据业务化两个阶段来实现。

业务数据化阶段强调企业与合作伙伴企业的连接，构建数字化的沟通渠道。例如，OMS、CRM 就非常重视客户的诉求，实现了企业与客户之间往来业务的数据化。再如，TMS 越来越重视企业与承运商、司机等的连接，以实现托运业务的数据化。

数据业务化阶段强调协同规则的设定，强调企业间的业务流程重构。对于企业间的协同和优化，首先要有可选的协同和优化方案；其次要明确谁定规则，怎么定规则；三要实现流程重构和信息系统重构。企业之间的协同和优化方案是怎么来的呢？通常是基于企业之间的数字化分析，找到协同和优化的空间及突破口，然后制定出来的。企业之间的协同和优化对供应链上下游企业不一定都有利，但至少对一方有利，因此有利的一方应大力推动这件事情。通常情况下，推动企业间的协同和优化的都是供应链核心企业（链主企业）。在确定规则和方案之后，接下来就是推进流程重构和信息系统重构。

对于企业间的流程变革，透明数字化供应链倡导提升供应链的整体价值和效率，强调企业之间的开放、合作、共赢，鼓励链主企业充分发挥自身的资源优势，推动供应链上下游企业的协同和优化。企业间的流程变革同样基于重构后的供应链逻辑，相关的具体内容将在第 8 章中详细阐述。

供需生态变化

供需是供应链的基础，透明数字化供应链将着重考虑供应链的供需生态变化。供应链的供需生态变化具体包括需求端和供给端的变化。

（1）需求端的变化。透明数字化供应链的需求端变化，在业务数字化阶段主要体现为需求端的数字化，在数据业务化阶段主要体现为需求端的智能化。

需求端的数字化途径，主要是建立与终端客户及用户的连接，从而获取用户数据。目前，各家企业的电商平台、OMS 和 CRM 等多侧重于与客户的连接，即侧重于与下单人的连接。而与用户的连接，更多地依赖于产品本身的通信连接能力，目前只有少数的产品能够实现使用场景的数据采集。但随着物联网的发展，将会有越来越多的产品具备采集和回传数据的能力，这将是影响供应链需求端变化的重要因素。

需求端的数字化的目标不仅包括实现客户及用户的数字画像，还包括实现需求端的智能化。目前，很多企业重视客户及用户的数字画像，主要是想通过数字画像实现精准营销。在透明数字化供应链中，精准营销只是初级阶段的应用，需求端的智能化才是趋势。

需求端的智能化的目标主要体现为两个方面，一是提高产品在使用过程中的用户体验，二是便于终端客户和用户定义和表达需求。提高产品在使用过程中的用户体验，可以通过产品的全生命周期管理来实现。举一个小例子，洗衣液的瓶子可以采集和回传液位数据，每当洗衣液快被用完的时候，用户就能收到下单提醒。

为什么需求端的智能化表现为便于终端客户和用户定义和表达需求？第 5 章提到，随着消费者自我意识的觉醒，自主定义和自由表达需求将成为趋势；供应链需求端通过透明数字化赋能，将朝着便于用户定义和表达需求的方向发展。因此，需求端的数字化将围绕用户消费场景展开，提供特定消费场景下便利的互动条件，以便消费者定义和表达需求。

我们畅想一下未来，有这样一面智能试衣镜，为它输入消费者的身形特征数据并生成模特，再与衣服款式匹配，消费者就能直观地看到自身穿某款衣服的样子。若消费者喜欢试穿的某款衣服，智能试衣镜还可以提供调整衣服尺寸的数据。智能试衣镜通过提供智能试衣服务，收集到了消费者的身形数据，并结合消费者喜好提供服装自主设计和定制服务，从而实现了消费者对穿衣需求的自主定义和自由表达。从需求端的智能化来看，目前的 O2O 及各种新零售场景只是透明数字化供应链初级阶段的体现。透明数字化供应链带来的需求端变化充满无限的想象空间。

（2）供给端的变化。供给端是指对终端客户及用户而言，为了实现产品交付所涉及的供应链环节，即供应链中的采购、生产及成品流通等环节。供给端的变化，在业务数据化阶段包括分销渠道的数字化、生产过程的数字化、采购的数字化及物流过程的数字化等；在业务数据化阶段则包括智能分销、智慧工厂、智能采购、智慧物流等，统称为供给端的智慧化。

所谓分销渠道数字化，就是企业为客户提供各种在线下单的入口，以此实现销售。零售领域的渠道数字化泛指电商化，淘宝、天猫、京东、唯品会、拼多多、美团和携程等都属于零售渠道数字化的平台。目前，我国的电子商务渗透率即网络零售总额占社会零售总额的比例已经达到 18.4%。而在 B2B 场景里，一些大型制造企业均通过 OMS 向经销商客户提供下单的通道，或通过大宗商品交易平台来实现下游企业客户下单，如煤炭、钢铁等大宗物资的在线交易。目前，各类企业纷纷构建了各种在线销售渠道，中小企业直接利用电商平台，大型企业在利用电商平台的同时还自建电子商城，这些都属于分销渠道数字化。

生产过程数字化在不同制造类型的企业中的表现不同。在医药、化工等连续型制造企业中，生产过程数字化一般是通过集散控制系统（Distributed Control System，DCS）来实现的。在家电、汽车等离散型制造企业中，生产过程数字化一般是通过数控加工中心、MES 和 ERP 来实现的。采购的数字化则通过采购管理系统（Purchase Management System，PMS）来实现。物流过程的数字化则通过 TMS 和 WMS 来实现。目前，供给端的数字化多依赖于各类传统的企业信息系统，数字化程度还不够，但随着信息系统的升级和物联网的普及，供给端的数字化还会得到进一步加强。

供给端数字化的目标是实现智慧化，即实现智能分销、智慧工厂、智能采购和智慧物流等。

分销渠道数字化的目标则是实现智能分销。智能分销大致会经历几个阶段：一是市场销量评估，二是精准营销，三是销量精准预测，四是快速响应需求。目前，大部分企业处于精准营销的初期阶段。市场销量评估就是基于渠道中各类经销商的历史采购数据和市场活动，评估下一个时间周期（月度、季度、年度等）的市场销量。市场销量评估通常会有较大的偏差，评估量通常都会大于实际销量，具体体现为牛鞭效应。

精准营销则是基于终端客户及用户的数字化，对明确的客户群体或潜在用户开展有针对性的营销活动，从而提高销售成功率。目前，大部分企业基于电商平台、社交平台开展各类精准营销活动，但是由于终端客户及用户的数字化程度还很低，因此很难实现真正的精准营销。

在精准营销的基础上可以实现销量精准预测。所谓销量精准预测，就是基于精准营销，对销售成功概率比较高的事件进行统计而得出的销量预测数据。目前，还有不少人把销量精准预测与补货策略混为一谈，因为补货策略也讲究及时性和准确性。实际上，销量精准预测基于精准营销活动的反馈，补货策略则基于安全库存的反馈。

销量精准预测并不是最终形态，最终形态是对终端客户及用户的需求进行快速响应。在很多情况下，客户及用户的需求是无法预测的，但可以基于需求端的数字化和分销渠道的数字化实现对客户及用户需求的快速响应。例如，白领人群喜欢叫外卖，但他们喜欢叫什么样的外卖呢？此时商家应通过数字化提前获取客户的需求，并对客户需求进行快速响应。

智慧工厂是指基于生产设备、设施的物联网化及生产过程的数字化，能够快速、高效地响应多批次、小批量及定制化订单的工厂。智慧工厂只有基于智能化的硬件设施和强大的生产管理系统才能实现。例如，第 5 章提到的柔性生产线就属于智能化的硬件设施，虚拟制造则属于生产管理系统的范畴。目前，对智慧工厂的理解大多停留在工厂设备、设施的物联网化，以及生产过程的无人化等，这不能说不对，但这不是智慧工厂的根本任务。智慧工厂的根本任务是让生产环节能够响应和应对需求的不确定性，即能够有效应对订单的波动。

智能采购是指基于供应商及采购渠道的数字化，通过构建与供应商的协同机制，实现采购需求的及时传递和快速响应，提高供应商的协同能力，进而提高采购的质量和效率。目前，采购方面的整体协同性还比较弱，其原因是企业之间的数字化基础薄弱，且上下游企业之间存在不信任和博弈，本书第 3 章对此已有论述。智能采购必须基于高度的透明数字化：一方面要基于企业之间的数字化构建高效的协同机制；另一方面要构建企业之间的共同商业战略，以共同的商业利益来驱动供应商的高度配合与协同。

供应链中的原材料、零部件及成品的流通需要物流服务的支撑。所谓智慧物流，就是基于物流设备、设施的物联网化，以及供应链要素（物流要素）的透明连接和物流过程的数字化，进而面向供应链的物料及商品流通提供可靠的物流服务，实现以可控的成本代价来保障物流的安全、效率和良好的服务体验。从供应链运行的需求来看，物流部门及物流供应商应该保障物流的安全、效率和良好的服务体验；从物流部门及物流供应商的角度来看，重点在于物流成本可控，以确保物流服务（业务）的利润率。随着透明数字化的普及，供应链越来越要求物流服务过程是透明的，以确保物流的安全、效率和良好的服务体验。物流企业为了适应透明数字化供应链的变革趋势，也越来越重视企业自身的透明数字化建设，以提升企业的核心竞争力。

在供应链中，物流过程贯穿于采购、生产及成品分销过程，智能采购、智慧工厂和智能分销也在考虑智慧物流的配套；而智慧物流则以供应链的物资及商品流通的需求为中心，采取相应的服务保障措施。供给端的变化将会越来越体现出智慧物流与智能采购、智慧工厂与智能分销的协同与融合。

思考与讨论

1. "物流透明 3.0" 理论的核心观点是什么？

2. 透明数字化供应链的定义是什么？

3. 透明数字化供应链与数字化供应链有什么异同之处？

4. 透明数字化供应链的理论框架是什么？

第8章 供应链逻辑重构

透明数字化供应链将带来供应链逻辑重构。也就是说，供应链在接受透明数字化赋能的过程中将实现对其内在逻辑的重构，包括供需逻辑、业务逻辑、数据流逻辑以及角色关系的重构。

8.1 供需逻辑重构

供应链的侧重点发生变化，将会导致供应链的供需匹配模式发生变化。供应链的供需逻辑重构，就是供应链的供需匹配活动先明确需求，再组织供给，并基于透明数字化的赋能重构需求的传导机制。

供应链侧重点的变化

供应链的传统供需匹配模式是供给端定规则，即供给端推动供需匹配。通俗地讲就是，企业尽可能地多生产、多销售，以实现更多的营收和利润。但这个逻辑很难再持续下去，因为供应链的侧重点已经悄然发生了变化。

本书第2章提到过，供应链在不同时期有不同的侧重点。最开始，供应链的侧重点是要把东西造出来，随后是提高制造能力和效率；实现大规模制造之后，供应链的侧重点转移到了产品的流通上，即怎么尽可能多地将产品卖出去。接下来，供应链的侧重点将转移到怎么有效快速地响应终端客户的需求上。

供应链的侧重点为什么会转移？其主要原因是当下的社会从整体上进入了商品供给相对过剩的时代，传统的供需模式已经达到饱和状态；尽可能地多生产、多销售，最终会导致严重的呆滞库存和资源浪费；同时，消费者自我意识的觉醒也让他们越来越倾向于自主定义和自由表达需求，供应链的供需逻辑正在悄然发生着变化。

那么，如何有效、快速地响应客户的需求？具体分为两种情况，一种是对标准化商品需求的有效快速响应，另一种是对定制化商品需求的有效快速响应。

要想实现对标准化商品需求的有效快速响应，首先要获取终端客户对标准化商品的消费偏好，了解终端客户的购买频次，并提前备货。一旦客户下单，就可以实现快速响应和交付。

要想实现对定制化商品需求的有效快速响应，首先要为终端客户提供定义和表达需求的途径，并为终端客户的定制化需求提供产品设计的相关配套服务，然后与生产线以及相关原材料和零部件的供应商有效地联动起来。定制化其实并不遥远，在家装领域，橱柜、衣柜和门窗基本上都已经实现了定制化。

先明确需求，再组织供给

供应链的内在诉求一直都是先明确需求再组织供给。但是受现实条件的约束，很多企业不得已在需求不是很明确的情况下组织生产、分销等供给活动。

实际上，任何产品的诞生都基于相对明确的终端客户的需求，工业产品在设计阶段一般都是针对具体的潜在终端客户来定义产品的用途及相应的功能和性能的。一个产品的发明或创新，一定是为了解决或满足特定用户在特定场景下的问题或相关诉求的。例如，智能手机的诞生就是为了满足人们不仅可以随时随地打电话，还可以随时随地上网、随时随地拍照等诉求的。在功能上，智能手机就是"传统手机+用于网络社交和浏览网页的计算机+数码相机"。

在供应链的传统供需匹配模式下，绝大部分产品在生产的时候，是没有明确的购买者和用户的；产品究竟是为谁而生产，最终交付给谁是无法事先知道的。标准化程度越高及购买频次越高的产品，越无法预知最终的客户是谁，如牙刷、牙膏、洗发水、抽纸等日用品。因此，在供应链的传统供需匹配模式下，通常的做法是先把产品生产出来，然后尽力地去推销产品。于是，各类品牌商总是在尽力地打广告，尽力地加强分销渠道的建设和管控，以期获得更多的市场份额。为什么企业要打广告、做推销？这是因为企业想让更多的潜在终端客户了解产品并产生购买欲望，进而实现产品的销售。

随着供应链的发展，"先明确需求"将会升级，将会实现每一个将要生产的产品都能够对应于明确的终端客户。明确需求，首先是明确终端客户的消费偏好，其次是明确终端客户的下单规律。明确终端客户的消费偏好，就是准确知道某位大叔喜欢喝哪一款啤酒，某位宝妈在给宝宝喝哪个牌子的奶粉，某位中学生喜欢穿哪个牌子的运动鞋。明确终端客户的下单规律，就是明确知道那位大叔平均每个礼拜会消费掉一箱某款啤酒；明确宝宝几个月大，那位宝妈在用哪一段的奶粉；明确那位中学生多久会买运动鞋，该学生的年龄及穿鞋尺码的变化。

目前，要想比较明确且比较精确地获取终端客户的需求信息，还面临着很多困难，但随着透明数字化的普及，透明数字化供应链必将实现先明确需求再组织供给。

重构需求传导机制

要想实现先明确需求再组织供给，重点在于重构供应链的需求传导机制，使供应链能够及时甚至提前获悉终端客户的需求，然后以响应终端客户的需求为中心而组织供给活动。

从产品生命周期理论的视角来看，在产品生命周期的四个时期（引入期、成长期、成熟期和衰退期）中，供应链的需求传导机制各有其特点，具体如图 8-1 所示。

图 8-1　产品生命周期视角下的供应链的需求传导机制

在引入期，供应链的需求传导机制分为四个阶段，前三个阶段都是先明确需求再组织供给，第四个阶段则是先组织供给再寻找需求。第一个阶段是发现市场需求，并寻找解决方案。发现市场需求，是指基于相关技术条件的成熟，即应用相关技术来解决特定用户在特定场景下的需求问题。在这一阶段先要定义用户，对用户的需求场景进行描述和分析，并在此基础上定义需求，然后围绕客户需求设计相应的解决方案。举个例子，随着 5G 通信技术的逐渐成熟，5G 通信网络即将建立，但是目前还找不到足够多的 5G 应用场景及市场需求来支撑 5G 产业的快速发展。在这一阶段，除了要有成熟的相关技术，市场需求基础也很关键。所谓市场需求基础，就是存在特定需求又愿意为满足需求付费的潜在用户群体。爱迪生之所以发明电灯，是因为人们普遍有照明的需求；马化腾设计 QQ，张晓龙发明微信，那是因为人们有借助互联网及移动互联网进行即时通信和社交的需求。发明家和那些极具创新能力的天才都是发现人类社会需求和为需求寻找解决方案的高手，他们拥有渊博的知识和丰富的想象力，并拥有为人类社会创造美好生活的强烈愿望和使命感。

第二个阶段是寻找样板客户，以验证需求，改进需求解决方案，并设计相应的产品，验证产品的可行性。一旦取得实验性的成功，一个新产品就诞生了。新产品的诞生并不意味着产品功能完备、性能强大，也不意味着产品马上会得到市场的普遍接受。接下来进入第三个阶段，即扩大试用范围，并获取更广泛的需求反馈，改进产品的设计，通过多次迭代使产品的功能相对完备、性能相对稳定，使其具备大规模推广的条件。

从第一个阶段到第三个阶段，都是基于相对明确的客户需求来组织供给的。发明与创新产品时，都是先正视需求，然后从无到有地设计相应的产品来满足客户需求。一旦新产品成熟，具备推广的条件，那么该产品就有了巨大的商业价值。接下来进入第四个阶段，即扩大销售范围。在第四个阶段，供应链的运作方式就是扩大产能，拓宽销售渠道；供应链的需求传导机制是先生产，然后拿着产品去找需求。

在引入期，一款能够解决用户问题且好用的新产品会受到市场的欢迎，但在这一时期产能往往会受到限制。虽然新产品面向的是有巨大空间的潜在市场，生产多少就能卖出去多少，但同时会有越来越多的人了解该产品，也产生了类似的需求，因此需要扩大产能。另外，随着市场规模的迅速扩大，新产品将进入产品生命周期的第二个时期——成长期。

在成长期，该产品受到了广泛的关注，同时也会被广泛地模仿，同类产品将会出现，并开始争夺市场份额。在这一时期，供应链的需求传导机制是通过组织相关的供给活动来找到终端客户需求，即企业通过价格策略、服务及营销创新等方式来争取终端客户的支持，以实现产品销售。在这一时期，各家企业比的是供应链的产能及销售渠道的扩张速度，当所有的空白市场都被类似的产品占领时，就进入了产品生命周期的第三个时期——成熟期。

产品进入成熟期表现为产能过剩和市场饱和。由于供应链的需求传导机制已形成了惯性，同行业中的每家企业都想尽可能地多生产、多销售，于是就造成了严重的产能过剩和市场饱和。由于供应链的需求传导机制是通过组织一系列的供给活动去寻找市场中的确切需求，因此实际上是供给过剩导致了市场饱和，而不是市场饱和导致供给过剩。

产品生命周期进入衰退期，并不是因为市场的激烈竞争，而是因为市场中出现了更好的新产品，用户的相关需求得到了更好的满足。在这一时期，供应链的需求传导机制不会发生改变，产品被淘汰意味着产品的供应链也一同退出市场，严重依赖该产品供应链的相关企业要么转型，转到其他产品的供应链上去，要么倒闭。

那么，透明数字化供应链如何重构需求传导机制呢？具体思路是通过供应端的智慧化和需求端的智能化，努力在产品生命周期的每一个阶段都实现先明确需求再组织供给，如图 8-2 所示。

在引入期要建立客户创新机制，先让部分样板用户来定义需求，让用户参与产品创新，使产品能够更快地被创造出来，并更早地推向市场。

在成长期要建立透明连接机制，通过建立与终端客户的透明连接，实现需求端的数字化；通过建立产品迭代机制，处理产品使用过程中的反馈信息，以实现产品的不断升级；通过建立快速响应机制，处理终端客户的购买信息，以实现有效的供给。

在成熟期要建立良性互动机制，增强客户黏性和忠诚度，以维系良好的客户关系；通过快速响应机制组织有效供给，避免无效供给。

在衰退期要及时或提前识别客户转型，结合产能退出机制，合理安排即将被淘汰的产能有序退出。在这一时期，企业为了实现持续经营，需要把产能资源转移到新产品的供应链上。

需求传导机制包括透明连接机制、客户创新机制、快速响应机制、快速迭代机制、良性互动机制和产能退出机制等，这些机制属于业务逻辑层面的内容，下一节将展开介绍。

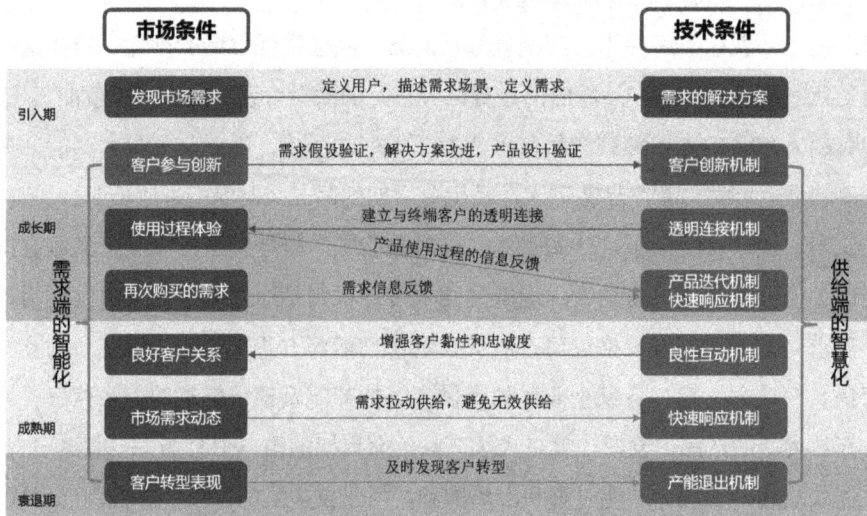

图 8-2　透明数字化供应链的需求传导机制

8.2　业务逻辑重构

透明数字化供应链不仅会重构供需逻辑，还会重构业务逻辑。在透明数字化供应链的需求传导机制下，供应链的业务逻辑会发生重大变化。首先，供应链的基础环节将会发生重组；其次，供应链的产品创新、市场营销、生产组织、订单交付和售后服务等业务活动的逻辑也会发生变化。

供应链基础环节重组

供应链有四大基础环节，分别是采购、生产、流通和消费，对四大环节演进过程的论述详见第 2 章。透明数字化供应链会对这四大基础环节进行改造和重组，重组后的供应链结构如图 8-3 所示。

首先是消费环节的改造，消费环节将分为需求表达和使用两个部分。需求表达是供应链的第一个环节，使用则是供应链的最后一个环节。

其次，产品设计会从生产中独立出来。如果终端客户的需求涉及产品的定制化，那么供应链的第二个环节就是产品设计；如果不涉及定制化，那么供应链的第二个环节就是生产。

再次，流通环节会被改造成交付服务环节。在传统供应链模式下，流通环节主要通过各种分销渠道把产品销售给终端客户，流通过程中会涉及多个中间层级的贸易商或经销商。而在透明数字化供应链的机制下，产品不再依赖传统的分销渠道实现销售，但需要传统分销渠道的服务资源（门店、仓储等）提供产品交付的相关服务。

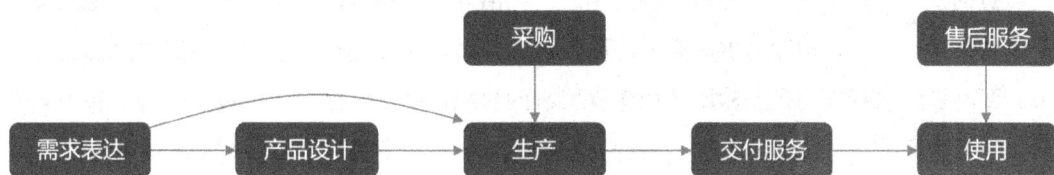

图 8-3　透明数字化供应链的基础结构

综上所述，透明数字化供应链有五大基础环节，即需求表达、产品设计、生产、交付服务和使用，如图 8-3 所示。在五大基础环节的基础上，透明数字化供应链还有两大辅助环节，一是采购环节，二是售后服务环节。

采购环节主要为生产环节提供原材料、零部件的供应支持和相关配套服务，以及代加工、包装材料供应等服务。售后服务环节则为使用环节提供相应的配套服务，如安装、调试、维修和保养等。

此外，透明数字化供应链的基础结构与其需求传导机制密切关联，两者的关联关系是其业务逻辑的内在体现。前文已经提到，透明数字化供应链的需求传导机制包括透明连接机制、快速响应机制、客户创新机制、产品迭代机制、良性互动机制和产能退出机制。这些机制与供应链基础环节的关系如图 8-4 所示。下面介绍这些机制的基本内涵，以及这些机制与透明数字化供应链的各个基础环节的关系。

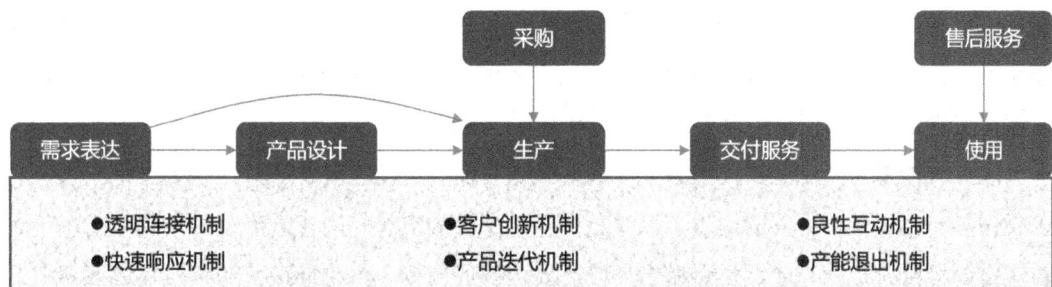

图 8-4　透明数字化供应链的业务逻辑与需求传导机制之间的关系

（1）透明连接机制。构建透明连接机制就是应用 ICT 和 IoT 等先进技术把供应链的各个要素连接起来，实现供应链全链条的数字化。透明连接机制贯穿于供应链的全链条，也就是说，每个环节都会实现数字化，实现充分的透明数字化。构建透明连接机制就是在物理层面让供应链接受技术赋能。

（2）快速响应机制。构建快速响应机制就是在透明连接机制的基础上，围绕如何响应终端客户的需求而构建响应机制，使其贯穿于供应链的全链条。

在需求表达环节，要为终端客户及用户提供自主定义和自由表达需求的通道和专业辅助。在设计环节，要为设计人员提供智能的工作平台，让设计人员能够围绕需求进行高效和高质量的设计工作。在生产环节，要为生产组织活动提供相应的软硬件配套，以实现柔性生产。在采购环节，要构建与供应商的协同机制，帮助供应商提升供给的响应能力。在交付环节，要与物流执行部门及运输服务商建立紧密的协同机制，以提升交付过程的效率和服务质量。在使用环节，一方面要基于产品的互联网化，实现对产品在使用过程中发生的异常的实时诊断；另一方面要基于与用户的透明连接，实现产品使用过程中的信息反馈，并配套相应的响应机制。在售后服务环节，要建立售后服务资源对售后服务需求的快速响应机制，为产品的使用过程提供及时有效的保障服务。

（3）客户创新机制。构建客户创新机制是指通过构建客户创新服务平台，针对终端客户及用户的定制化需求提供深度的专业服务，让客户参与产品创新过程，使客户获得成就感。在客户创新机制下，客户是产品的消费者，同时也是产品的设计者。

（4）产品迭代机制。产品迭代机制是针对标准化商品而言的，构建产品迭代机制即通过获取终端客户在使用产品后的反馈信息及产品使用过程中的数据来分析产品的不足，进而对产品进行优化和迭代升级。产品迭代涉及产品设计方案、生产工艺、原材料和零部件的改进，还涉及产品在仓储和运输过程中的特殊储藏要求等。产品迭代机制不能被动地响应客户需求，而要主动地去挖掘客户需求，挖掘产品升级的空间。

（5）良性互动机制。构建良性互动机制是指针对产品交付环节及售后服务环节构建及时有效的沟通机制，为终端客户提供良好的交付服务和售后服务。交付环节涉及具体的交付承诺和交付执行进度的实时反馈，因此要构建工厂、物流部门以及终端客户三者之间的良好互动机制。售后服务环节涉及问题反馈、上门安装调试和返厂维修等具体事宜，因此需要构建客服、工程运维等部门及终端客户之间的良好互动机制。

（6）产能退出机制。当产品的生命周期进入衰退期之后，就要通过产能退出机制来合理安排过剩产能及落后产能的退出，以避免供应链资源的浪费。构建产能退出机制是指基于对供应链的可持续经营风险评估，做出产能需要退出的预警。供应链最大的风险是终端客户的需求发生变化。建立产能退出机制的关键在于洞察终端客户需求的变化，并在产品即将被淘汰之前，做好供应链产能合理退出的计划。

供应链业务逻辑变化

在改造透明数字化供应链和重组供应链基础环节的过程中，供应链的产品创新、市场营销、生产组织、订单交付和售后服务等业务活动的逻辑也会发生重大变化。

（1）产品创新逻辑变化。在透明数字化供应链中，产品创新活动的逻辑会发生什么样的变化呢？

目前，产品的创新多依赖于具有钻研精神且经常"脑洞大开"的产品研发人员及发明家的创造性工作，他们拥有渊博的知识和丰富的想象力，能够洞察和预见未来的需求。很多发明和创新都是实验室里的作品，这些作品能否被用户接受，有多大的商业价值，必须通过商业化来检验。其实，很多创新成果是不具备商业化条件的，很多专利仅仅是纸面上的专利。

然而，在透明数字化供应链时代，产品创新是由终端客户发起的，是由市场的确切需求发起的。在透明数字化供应链的机制下，客户有自主定义和自由表达需求的途径和条件，能够通过全世界的技术力量来解决终端客户的需求问题。例如，有的客户提出，如向在薯片或饼干上绘制卡通图案，让小朋友们更喜欢自己的薯片或饼干？要想实现这样的想法，首先要找到可食用的有机墨水，然后在薯片或饼干上绘画图案。透明数字化供应链可以借助互联网的力量在全世界范围内寻找解决方案；而掌握可食用墨水技术的机构或个人能够基于确切的客户需求，实现技术的商业化应用。

由终端客户的需求引发创新，为"有用"去创新，为确切的终端客户需求去创新，并从中挖掘巨大的商机，这就是透明数字化供应链时代产品创新活动的逻辑。

（2）市场营销逻辑变化。传统的营销逻辑是为确切的产品做营销，即拿着确切的产品去寻找需求，以实现销售。而透明数字化供应链中的营销逻辑是拿着需求解决方案和虚拟产品做营销，拿着供应链的整体服务方案做营销。例如，汽车行业正开始尝试这种营销方式，即先把新车的概念、形象、功能及性能指标宣传出去，如果有客户下单，就根据客户选择的车辆功能及性能配置套餐进行生产。

随着技术的进步，未来的营销不再是简单的打广告和促销，而是通过增强现实（AR）和虚拟现实（VR）等技术让客户了解和感知虚拟产品，了解特定场景下的需求问题如何得到有效的解决，从而实现企业的营销目标。

（3）生产组织逻辑变化。目前，供应链中常见的生产组织方式有三种，即库存式生产（Make to Stock，MTS）、订单式生产（Make to Order，MTO）和可得性生产（Make to Availability，MTA）。透明数字化供应链将对MTS、MTO和MTA进行改造，以实现对终端客户需求的有效快速响应。

MTS是指通过预测制订生产计划，通过历史数据及销量预测等方式制订月度或季度的库存计划，然后通过库存计划驱动生产流程。MTO是指通过客户订单驱动生产，即对客户订单做出交付承诺，然后启动生产流程。MTA是指基于对缓冲库存的监测，通过了解缓冲库存的消耗量制订生产计划，以确保把生产资源用在最需要及时补货的产品上。MTS的优点是能够确保生产的稳定，其缺点是容易造成缺货或呆滞库存。MTO 的优点是能满足下游客户的确切需求，避免滞销和成品库存积压的风险；其缺点是客户需求变动频繁，采购和供应商必须紧密配合，响应周期较长，对紧急订单的响应存在一定的风险。

MTA 实际上借鉴了 MTO 的逻辑对 MTS 进行了改进和优化，即紧急的订单用库存交付，不紧急的订单则通过生产来交付。但由于客户订单的提前期越来越短，来不及以 MTO 的方式实现产品交付，所以转为使用库存来交付，并对库存量设置一个缓冲区间，以触发缓冲库存报警的方式来启动生产流程，以实现对库存的补货。MTA 是目前比较先进的一种生产组织方式，其缺点是对生产管理及供应链运营管理有很高的要求。

在透明数字化供应链的场景里，对于定制化的产品，企业将会采取 MTO 的生产组织方式；对于标准化的产品，企业将会采取 MTA 的生产方式。目前，MTO 和 MTA 是制造企业面对下游大型经销商而采取的生产策略。在透明数字化供应链的场景里，MTO 直接面对终端客户的订单；而 MTA 的缓冲库存则是面向特定市场区域的缓冲库存。

透明数字化供应链在生产组织方式上追求这样一种理想的状态：假如网店仓库、实体店等零售环节每分钟向终端客户交付 10 支某品牌的牙膏，那么该品牌牙膏的生产线也是每分钟生产 10 支牙膏。当然，这是非常理想化的，也是非常具有挑战性的。

（4）订单交付逻辑变化。订单交付是指产品生产出来之后，把产品从生产地送达终端客户手中的过程。目前的订单交付逻辑是分段交付，即生产商把产品交付给一级经销商，一级经销商把产品交付给二级经销商，直至把产品交付到终端客户手中。分销渠道中有几个层级的经销商，产品就会经历几次中转。

在透明数字化供应链的场景里，生产商或品牌商直接面对终端客户，一般不需要经过中间层级的经销商就可以直接把产品卖给终端客户，因此订单交付的逻辑不再是分段交付。但是，产品在订单交付过程中也需要经历多次中转，而这个中转完全遵循物流业务的逻辑。也就是说，商品在订单交付过程中的轨迹不再是分销渠道的轨迹，而是纯粹的物流轨迹。例如，如果通过超市把一瓶洗发水卖给终端客户，那么将自己这瓶洗发水交付给终端客户的逻辑就是分销逻辑；但如果通过品牌商的直营网店卖出一瓶洗发水，那么订单交付的逻辑就是纯物流逻辑，是实际的快递业务逻辑。透明数字化供应链要求订单交付过程实现物流透明，要求物流服务网络能够为订单交付提供透明、安全、快捷及价格实惠的物流服务。

透明数字化供应链在削弱和去除不必要的流通环节（中间贸易环节）的同时，将构建一张能够支撑订单交付的服务网络，这张网络由仓储服务网络和运输服务网络构成，由自营物流和物流外包构成。

（5）售后服务逻辑变化。售后服务是指产品交付给终端客户之后，为了保障产品能够正常使用而为客户提供的各种服务。售后服务是供应链的一项基本业务和活动，可重复使用的非消耗性产品（如电子产品、电器和汽车等）一般都有售后服务，这些产品的售后服务会延续到产品报废。

在透明数字化供应链的场景里，产品的物联网化以及产品全生命周期的数字化将不断改进售后服务方式，售后服务的资源也将更好地响应售后服务需求，主动提供售后服务。以汽车的维修保养为例，很多时候车主发现了明显的问题才去保养或维修。但随着汽车的物联网化升级，胎压监测、发动机监测、变速箱监测和里程监测等系统会被陆续装备到汽车上，汽车在使用过程中的相关性能数据盗劫将得到及时反馈，一旦汽车的某个部件达到需要保养的程度，就会触发保养需求。

在透明数字化供应链的场景里，售后服务资源与售后服务需求高度匹配。目前，有的产品或品牌的售后服务资源满足不了售后服务市场的需求，例如，某些汽车品牌的 4S 店总是让车主排队，某些空调品牌的安装、拆移服务总是很慢。透明数字化供应链将基于产品的售后服务需求特点做通盘考虑，为产品的售后服务配置相应的资源。

总之，在透明数字化供应链的场景里，售后服务的业务逻辑会发生很多变化，会产生很多创新的机会，甚至会催生新的业务领域。

8.3　数据流逻辑重构

在透明数字化供应链中，供需逻辑和业务逻辑的重构实际上是基于充分的数字化和数据流逻辑的重构。透明数字化供应链的数据流逻辑重构，首先是以数据流的形式将信息流规范化；其次是对供应链各个环节的活动所产生的数据流进行有效集成，进而实现供应链数据的业务化。

将信息流转变为数据流

在供应链管理领域，不管是实践者还是理论研究者，都非常清楚供应链信息流的重要性，几乎一切管理问题都与信息流的滞后、模糊、失真等有关。供应链接受透明数字化赋能，会让供应链信息流实现充分的数字化，转变为可控的供应链数据流，以确保能够准确、有效地传递供应链信息，进而提高供应链的沟通及协同效率，使其向着智能化与智慧化的方向迈进。

在过去，供应链信息流很难把握，从而造成供应链管理困难重重。这是因为很多信息没有办法被数字化，没有以数据的形式及时地记录下来，没有及时、准确、有效地传递给管理决策人员。透明数字化供应链发展的第一阶段实现了供应链的业务数据化，即把供应链的信息流变为数据流。例如，客户通过电话、传真等方式下单时，客户传递的是购买信息，随后单据录入专员把信息录入 OMS 中，将信息流转变为数据流。但是，通过人工录入的方式将信息流转变为数据流的效率很低。透明数字化供应链能让供应链各个环节的信息流实时地变成数据流，这要依靠 ICT 和 IoT 等先进技术来实现。

供应链的数据流集成

传统供应链的数据流集成或信息系统集成，一般基于 ERP 的集成或电商平台的集成。透明数字化供应链将超越传统的信息化管理和电子商务模式，将通过构建新的数据流集成框架来支撑供应链的数据业务化应用，以促进供应链的协同、优化、智能化及智慧化。对于这个新的框架，我们需要考虑两个方面的问题，一是应用模式，二是数据化基础条件。

（1）基于应用模式的数据流集成。关于数据流集成的应用，人们从飞机场的控制塔台得到了启发，并提出了"供应链控制塔"和"物流控制塔"等概念，以指导供应链的数字化应用。提出"控制塔"这个概念是为了解决跨越供应链的复杂问题，提供一个端到端的无缝整体，提供实时警报，使问题可以在供应链中的任何地方得到解决，以大幅减少数据传递过程和数据延迟现象。埃森哲提出，"供应链控制塔是一个共享服务中心，负责监控和指导整个端到端供应链的活动，使之成为协同的、一致的、敏捷的和需求驱动的供应链"。凯捷咨询提出，"供应链控制塔是一个中心枢纽，具有所需要的技术、组织和流程，以捕捉和使用供应链数据，提供与战略目标相一致的短期和长期决策的可见性"。高德纳咨询公司提出，"控制塔是一个物理或虚拟仪表板，提供准确的、及时的、完整的物流事件和数据，从组织和服务的内部到跨组织运作供应链，以协调所有相关活动"。

这些概念比较前瞻、新颖，但都是从应用的视角来阐述的，都认为控制塔是供应链业务数据化及数据业务化的一个理想载体。但是，不管是什么样的载体，都对供应链的数据流集成提出了要求。

透明数字化供应链在数据流的集成应用中，借鉴了控制塔的概念，提出了自身的透明控制塔体系。现阶段，透明控制塔体系有三个基础模型，分别是供应链透明控制塔、物流透明控制塔和订单履约透明控制塔。

① 供应链透明控制塔。供应链透明控制塔严格遵循透明数字化供应链的理论框架的逻辑，在供应链数字化的基础上，梳理和集成供应链数据流，以实现供应链的协同、优化、智能化及智慧化，具体如图 8-5 所示。

供应链透明控制塔自下而上分为四层，即数字化基础、数据流集成、智能协同和智慧优化。其中，数字化基础、数据流集成属于业务数据化的范畴，智能协同、智慧优化则属于数据业务化的范畴。

第一层是数字化基础，包括供应链全链条的数字化、企业内和企业间的数字化以及需求端和供给端的数字化。其具体含义已经在第 7 章中介绍过，这里不再赘述。

第二层是数据流集成，分为两个部分，一是供应链的业务逻辑重构及流程重构，二是数据流梳理及数据流集成。供应链的业务逻辑重构已在本章第 2 节论述过，这里不再赘述。具体的流程重构需要具体场景具体分析，后面的章节将会介绍流程重构的方法和工具。数据流梳理的对象至少包含需求传导、需求分析、交易事件、单据凭证等 11 个方面的数据流。数据流集成是指数据的对接、存储、处理、关联分析及应用等问题，涉及大数据、云计算和 AI 等技术的应用。

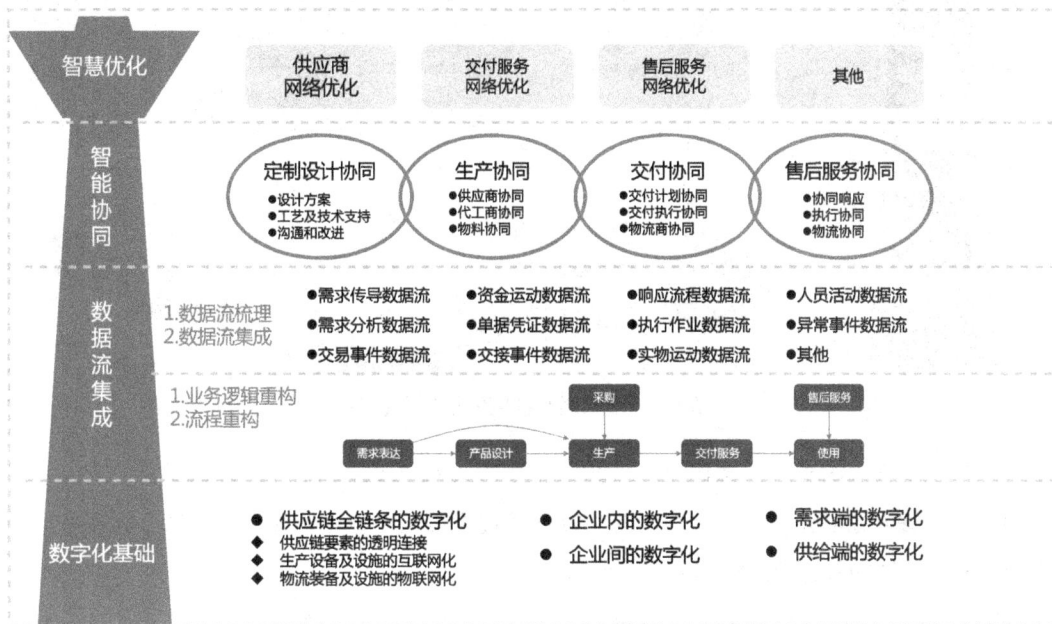

图 8-5　供应链透明控制塔模型示意图

第三层是智能协同，即基于第二层的数据流集成，实现供应链相关场景下的智能协同，如定制设计协同、生产协同、交付协同和售后服务协同等。

第四层是智慧优化，即基于第二层的数据流集成及第三层的智能协同，实现供应链网络的优化，如供应商网络、交付服务网络和售后服务网络等的优化。

供应链透明控制塔模型是透明数字化供应链的工具，传统供应链企业暂时还用不上。首先，传统供应链企业不具备透明数字化供应链的数字化基础；其次，传统供应链企业不仅要进行业务逻辑重构以及数据流的梳理和集成，还需要经历艰难的变革；再次，传统供应链企业不仅要具备大数据、云计算及 AI 等技术，还需要经过一段时间的积累和沉淀。不过，5 年或 10 年后，供应链透明控制塔模型将会对供应链实践发挥实际的指导作用。

② 物流透明控制塔。从供应链全链条的视角来看，物流透明控制塔是实现供应链物流全局透明的工具，如图 8-6 所示。物流透明控制塔从下至上有四个层级，分别是物流端到端可

视化引擎、订单计划驱动引擎、数据流集成引擎和全局运营管控。

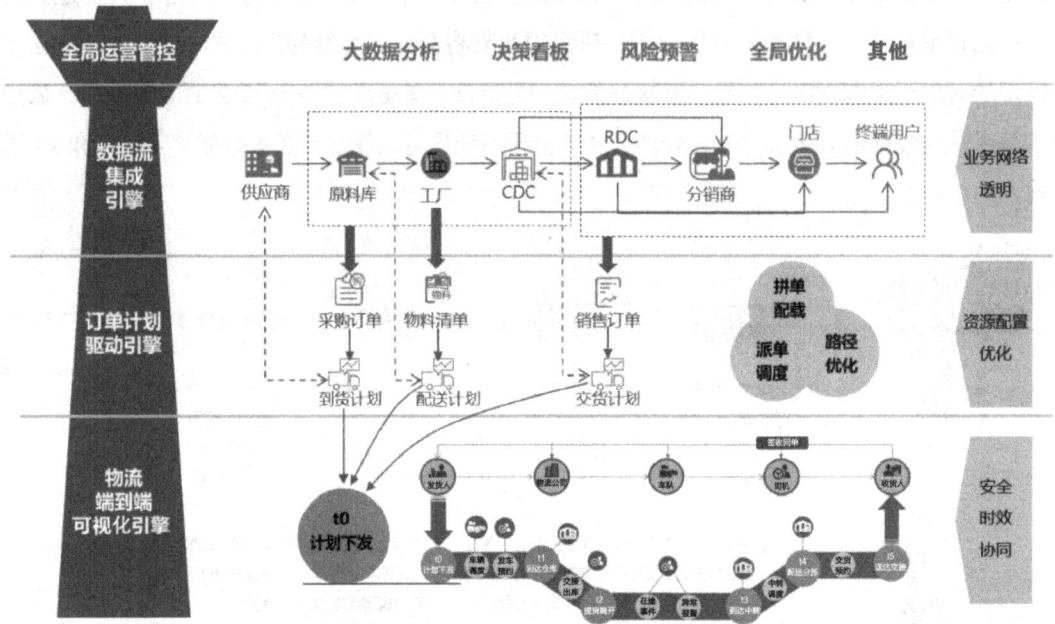

图 8-6　物流透明控制塔模型示意图

　　第一层是物流端到端可视化引擎，就是通过相关平台或管理系统，将从发货人下发物流计划，到收货人签收完成这个端到端的全过程实现可视化，并在可视化的基础上实现物流的安全、时效和协同等方面的管理应用及价值。

　　第二层是订单计划驱动引擎，就是在相关管理系统和平台的基础上，植入一些 AI 引擎，从而对采购订单、物料需求清单和销售订单等所触发的物流服务需求进行统筹，以实现物流服务资源的优化配置。例如，应用 AI 实现智能的拼单配载、物流调度优化以及运输路径优化等。

　　第三层是数据流集成引擎，就是在采购物流、产线物流、成品分销物流的端到端可视化应用及充分数字化的基础上，对供应链全链条的物流运作所产生的数据流进行梳理和集成，以实现供应链物流的业务网络透明。供应链物流的业务网络透明将会带来供应链运营管理水平的升级，如实现渠道库存"一盘货"的管理，实现供应商物料库存优化等。

　　第四层是全局运营管控，就是在第三层的数据流梳理和集成以及业务网络透明的基础上，进行供应链物流的大数据分析，以实现运营风险预警、决策管理智能及供应链全局优化等方面的应用。

　　实际上，物流透明控制塔依旧是从传统供应链的视角来看问题的，仍旧从供应链整体运营的视角对采购物流、产线物流及成品分销物流提出管控透明的要求。确切地讲，物流透明控制塔是促进传统供应链向透明数字化供应链转型的工具。因此，建议各家企业以物流透明为切入点和突破口，通过对物流透明控制塔的应用，夯实企业的透明数字化基础，将传统供应链转变为透明数字化供应链，以获得数字经济时代的发展先机。

③订单履约透明控制塔。订单履约透明控制塔是指在透明数字化的基础上，以响应和满足客户订单需求为中心，构建履约管控体系，以兑现订单履约承诺，提供让客户满意的订单交付服务。订单履约透明控制塔由自下而上的四个层级组成，即履约资源数字化、履约数据流集成、智能履约引擎和履约控制，如图 8-7 所示。

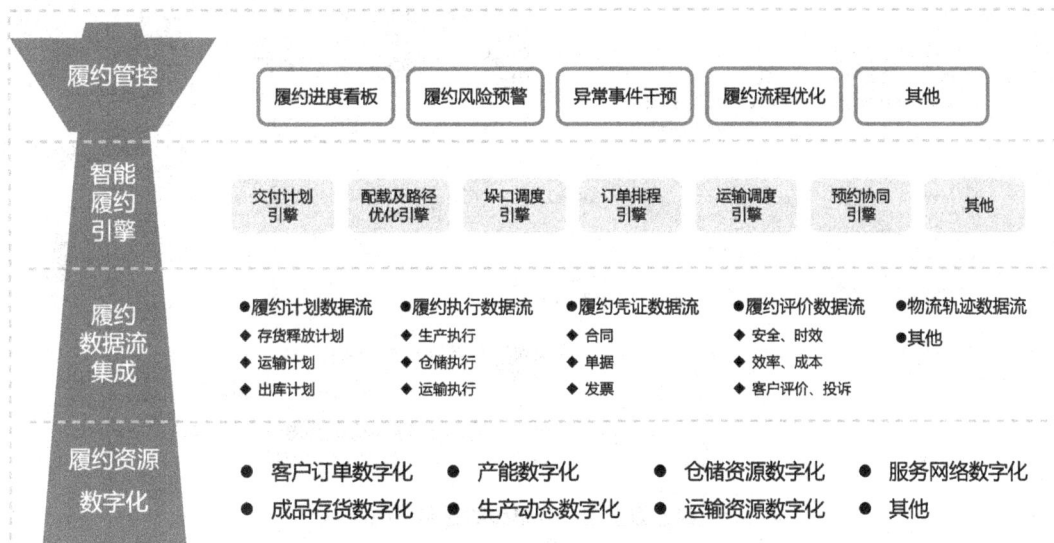

图 8-7　订单履约透明控制塔模型示意图

第一层是履约资源数字化，就是把订单履约所需要的资源及相关要素数字化，包括但不限于客户订单数字化、成品存货数字化、产能数字化、生产动态数字化、仓储资源数字化、运输资源数字化和服务网络数字化等。

第二层是履约数据流集成，就是在实现数字化的基础上，梳理和集成履约数据流，包括但不限于履约计划数据流、履约执行数据流、履约凭证数据流、履约评价数据流和履约轨迹数据流等。

第三层是智能履约引擎，就是在数据流集成的基础上，植入各个环节及场景下的 AI 算法，实现履约的快速响应及执行的智能化。智能履约引擎包括但不限于交付计划引擎、配载及路径优化引擎、垛口调度引擎、订单排程引擎、运输调度引擎和预约协同引擎等。

第四层是履约管控，就是在第二层和第三层的基础上，实现对订单履约的有效管控，包括但不限于履约进度看板、履约风险预警、异常事件干预和履约流程优化等。

订单履约透明控制塔是一个抽象的管理工具，其在不同场景中的表现形式也有所不同。例如，制造型企业的订单履约透明控制塔场景可以用图 8-8 来描述：客户发起订单；控制塔接收订单，对订单进行审核，并通过智能履约引擎确定订单的履约路径，即确定订单是通过定制生产履约，还是直接通过存货释放进行履约，然后通过配载及路径优化引擎制订履约的运输计划及发运计划；运输计划及发运计划驱动运输部门（承运商）和仓储部门执行履约；智能预约引擎驱动仓储部门与运输部门（承运商）在发运环节协同作业；接下来是对运输过程进行可视化跟踪，直至把货物交付到客户手中，随后进行回单管理和最终结算。

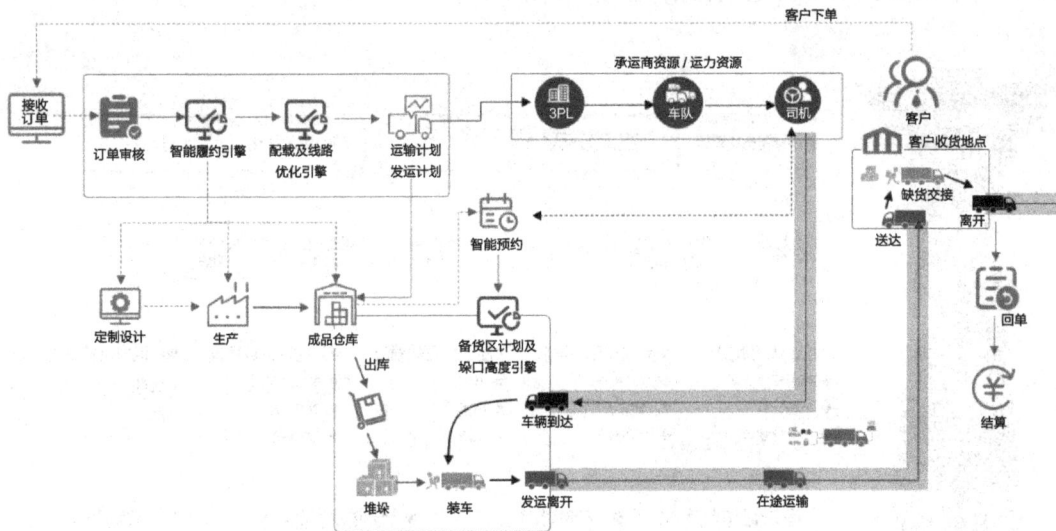

图 8-8　制造型企业的订单履约透明控制塔场景

订单履约透明控制塔是在订单履约管理方面以及平台或系统功能建设方面指导企业供应链实践的工具。例如，履约进度看板功能可以设计成如图 8-9 所示的形式，以直观地展现订单履约进度。

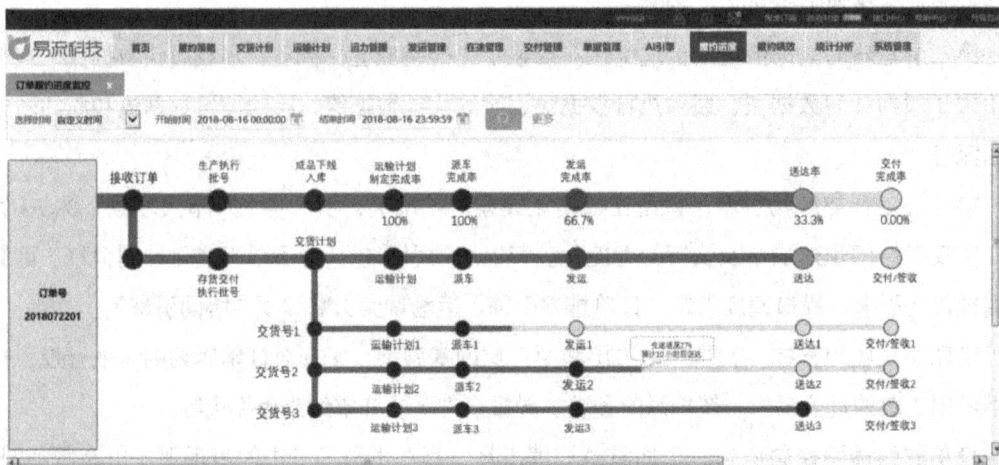

图 8-9　订单履约进度看板

供应链透明控制塔、物流透明控制塔和订单履约透明控制塔的核心思想就是用数据来干什么，用数据来解决供应链的什么问题。控制塔体系还包括生产控制塔、采购控制塔、仓储控制塔和运输控制塔等，这里就不一一展开介绍了。只要把握控制塔的核心思想，就可以根据供应链具体场景的实际情况灵活设计相应的控制塔。

（2）基于数据化基础条件的数据流集成。数据流集成与业务数据化的基础条件有着密切的关系。最初级的数据流集成就是形成各种数据报表，展现某种结果，以支持进一步的分析。随着物联网及各种系统、平台的发展，业务数据化越来越成熟，数据流的集成也在不断升级。

从技术的视角来看，透明数字化供应链的数据流集成框架自下而上分为四层，即业务数据化基础、数据流集成、场景 AI 算法植入和应用赋能（见图 8-10）。

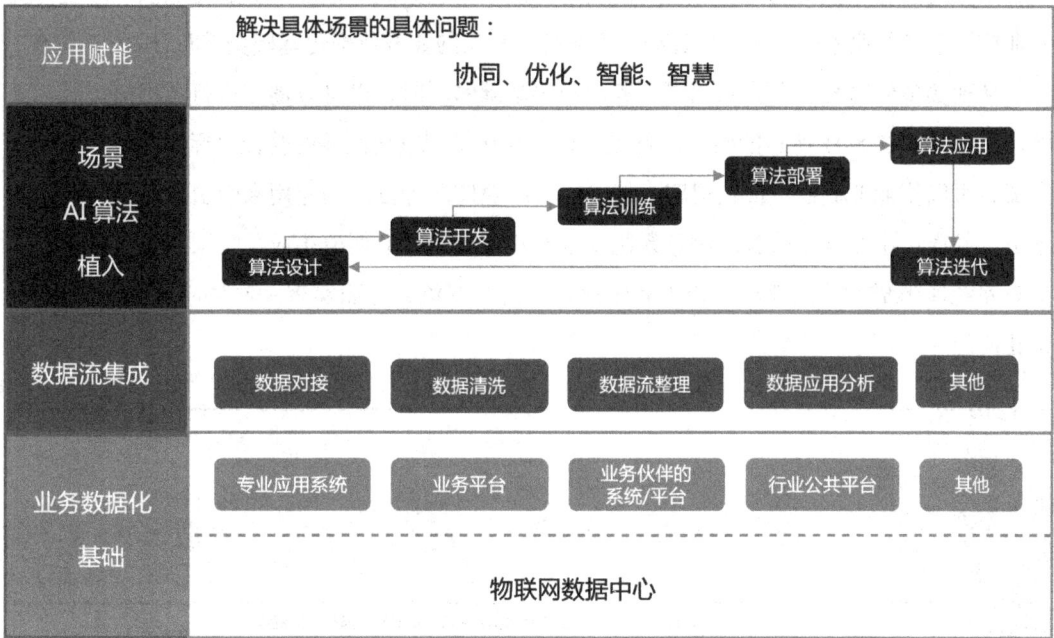

图 8-10　透明数字化供应链数据流集成框架

第一层是业务数据化基础，分为两个方面，一是物联网数据中心，二是各个专业应用系统及平台。物联网数据中心就是理论框架中提到的生产设备、设施的物联网化以及物流设备、设施的物联网化所依赖的数据通信及数据处理中心，是物联网的一个关键物理实体。供应链的运营及管理需要各种专业系统及平台的支撑，这些系统或平台会产生大量的业务数据，它们是供应链业务数据化的重要载体。

第二层是数据流集成，即在业务数据化的基础上，进行数据对接、数据清洗、数据流整理及数据应用分析。

第三层是场景 AI 算法植入，即在数据流整理及数据应用分析的基础上，植入各种应用场景的 AI 算法，以实现数据的应用。场景 AI 算法的植入包括算法设计、算法开发、算法训练、算法部署、算法应用和算法迭代等步骤。

第四层是应用赋能，即基于供应链的数据流集成，运用 AI 算法解决具体场景的具体问题，以实现供应链的协同、优化、智能化及智慧化。

从数据流集成框架的视角来看，透明数字化供应链目前还处于夯实业务数据化基础的阶段；同时，个别大型企业开始进入数据流集成以及尝试引入 AI 算法的阶段。近来，互联网行业在热议"数据中台"和"AI 中台"等概念。所谓"数据中台"就是数据流集成框架的第二层，"AI 中台"就是数据流集成框架的第三层。

目前，透明数字化供应链的数据流集成还不具备充分的业务数据化基础。首先，物联网还在发展进程当中，实现物联网化还需要时间的积累。其次，很多企业还在加强供应链各类专业应用系统及业务平台建设的过程当中，打下扎实的业务数据化基础仍需时日。

从现实条件出发，企业在加强业务数据化基础的同时，也可以逐步进行数据流集成，具体可以参考如图 8-11 所示的模型。首先，企业要从供应链全链条的管控目标来看待数据流的集成，可以用业务流程可视化追踪、订单执行风险监测等方面的应用来牵引供应链的数据流集成。其次，企业基于已有的信息系统及信息化基础进行数据流集成，其重点是是打破各个信息系统所形成的信息孤岛，梳理和激活供应链数据流，进而实现一些供应链场景的协同、优化应用。

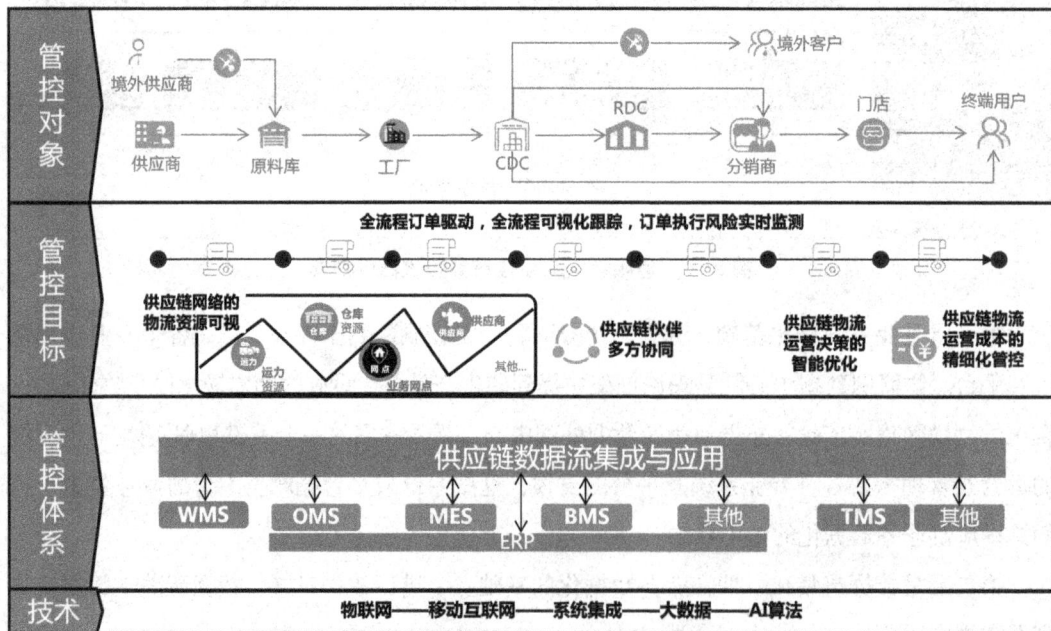

图 8-11　基于现实信息化条件的数据流集成框架示意图

8.4 供应链角色关系重构

透明数字化供应链在重构供应链供需逻辑、业务逻辑和数据流逻辑的同时，也在重构供应链的角色关系。透明数字化供应链是透明数字化时代的产物，是生产力发展的结果，更是生产关系进步的体现。透明数字化供应链能让供需双方更加平等，能激发供应链中各个角色创造价值的积极性，能改善劳资关系和金融效率。

供应链权力向需求端转移

长期以来，在传统供应链当中，供应链的权力集中在供给端，但是透明数字化供应链将把权力逐渐转移到需求端，使供需双方的关系更加平等。

在过去，买方也就是需求方，因为无法知道供应链的信息，不知道产品的底细，所以不管如何会砍价，只要完成交易都是在为卖方提供利润。卖方也就是供给方，因为对产品的质量及成本构成非常清楚，所以基本不会亏本地把产品卖出去。在供应链的一系列交易当中，掌握更多信息的一方就获得了信息带来的优势。

在传统供应链中，由于供需双方的权力是极度不平等的，因此才会有保护消费者权益的相关法律法规，才会有质量监督管理局和物价局，才会有 12315 举报电话。因为传统供应链中的信息极度不透明，所以才会有人故意侵害消费者的权益。

透明数字化供应链能把供应链全过程的信息变得透明，供给端会自觉接受需求端和社会的监督。同时，透明数字化供应链几乎是通过需求端的确切需求信息来启动供应链流程的，没有需求就没有供应链的供给活动。供应链活动是在供需双方平等协商、公平交易和信守承诺的基础上进行的。供应链越透明，供需双方越平等，市场环境越看重诚信。

释放创造价值的积极性

更先进的生产力需要更先进的生产关系，透明数字化供应链从本质上重构了生产关系，能够释放数字化带来的先进生产力。要想实现先进的生产关系，首先要让每一个价值创造者都得到社会的承认和尊重，得到应有的回报，激发每一个岗位、每一个人的工作积极性；其次要让各个角色都愿意为供应链的价值创造尽到积极配合和协同的义务。

在管理科学领域，如何激发员工的工作积极性是一项重要课题。在现实中，员工总是对薪资待遇和个人的职业发展不满。与此同时，老板总是对员工的工作绩效不满，将各种监督和绩效考核方法应用到管理中，这进一步地伤害了员工的工作积极性。在传统的供应链模式中，员工并不清楚自身工作所创造的价值，也无法获得成就感；管理者也并不十分清楚企业的价值创造具体由哪些环节组成，不清楚每一个环节的价值贡献程度。因此，在很大程度上，薪资、奖金和福利待遇等在企业中是一本糊涂账。当付出得不到应有的承认和回报时，就会伤害员工的工作积极性。

在传统的供应链模式中，即便可以额定和统计每个人的工作量和绩效，也无法衡量每一个供应链环节、每一个岗位和每一个人的价值贡献程度。而透明数字化供应链能基于充分的数字化，准确地计算出每一个供应链环节、每一个岗位、每一个人的价值贡献程度，每一个人的价值创造都会得到应有的承认和回报。

当人的价值创造能够被衡量、被承认的时候，每个人的工作积极性就会被激发出来。例如，人们总习惯性地认为母亲、妻子做家务活是理所当然的；直到请一位家政服务人员来收拾家里时，大家才知道做家务是有价值的，是应当被承认和被尊重的。透明数字化供应链能让每一个人的价值创造得到应有的承认，这将进一步提升每个人的工作积极性。

促进金融服务效率的提升

透明数字化供应链将重构金融机构与实体企业之间的关系，让金融服务更有效率。

对一个健康的企业或经济社会而言，资金是依附于供应链的价值创造活动来产生利润的。金融一旦脱离实体经济，就会产生种种问题。透明数字化供应链能让金融服务紧紧围绕供应链资金流的周转需求提供服务，从而有效促进供应链的价值创造活动，并反过来提高金融服务的有效性和效率。

金融有两大基本诉求，一是做好风险管控，确保资金安全；二是要能获利。目前，金融机构服务实体经济时，总是要求各种抵押，倾向于向大企业和大的工程项目融资，因为大企业和大的工程项目的融资额大且有可见的抵押物。从事实体经营的企业特别是中小企业，遇到资金周转困难时很难向金融机构融资，因为金融机构没有控制风险的手段，也看不到可以获利的证据。

在透明数字化供应链中，供应链的价值创造过程是透明的，供应链的资金流情况也是透明的，供应链运营的风险可以得到很好的管控。金融机构要想让资金流到供应链中去分享利润，就必须一心一意地为实体经济服务，为供应链中每一个需要资金周转的环节服务，为中小企业服务。

目前，"供应链金融"这个概念受到热炒，但金融机构没有可信的供应链数据来进行信用评估，也缺乏针对供应链金融的有效风控手段。而在数字经济时代，基于透明数字化供应链的价值创造体系和数据征信体系，供应链金融将成为真正的数字普惠金融。

笔者所在的深圳市易流科技股份有限公司从 2016 年开始，尝试通过物流企业所积累的物流业务数据开展金融服务，并取得了明显的成效。具体模式就是通过对易流物流透明平台上物流企业日常运营数据（车辆出勤、业务情况等）进行分析，对某个具体物流企业日常的资金需求情况和偿还能力进行评估和画像，并出具信用评估报告给金融机构，最后由金融机构发放贷款。该模式能够成功的关键是物流企业在易流平台上积累了真实的物流业务运行数据。

思考与讨论

1. 透明数字化供应链的需求传导机制是什么？怎样才能够做到先明确需求再组织供给？

2. 透明数字化供应链的基本结构是什么？其与传统供应链的结构有什么区别和联系？

3. 透明控制塔体系的核心思想是什么？企业如何构建透明控制塔？

4. 相比于传统供应链，透明数字化供应链的角色关系会发生哪些变化？

第9章　透明数字化供应链图景展望

从供应链发展的一般规律来看，透明数字化供应链将突破传统供应链所面临的困境；从数字经济的大视野来看，透明数字化供应链将成为数字经济的逻辑载体；从社会活动的视角来看，透明数字化供应链将改变人们的生产和生活方式。

9.1　突破传统供应链的困境

第3章论述了传统供应链的困境，主要包括供应链的牛鞭效应和管理难题。透明数字化供应链将会消除牛鞭效应，推动企业的平台化转型及供应链管理变革，从而突破这些困境。

消除牛鞭效应

牛鞭效应的消极影响越来越严重，导致了严重的供给过剩和产能过剩，造成了严重的资源浪费和环境压力。透明数字化供应链能够从根本上消除牛鞭效应。

从根本上讲，牛鞭效应是由传统供应链自身的结构及供需匹配模式所导致的。传统供应链的结构是"采购—生产—流通—消费"，其中，流通环节很长，采购环节和生产环节离终端客户很远，供需信息极度不对称。传统供应链的供需匹配模式是以供给端为主导的，生产商及品牌商拿着确切的产品到市场中去寻找愿意接收产品的终端客户。在传统供应链的运行中，绝大部分产品在生产的时候，是没有明确的购买者和用户的。拿着已经生产出来的产品去市场中找客户、找需求，这种供需匹配模式导致企业总是尽可能地多生产、多销售，以争取获得更多的市场份额，获得更多的收入和利润，从而不知不觉地造成了供给过剩、产能过剩和资源浪费。

透明数字化供应链为何能够消除牛鞭效应？这是因为透明数字化供应链重构了供应链的需求传导机制及业务逻辑（详见第8章）。透明数字化供应链的机制是先明确需求，再组织供给活动，所以它能从根本上避免供给过剩和产能过剩，从而消除了传统供应链的牛鞭效应。也可以说，在透明数字化供应链中不存在牛鞭效应。先明确需求，再组织供给，就能减少不必要的生产，减少不必要的污染及废弃物排放，最终减少社会经济运行对自然资源的索取，减轻环境的压力。可以想象，在透明数字化供应链时代，不仅经济运行效率高，还能留住青山、绿水和蓝天！

推动企业平台化转型

透明数字化供应链将推动企业的平台化转型，提升供应链上下游之间的协同效率，突破供应链的协同困境。

在透明数字化供应链时代，企业只有实现平台化转型才能参与供应链活动。企业的平台化转型有三条路径：一是加入行业平台；二是构建企业平台；三是构建行业平台，做平台型企业。

对大多数小微企业而言，只有加入或参与行业平台，才能参与供应链活动。小微企业只有加入行业平台，才能得到平台的赋能，从而对接行业的供应链资源。例如，一个做服装设计服务的工作室，需要通过平台去对接终端客户的需求，也需要通过平台去对接生产服装所需的相关资源，这样才能让工作室持续地运转下去。再如，有很多小微企业通过淘宝平台为终端客户提供奖杯、证书和饰品等的定制服务，这些小微企业不仅在线上对接终端客户，还在线下对接生产及交付所需的相关配套资源，如对接加工厂和快递公司等。

具有一定规模的企业，既要参与行业平台，也要构建自己的企业平台。参与行业平台，是为了对接更多的终端客户和供应链资源；而构建企业平台，是为了增强企业内部流程对终端客户需求的响应能力，提高企业内部各个部门之间的业务流程的协同效率。

少数的大型企业则可以通过建立行业平台来提供供应链的基础性服务。供应链的基础性服务包括交易服务、物流服务、生产服务和物联网在线服务等。从透明数字化供应链的视角来看，目前各大电商平台主要为供应链提供交易服务。随着供应链供需匹配模式的变化，传统电商平台也要不断升级，才能适应透明数字化供应链的要求。与此同时，提供物流服务和物联网在线服务的行业平台还在起步阶段，每一家企业都有机会在自己擅长的领域参与角逐。而生产服务具有非常强的专业性，一般只有细分行业里的大型企业才具备构建生产性服务平台的资源优势。

企业平台主要解决企业内部的协同效率问题，行业平台主要解决企业之间的协同效率问题。透明数字化供应链贯穿于企业平台和行业平台，实现了供应链各个环节之间的协同以及面向终端客户需求的整体协同。

推动供应链管理变革

透明数字化供应链要求企业具备全新的供应链思维，以适应供应链管理的变革。透明数字化供应链要求企业具备终端需求导向思维、透明数字化思维和流程一体化思维。

终端需求导向思维是指供应链的一切活动都以有效快速响应和满足终端客户的需求为中心，供应链环节的设置、管理制度安排等都要以有效快速响应和满足终端客户的需求为目标，以此驱动供应链管理的变革。终端需求导向思维要求企业直接面对终端客户的需求，并针对终端客户的需求组织供给。

透明数字化思维通过打破人与人之间、部门与部门之间、企业与企业之间的信任壁垒，来促进供应链各个环节的高效沟通与协同。透明数字化思维要求企业积极拥抱平台、信息系统、智能装备和物联网终端等，积极提升企业的透明数字化能力。

流程一体化思维是指不能把供应链管理简单地划分为采购、生产、分销和物流等方面的管理，而要系统地构建供应链管理的流程体系。系统地构建供应链管理的流程体系的具体要求是，既要有效、快速地响应和满足终端客户的需求，又要实现供应链运营成本的有效管控，以尽可能低的运营成本实现供应链的有效产出。

终端需求导向思维、透明数字化思维和流程一体化思维分别对应于透明数字化供应链理论框架（详见图 7-2）的供需生态变化、技术赋能和流程变革。

9.2 数字经济载体

透明数字化供应链是数字经济的逻辑载体，主导着数字经济的运行。透明数字化供应链越发达，数字经济就越发达。

什么是数字经济

当数据成为必不可少、非常关键的生产要素时，凡是需要投入数据资源才能顺利运行的经济活动，就叫数字经济。传统的生产要素通常是指劳动力、资本、土地和技术等。在数字经济中，数据与传统的生产要素具有同等重要的地位。

数字经济是互联网、物联网与实体经济深度融合的产物，是由物理载体、行为载体和逻辑载体共同构建的经济实体。

数字经济的物理载体

数字经济的物理载体是指在实现数字化的过程中应用的各种数据采集终端、通信网络、服务器、软件系统和平台等。数字经济的物理载体的结构是"云+网（管）+端"。

所谓云，是指汇聚和处理数据的物理载体，通常是指云服务器和云计算中心等。云服务已经是一个细分行业，近年来阿里云、华为云等在该领域取得了快速的发展。随着数字化的进一步普及，云服务将成为一个体量庞大的基础性服务行业。

所谓网或管，是指通信网络及数据传输管道。数字经济是建立在强大的 2G、3G、4G及 5G 通信网络的基础上的，没有通信网络这个物理基础，就不可能有互联网、物联网和数字化。数据传输管道是指基于移动、联通、电信等运营商所构建的通信网络而建立的数据传输通道。例如，园区为了做好安防会安装摄像头，摄像头会把数据回传到园区监控中心的服务器上，而摄像头与服务器之间的数据传输管道是基于彼此能够识别和相互信任的互联网协议（Internet Protocol，IP）建立起来的。我国从 2018 年开始部署 IPv6（互联网协议第 6 版）。IPv6 地址长度为 128 位，能比 IPv4 容纳更多的通信网络节点，为万物互联奠定基础。任何一个设备，只要它根据 IPv6 或 IPv4 的协议拥有一个 IP 地址，就可以与其他 IP 地址通信，实现彼此之间的数据交换。

所谓端，是指能够采集、回传数据的设备。目前常见的终端有计算机、手机，随着物联网的普及，空调、电饭煲、汽车和电梯等都将具备采集和回传数据的能力。所谓物联网化，是指日常生活中见到的设备和器具等都有一个 IP 地址，都能接入通信网络，实现数据的采集和传输，并接收管理者发出的指令。

数据经济的物理载体的基本结构"云 + 网（管）+ 端"已经形成，但在应用普及方面还受到很多制约。云所受到的制约主要是目前没有那么多的数据汇聚及处理需求，因为各类终端还没有发展起来，所以采集不到相关数据。网或管所受到的制约主要是通信资费成本还很高。3G、4G 刚普及的时候，流量费用很贵；5G 的商业应用还在普及阶段，资费也会很贵。只有接入通信网络的终端规模越来越大，才能够摊薄通信网络的成本，才能降低通信资费。而终端的发展，主要受到应用场景的约束。不同的应用场景需要不同的物联网终端，例如，给空调加上一个智能处理器，这个处理器能接入互联网，能够控制空调的开关、调节温度等。目前遇到的问题是，给空调加上这样一个处理器是否有必要？在成本偏高的情况下，终端客户是否愿意为这项功能买单？

尽管数据经济的物理载体还不够发达，但可以预见，在不久的将来，物联网化和数字化将无所不在。数据将会像土地、能源一样，成为经济活动的一个重要因素。

数字经济的行为载体

个人、家庭、企业和政府等不仅是社会经济活动的主体，也是数字经济的行为主体；而为经济行为主体提供辅助的智能终端、智能装备和机器人等就是数字经济的行为载体。数字经济的发展依赖于数字经济行为载体的发展。

目前，整个社会依赖智能手机、计算机这两种最常见的智能终端来记录人们的经济行为，实现了初级的数字化，并催生了网络社交、自媒体、网络零售、网约车和扫码支付等数字经济形态。

银行的智能柜员机能够完成人工柜台的大部分工作；超市的自助收银机在很大程度上提高了结算的效率，分担了收银员的工作压力；身份证自助领证机代替了办证大厅窗口的发证人员。这些是我们目前能够看到的智能装备，这些智能装备实现了具体场景下的经济行为的数字化。无人机、无人汽车和机器人等也开始参与到经济活动当中。例如，多家快递公司都开始尝试用无人机送快递，无人快递车、智能分拣机器人也已出现。

数字经济的行为载体，既依赖数据，也能采集和记录数据。例如，超市的自助收银机利用超市的 SKU 数据，能够通过条码识别、确认每一件商品，还能在顾客结算和支付的时候记录每一次结算过程的数据。

可以想象，在不久的将来，围绕个人、家庭、企业和政府，还会出现更多的数字经济的行为载体。例如，机器导盲犬的出现将会大大方便盲人的出行；在机器导盲犬的基础上，甚至有可能出现机器人助理，它们不仅可以给盲人导航，还可以代替盲人去购物、收拾东西。

数字经济的行为载体依赖于数据，依赖于 AI 算法，它将是人工智能或机器智能创新的焦点。只有数字经济的行为载体不断发展，数字经济才会得到真正的发展。

数字经济的逻辑载体

透明数字化供应链依附于数字经济的物理载体，同时也能把数字经济的行为载体有效地连接起来，形成数字经济网络。

社会经济一般遵循供应链的逻辑运行。社会经济的基础逻辑是供需，而供应链就是实现供需匹配的经济活动链条，即通过组织一系列的供给活动来提供能够满足客户需求的各种商品和服务。数字经济将按照透明数字化供应链的逻辑运行，首先是明确客户需求，然后组织供给，以此快速有效地响应和满足客户需求。为什么数据是数字经济的关键生产要素？原因是透明数字化供应链的决策依赖于供应链中的数据，数据将成为供应链活动的关键要素。

透明数字化供应链实际上依附于数字经济的物理载体，即透明数字化供应链依附于"云＋网（管）＋端"的结构来实现供应链的业务数据化及数据业务化，依赖于数字经济的物理载体来提供技术赋能。

透明数字化供应链能把数字经济的行为载体有效地连接起来，从而实现有效的供需匹配。

从透明数字化供应链的视角来看，数字经济的行为载体分为三类：一是需求行为的辅助载体，二是供给行为的辅助载体，三是交易及交接行为的辅助载体。例如，电商平台的购物车属于需求行为的辅助载体，超市的自助收银机属于交易行为的辅助载体，无人快递柜是交接行为的辅助载体，工厂里的自动化流水线和智能机械臂等属于供给行为的辅助载体。

在透明数字化供应链时代，需求行为的辅助载体将更好地辅助终端客户定义和表达需求；供给行为的辅助载体将帮助供给端进行设计、采购、生产和交付等一系列供给活动，以提高供给活动的效率；交易及交接行为的辅助载体将会更加智能，为终端客户提供更好的体验。

透明数字化供应链能把需求行为的辅助载体、供给行为的辅助载体、交易及交接行为的辅助载体有效地连接起来，有效地将需求信息从需求端传导到供给端，使供应链能够快速有效地响应和满足终端客户的需求。未来的数字经济将按照这样的逻辑运行。

9.3 改变生产和生活方式

透明数字化供应链将会改变社会的生产方式和人们的生活方式。在生产方面，人们将从重复性的劳动中解放出来，去从事更有创造性的工作。在生活方面，人们将有更多的时间去旅行，去参加丰富多彩的社会活动。但这并不意味着一切安排都交给透明、智能的世界，人的自我发展将面临更大的挑战，人将实现更大的自我提升。

失业——去做更有创造性的工作

在从传统供应链向透明数字化供应链转型的过程中，社会生产方式将发生很大的变化，那些重复性的工作将会被智能设备及机器人取代，很多人将会面临失业。但与此同时，也会产生大量的更有创造性的工作需要人去做。

目前，银行柜员的部分工作已经被智能柜员机和银行 App 等所取代；超市收银员的工作开始被自助收银机所取代；车站检票员的工作开始被自动验票机所取代。可以想象，在不久的未来，清洁工和快递员的工作也很可能会被机器人所取代。甚至连护士、会计、教师和外科医生的部分工作也会被机器人所取代。

规律性强的重复性工作逐渐被智能设备及机器人所取代，这是科技进步的必然，也是透明数字化供应链发展的要求。智能设备和机器人等属于数字经济的行为载体，用于辅助和替代人去处理一些重复性的工作，以及机器擅长而人不擅长的工作。透明数字化供应链要求借助智能设备和机器人去从事供应链活动，从而更快速地响应终端客户的需求，同时采集、记录供应链活动的数据，让供应链整体变得更加智能化和智慧化。

当重复性的工作被替代，自然会有相当数量的工作岗位不再需要人工值守，原先在这些岗位上工作的人就会面临失业。但是随着科技的进步，在传统工作岗位消失的同时，也会产生新的产业和新的工作岗位。失业只不过是刚失业的人暂时胜任不了新的工作而已。数字经济时代离不开物联网化和透明数字化，需要大量的智能设备和机器人，需要灵活应用 AI 算法去解决各种现实场景下的问题。维持透明数字化供应链的运行，需要大量的更有创造性的工作，甚至需要一些新兴产业来支撑。因此，人们不用担心没有新的工作机会，而要担心个人如何才能胜任对知识和技能要求更高、更具创造性的工作。

价值——需要在生活中创造

在透明数字化供应链时代，人们的生活方式也会发生很大的变化。首先，人们有更多的时间去旅行，去参与丰富多彩的社会活动；其次，社会经济中的价值创造不仅要在工作中实现，还要在生活中实现。

当很多工作都被智能设备和机器人取代的时候，生产效率会得到很大的提升。生产效率得到提升之后，人的工作时间便会被压缩。在科技进步和生产力提高等因素的推动下，这完全是有可能实现的。于是，人们将有更多的时间关注工作以外的事情。

同时，在透明数字化供应链的机制下，价值创造不仅体现在工作中，也体现在生活中。在供应链中，价值创造就是为确切的有效需求提供产品和服务，价值创造是在供应链的必要劳动过程中实现的。简而言之，价值创造就是进行有意义的劳动。供应链中的劳动是否有意义取决于终端客户是否具有确切的有效需求。然而，需求来自哪里呢？需求来自生活。人们在生活中发现需求、定义需求，然后向供应链表达需求，并通过供应链的一系列活动来实现产品和服务的供给。

需求是价值创造的根源，而透明数字化供应链的第一个环节就是表达需求。在表达需求之前要先发现需求、定义需求。发现和定义一个新的需求，就是从无到有地定义价值。需求源于生活的需要，所以价值创造首先是从生活中开始的。

经济学学者把有购买力的需求定义为有效需求。在透明数字化供应链中，价值创造同样基于有购买力的需求。从个人或家庭的视角来看，用于满足需求的购买力来源于劳动换取的报酬；用报酬（资金）去购买产品或服务，就等于用自己的劳动去换取别人的劳动。

因此，工作是基于他人（终端客户）的有效需求，并通过自己的劳动来实现价值创造；而生活则是为他人提供有效需求，为他人提供实现价值创造的机会。价值不仅在工作中创造，也在生活中创造，而且必须先在生活中创造。

学习——自我提升的修行

在透明数字化供应链时代，个人要想胜任更有创造性的工作，要想生活得更好，就要不断地学习和提升自我。首先，更有创造性的工作要求人们具备更多的知识和思维方式；其次，要想生活得更好，不仅需要必备的物质条件，更需要积极的生活态度。个人要通过不断学习使自己的工作和生活变得更好。

在科技和社会生产力不断进步的趋势下，个人要想胜任未来的工作，就要做越来越多的准备，终身学习将成为人们适应未来工作的唯一出路。

同时，要想生活得更好，也要不断地学习。每个人的幸福感之所以不同，是因为每个人看待生活的视角不同。什么时候应该以什么样的视角去看待生活，这非常考验一个人的智慧。

如果一个人的格局和视野很小，那么生活中再小的事情也是难以承受的大事；而当一个人开阔了视野，放大了格局，再大的难事也能轻易化解。个人只有不断地学习，才能不断拓宽自身格局、视野的边界，才能不断获得智慧。

总之，学习是个人不断提升自我的修行，是个人应对未来和未知的唯一出路。在透明数字化供应链时代，每个人都要通过不断学习及终身学习让自己变得更好。

思考与讨论

1. 透明数字化供应链为什么能够消除牛鞭效应？

2. 透明数字化供应链在数字经济中的作用和价值是什么？

3. 在透明数字化供应链时代，个人如何才能够工作得更好、生活得更好？

第10章 透明数字化供应链的实现路径

要想实现传统供应链向透明数字化供应链的转型，首先要进行技术赋能，实现供应链的透明数字化；其次要在实际的业务运营中实现供应链的逻辑重构；此外，还需要政策的助力，因为打造透明数字化供应链需要一定的宏观环境。

10.1 技术赋能的实现路径

传统供应链需要接受技术赋能，实现充分的透明数字化，以升级为透明数字化供应链。传统供应链接受技术赋能的路径包括夯实数字化基础、接受平台赋能、平台上云以及设计和植入 AI。

夯实数字化基础

要想夯实供应链的数字化基础，就要通过软硬一体化的方式来实现。所谓"软"，是指各类软件系统或程序；所谓"硬"，是指各种物联网终端设备。传统的信息系统更强调"软"，即通过人工把信息录入信息系统（如 OMS、OA 等），以实现业务数据化。而物联网的应用则强调"硬"，强调通过终端设备的数据采集和感知来实时判断业务状态的变化，例如，应用射频识别技术（Radio Frequency Identification，RFID）、扫码枪、视频监控、实时定位、温度传感和烟感等终端设备采集供应链过程的相关数据。

通过软硬一体化的方式夯实供应链的数字化基础时，关键在于结合供应链场景的具体情况制定软硬一体化的解决方案。例如，同样都是供应链过程的冷链温度追溯，生鲜食材、速冻食品和生物医药的冷链温度追溯的解决方案就有所不同。生鲜食材的储藏温区要比速冻食品和生物医药的宽一些，速冻食品对上限温度的要求更严格，生物医药对上限和下限温度的要求都很严格。再如，长途运输和短途配送对温度采集终端的精度和灵敏度以及对数据采集的频度和密度都有不同的要求。因此，在不同的供应链场景下，需要不同的软硬一体化解决方案。

通过软硬一体化的方式夯实供应链的数字化基础时，需要供应链中的各个参与者（企业）的共同努力。供应链中的企业，有的为供应链提供交易服务，有的为供应链提供产品设计服务，有的为供应链提供生产服务，有的为供应链提供物流服务等。不管是什么类型的企业，都要夯实自身的数字化基础，强化自身的业务数据化能力，然后通过合作伙伴之间的数据对接，实现供应链全链条的业务数据化。

接受平台赋能

第 9 章曾提到，透明数字化供应链可以推动企业的平台化转型。实际上，传统供应链需要接受平台的赋能才能够转变为透明数字化供应链。企业的平台化转型涵盖了企业平台和行业平台。

供应链接受企业平台的赋能，是为了实现特定供应链环节的透明数字化；而接受行业平台的赋能，则是为了实现供应链全链条的透明数字化。企业平台与行业平台并不冲突，两者可以合力对供应链进行赋能。

企业平台转型实际上是对传统信息系统的升级，并在系统升级的基础上进行数据流集成，以实现企业主营业务的数据化及企业数据的业务化，即实现供应链特定环节的透明数字化。笔者于 2017 年参与过某平台的规划咨询项目，某大型综合物流企业通过构建透明化协同平台来打破企业内部 100 多个信息系统所形成的信息孤岛，实现企业范围内的资源透明和业务透明，以及全网的物流协同。该企业的可视化协同平台的构建思路如图 10-1 所示。

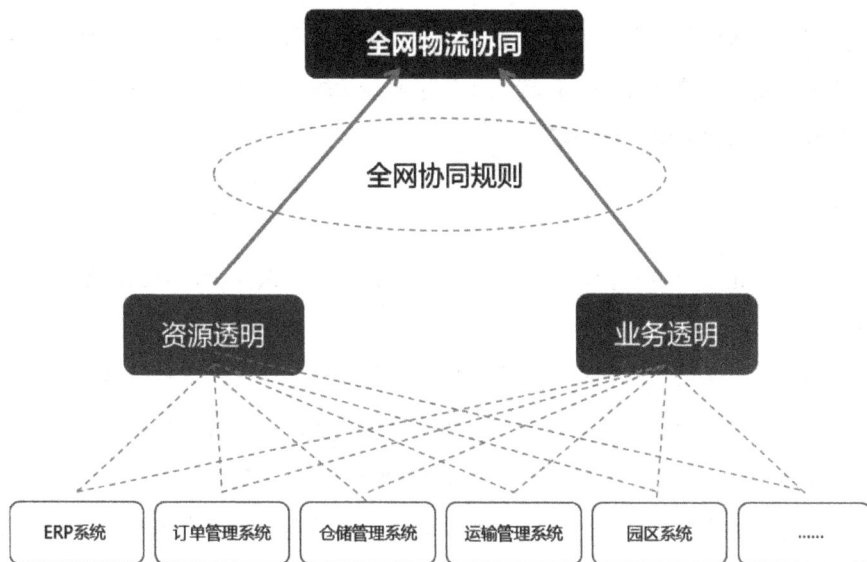

图 10-1　某物流企业透明化协同平台的构建思路

行业平台则是为供应链提供基础公共服务的平台，如提供交易服务的各类电商平台，提供产品设计服务的定制服务平台，提供生产服务的代工服务平台，提供物流服务的无车承运人平台、云仓平台等。目前，提供交易服务的电商平台较为成熟，而其他平台随着产业互联网化的发展也会逐渐成熟起来。

例如，某大型集装箱企业希望通过整合集装箱运输业务的相关资源，构建面向供应链的集装箱多式联运综合服务平台。该企业希望构建如图 10-2 所示的行业平台对供应链进行赋能，同时拓宽企业自身的业务发展空间，推动自身向平台型企业的方向发展。

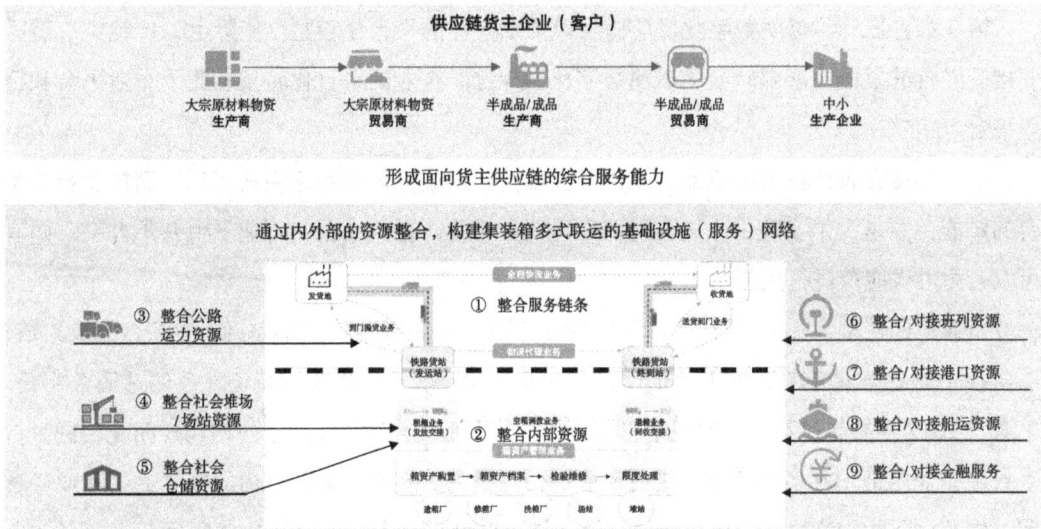

图 10-2　集装箱多式联运综合服务平台的构建思路

总之，传统供应链要在其上下游企业的平台化转型过程中接受平台的赋能，转变为透明数字化供应链。目前，企业的平台化转型还处于起步阶段，随着产业互联网化的发展，供应链定会在平台赋能的过程中实现升级。

平台上云

无论企业平台还是行业平台，在云服务器上进行部署、选择云计算已经成为主流技术趋势。云服务器包括私有云、公有云和混合云。

私有云的特点是部署灵活、拓展性强，但服务器集群运维成本高；公有云的特点是按需付费、省心；混合云综合了私有云和公有云的优势，并实现了良好的平衡。平台上云时，选择何种云服务器，要从算力、成本和技术能力等方面进行综合考虑。

部署平台时，首先要考虑平台对数据荷载能力、计算能力等技术指标的要求，从而评估平台对存储资源及计算资源的要求；其次要考虑资金投入，包括一次性投入和后续的运维成本；最后要考虑企业自身是否具备构建和运维云计算中心的技术能力。建议中小企业选择公有云，这样可以极大地节省平台部署费用；大型企业若自身具备一定的技术实力，则应选择私有云或混合云；如果不具备相应的技术实力，就只能选择公有云。

目前掌握云计算技术的人才十分缺乏，云计算基本上被少数的大型互联网公司所掌控。随着传统供应链向透明数字化供应链转型进程的加速，企业在平台化转型过程中会对云计算和云计算人才产生越来越多的需求。云计算中心的规划设计、建设、部署和运维等工作岗位将成为透明数字化供应链的支撑岗位，任何想进行平台化转型的企业都要重视企业在云计算技术方面的人才储备。

设计和植入 AI

透明数字化供应链需要针对各个业务场景设计和植入 AI。AI 是指人工智能，就是对人的智能进行模仿和应用。但从本质上讲，AI 是算法对数据的处理。平台已经采集和汇聚了供应链的大数据，接下来就要通过各种 AI 算法来实现供应链的智能化。

本书第 8 章介绍了透明数字化供应链数据流集成框架（见图 8-10），其第三层就是场景AI 算法植入，具体步骤包括算法设计、算法开发、算法训练、算法部署、算法应用和算法迭代等。AI 算法要基于特定的业务场景，针对特定的问题来设计。例如，同样是运输线路优化，长途运输与短途配送运输的 AI 优化算法就是不一样的；在路况因子上，不同区域或不同城市的算法参数也有所差异；在物流节点因子上，不同公司的算法参数也是不同的。

透明数字化供应链涉及的各种平台、系统以及智能装备、机器人等，都需要植入 AI 算法。而 AI 算法的设计、开发、训练和部署，需要由具备应用数学、计算机软件和供应链等方面的专业知识及技能的复合型人才来完成。以目前高等教育输出的人才的结构来看，在未来很长一段时间内，真正的 AI 人才将十分匮乏。要想设计和植入 AI，首先要填补人才短板，这需要教育机构和企业的共同努力。

综上所述，不管是夯实数字化基础、平台赋能、平台上云，还是设计和植入 AI，本质上都是技术人才在赋能。因此，企业一定要重视技术人才的培养。

10.2 业务运营的实现路径

透明数字化供应链应在企业的业务运营实践中落地，实现供应链的透明数字化以及供应链的逻辑重构。然而，一条供应链是由上下游的多家企业构成的，供应链的业务运营需要多家企业在实际的业务合作中形成合力，推动传统供应链向透明数字化供应链转型。

那么，如何才能促使供应链上下游的多家企业形成合力来推动供应链转型呢？我们要通过业务驱动、分工竞争和平台融合等方式来促进供应链上下游企业进行紧密合作。

业务驱动

传统供应链向透明数字化供应链转型，一定是由业务来牵引和驱动的。首先，在透明数字化供应链的诞生和发展过程中，会产生一系列新的业务模式，它们会抢走传统供应链的业务；然后，传统供应链的资源会逐渐转移到透明数字化供应链中；最终，透明数字化供应链将完全替代传统供应链。

实际上，向透明数字化供应链转型的业务驱动引擎早已启动，例如，电商渠道就抢走了传统分销渠道的业务。电商渠道与传统分销渠道最大的不同，就是电商渠道能够实现业务的数据化，即能够记录终端客户的需求、每次交易，以及终端客户对产品质量和快递服务的满意度。从这个角度来看，电子商务是透明数字化供应链的早期形态。

然而，电子商务并不能让供应链实现充分的业务数据化，也不能彻底重构供应链的业务逻辑，因此行业相关人员提出了"新零售""新制造""新物流"等概念。"新零售""新制造""新物流"等概念最大的特点，就是想要实现更加充分的业务数据化，以及在业务数据化的基础上实现数据业务化，从而实现传统供应链向透明数字化供应链的转型。

电商最开始是以 B2C 模式为主的。在该模式中，电商平台上的各个商户把业务从线下搬到线上，在线上从事经营活动。

但从长远趋势来看，B2C 模式有被淘汰的趋势，也就是传统电商会被淘汰。目前，各类制造型企业都在淘宝、天猫和京东等电商平台上开了直营店，有的甚至构建了自己的商城。制造企业通过网络实现了销售渠道的在线化，它们可以直接连接终端客户，并获取终端客户的订单，从而直接面向终端客户提供产品和服务，即实现 M2C（或 F2C，即制造工厂对客户）模式。M2C 模式不仅会挤压不必要的传统线下渠道，还会挤压 B2C 模式下那些不必要的线上渠道。

M2C 模式也不是最终的电子商务模式，行业普遍认为 C2M（客户对制造工厂）模式才是下一阶段主流的电子商务模式。M2C 模式是指制造企业先把产品生产出来，然后通过线上渠道把产品卖给终端客户。C2M 模式是指终端客户先把需求告知制造企业，然后企业为满足终端客户的需求进行产品生产和交付。业界普遍认为 C2M 模式的核心是大规模定制，即通过整合客户端相同或类似的个性化需求，以实现有效的规模化生产。所谓大规模定制，从消费者个体的角度来看，就是个性化定制；但对制造企业而言，就是通过整合全社会具有共性的个性化需求，从而实现规模化生产。就目前而言，只有个别细分行业及个别企业实现了初步的大规模定制。总体来说，大规模定制还是一个理想化的供需场景，在短期内很难有更多的行业及企业可以实践成功。

从逻辑上讲，透明数字化供应链的业务模式是对 C2M 模式的深化，其结构是"C2D&L&S2M"，即在 C2M 的框架下，存在 C2D、C2L、C2S 这三种模式（见图 10-3）。

C（Customer，客户）to ｛ D（Design，设计）
L（Logistics Delivery，物流交付）
S（after-sale Service，售后服务）｝ to M（Manufactory，制造工厂）

图 10-3　透明数字化供应链业务模式

C2D（客户对设计）模式是指在生产之前先根据客户的需求进行产品设计，确定产品设计方案之后才交给工厂进行生产。

C2L（客户对物流交付）模式是指在客户对标准化产品产生需求的情况下，通过组织成品的物流交付来满足客户的需求，而生产则通过物流服务网络中前置仓的库存补货需求来拉动。

C2S（客户对售后服务）模式是指在客户对售后服务产生需求的情况下，通过组织售后服务来满足客户的需求，而生产则是为售后服务环节提供相关零部件、材料、物料等产品的供给。

在透明数字化供应链中，C2D、C2L 和 C2S 三种模式交织在一起，形成了"C2D&L&S2M"模式，实现了由终端客户需求来触发和拉动供应链的相关活动。企业需要将传统的业务模式转变为"C2D&L&S2M"模式，通过该模式把供应链上下游的合作伙伴组织起来，推动传统供应链向透明数字化供应链转型。

分工竞争

在传统供应链向透明数字化供应链转型的过程中，一家企业若想生存和发展下去，就要在"C2D&L&S2M"模式的框架下努力赢得供应链的分工竞争。透明数字化供应链的业务逻辑是通过产品设计服务、制造或生产服务、物流交付服务和售后服务四个方面来满足终端客户的需求。企业要想赢得竞争，就要从这四个方面来提升自身的业务能力。

例如，面对终端客户的定制化需求，可由多个产品设计服务工作室提供设计方案，客户会挑选自己喜欢的工作室为自己提供相关的设计服务；也可以通过对比不同工作室的设计方案，从中找出自己比较满意的设计方案。在透明数字化供应链中，设计服务环节的竞争就像今天同类产品的不同品牌商家之间的竞争。

售后服务与产品设计服务类似，可由专业的售后服务公司、人员或小组为终端客户提供售后服务。这些公司、人员或小组之间也是通过竞争来获得业务的，谁的服务响应速度快、态度好、更专业，谁就能获得更好的口碑，并持续地获得客户的售后服务订单。例如，不同的 4S 店和维修店在竞争汽车售后服务业务，不同的公司和工作组在竞争空调安装调试服务。

生产服务设施和物流服务网络需要比较多的资源投入，最终会形成几大巨头，它们相互竞争。生产服务主要是在细分行业领域内进行竞争。例如，几家 OEM 或 ODM 厂商竞争 3C 产品的组装制造服务；几家芯片公司竞争智能手机的 CPU 制造服务。物流服务也会分不同的细分领域进行竞争，例如，"三通一达"、顺丰、邮政等公司在快递领域竞争。在未来，其他物流细分领域也会像快递领域一样，由为数不多的几家大型企业相互竞争。

在透明数字化供应链时代，物流透明是物流服务的基础，而物流透明要求物流服务业务实现充分的数据化，只有那些透明数字化基础扎实的物流企业，才能满足未来的物流业务需求。

那么，企业如何才能赢得竞争？企业一方面要提升自身的专业技术能力，以提高专业服务水平；另一方面要实现业务数据化，并在业务数据化的基础上实现业务运营的智能化，不断增强企业的核心竞争力。

平台融合

在供应链中，横向看是分工竞争，而纵向看则是上下游企业的合作。上下游企业的合作要通过平台融合来保障，以实现供应链全链条的业务数据化，以及供应链的整体协同、优化和智能化。平台融合主要分为两个方面，一是各企业加入行业平台，在行业平台的框架下实现业务融合；二是基于业务协同与数据协同的需要，让企业平台与行业平台进行数据对接。

企业可以加入行业平台，以实现业务融合。以外卖平台为例，各家饭店和外卖人员加入外卖平台，从而实现了卖饭和送饭的业务融合。外卖平台的业务融合相对简单，因为卖饭和送饭的业务流程短，且主要是客户端的行为，比较容易实现标准化。随着产业互联网化的推进以及透明数字化供应链的发展，其他行业也会出现类似的平台融合。

要想实现企业平台与行业平台的数据对接，首先要由供应链核心企业围绕供应链全链条的业务数据化构建一个基础平台；然后基于该基础平台与上下游企业的平台进行数据对接。例如，某大型 3C 电子产品企业构建了一个覆盖供应商、代工商、物流商、经销商和零售商等上下游伙伴，以及内部的生产（工厂）、物流（仓库、车队）、采购和渠道（销售、门店）等部门的平台，该平台简称 SCO 平台。从该企业的主营业务运营的角度来看，SCO 平台是一个企业平台；但从供应链的角度来看，SCO 平台是一个行业平台。在采购方面，SCO 平台提供了供应商门户，同时还可以与供应商的企业管理系统进行对接，不仅可以通过平台在线向供应商下采购订单，还能实时了解供应商的执行情况，以及供应商的备货水平。在物流追溯方面，SCO 平台构建了一个物流全过程实时跟踪和协同的平台框架，同时给物流供应商提供了物流全过程的业务数据化标准以及物流协同标准；物流供应商可以按照 SCO 平台提供的标准构建相应的 e3-TMS 系统，e3-TMS 系统要与 SCO 平台进行数据对接，同时还要与物流供应商企业内部的 ERP、TMS 和 WMS 等系统进行对接。基于 SCO 平台实现供应链上下游企业的平台融合实际上是业务在驱动的，是供应链全链条业务数据化和业务运营需求在驱动的。

10.3　政策助推的实现路径

传统供应链向透明数字化供应链转型，需要一系列产业政策的助推以及一个相对宽松的环境。相关部门在制定相关产业政策时，可以从这几个方面来考虑：一是加强通信基础设施建设，二是鼓励物联网终端设备创新，三是鼓励各行各业进行平台创新，四是鼓励大型企业承担推动供应链业务数据化的重任，五是加大透明数字化相关人才培养的投入。

加强通信基础设施建设

透明数字化必须依赖通信网络，通信基础设施建设将直接影响透明数字化供应链的发展。没有广泛布设的通信网络，一些互联网及物联网的应用创新只能够停留在想象阶段。只有不断加强通信基础设施建设，持续降低通信资费，才能够实现普遍的透明数字化。

通信网络是一条信息高速公路，互联网或物联网应用都是这条高速公路上的汽车，路不好，路不成网，这些汽车就上不了路。

在加强通信基础设施建设的同时，还要不断降低通信资费。目前，4G 通信平均资费大概是每部智能手机每月消费 100 元，在没有家庭宽带的情况下，100 元的资费是不能满足使用需求的。而物联网终端的资费支付能力和意愿会远远低于个人智能手机消费的支付能力与支付意愿。例如，目前很多视频监控数据都采取本地存储的方式，因为海量的视频数据若通过移动通信网络进行回传，将产生巨额的通信资费。正是因为这个原因，现实中很多实时视频数据分析的应用方案无法得到实施。

加强通信基础设施建设，降低通信资费，就是降低透明数字化应用的门槛。通信基础设施的建设需要大量的投入，那么，在普及 4G、5G 通信网络的前提下，如何有效地降低通信资费呢？这就需要在网络强国战略的思想指导下，通过制定具体的政策和措施来推动。

鼓励物联网终端设备创新

目前，广泛采集供应链各个环节的数据，让供应链实现比较充分的业务数据化，在很大程度上还受限于数据采集的终端设备（各类传感器）不够丰富，以及终端设备在功能、性能上无法满足供应链数据采集场景的需求。透明数字化供应链需要大量的物联网设备，需要相关政策来鼓励物联网设备创新。

鼓励物联网设备创新，重点在于扶持电子设备及智能装备领域的中小型制造企业。在不同的行业领域，供应链的业务数据化所需要的物联网终端设备的类型是不同的。例如，食品供应链与化工产品供应链的业务数据化所需要的物联网终端设备就有很大的差别。

而中小企业则比较容易针对某个细分领域进行深入研究，从而创造和发明出符合具体业务场景需求的物联网终端设备。例如，化工生产线上的各类智能仪表需要由专业的仪表公司提供，此类仪表公司的规模并不是很大，但是很专业。另外，公司规模小，能够用在产品研发及创新的资源就很少。因此，需要为这类中小企业提供产品研发创新的扶持政策。

透明数字化供应链需要一个相对发达的物联网终端产业来支撑。因此，建议相关部门制定物联网产业的扶持政策，以推动透明数字化供应链的发展。

鼓励各行各业进行平台创新

透明数字化供应链的发展，不仅需要企业在各自的行业领域内进行平台创新，还需要在政策上鼓励企业进行平台创新。

目前各个行业的主管部门对企业的信息化及平台化建设都有相应的扶持政策，如专项资金和减免税费等。不过，在扶持政策不完善的情况下，很多企业只是把系统或平台建成个样子，然后就用来申请专项资金及税费减免，并没有将其与主营业务的运营结合起来，实现业务的数据化。因此，扶持政策需要进一步细化，需要加强对被扶持项目的监督管理。

此外，很多平台型创新企业很容易得到资本市场的关注，相关部门可以制定相应的金融扶持政策，促进金融服务与平台型创新企业的对接，对初创企业进行资金扶持。实际上，很多互联网企业成长的背后，都有资本扶持的身影。要想鼓励企业进行平台创新，就要为初创的平台型企业提供对接资本市场的政策环境。国内一些优秀的科技公司之所以跑去国外上市，在一定程度上是因为国内金融市场对初创科技公司的扶持不到位。因此，建议相关部门制定有效的政策，引导金融机构对平台型企业进行扶持，以促进企业的平台化转型，促进透明数字化供应链的发展。

鼓励大型企业承担推动供应链业务数据化的重任

传统供应链向透明数字化供应链转型，关键在于供应链的资源及相关素要能够得到技术赋能，以实现供应链的业务数据化。而供应链资源主要掌握在大型企业手中，特别是那些占据供应链核心环节的大型企业。

也就是说，推动供应链业务数据化的主导权掌握在各个行业的大型企业手中。例如，石油化工产品供应链的业务数据化的主导权掌握在各大石油公司的手上；汽车供应链的业务数据化的主导权掌握在各大汽车品牌企业的手上。而互联网及物联网科技公司要想对传统行业进行"互联网+"或"智能+"改造，一般都要遵守这些大型企业的业务规则。

但是，推动传统供应链向透明数字化供应链转型，是一个比较大和比较复杂的系统工程，牵一发而动全身。因此，很多企业不到万不得已，不会轻易推动数字化转型。业界流行这样一句话："不做信息化是等死，做信息化是找死。"在透明数字化供应链时代，企业不推进透明数字化供应链转型是"等死"，但积极推动转型却有可能是"找死"。这与企业对信息化建设及透明数字化转型的驾驭能力有直接关系，同时也与行业的市场环境和氛围有关。

建议相关部门出台相关政策，鼓励各个细分行业的大型企业、龙头企业肩负起供应链转型的重任，推动传统供应链向透明数字化供应链转型。

加大透明数字化相关人才培养的投入

推动传统供应链向透明数字化供应链转型，需要大量既掌握互联网、物联网、大数据、云计算和 AI 等先进技术又懂供应链的复合型人才。人才的培养不能只靠企业，还要靠相关部门加大人才培养的投入，让各类教育机构为透明数字化供应链的发展培养出大量可用的基础型人才。

加大人才培养的投入，增加经费投入是一方面，更重要的是推动教育变革，培养出透明数字化供应链时代所需要的人才。透明数字化供应链对人才在计算机、物理、数学、统计学、经济学和管理学等学科领域的基础知识和技能有较高的要求。要想学好计算机、物理和数学等基础学科，就要从基础教育阶段入手，例如，加强中学生对数学、物理和计算机的基础知识和基本技能的掌握。在高等教育阶段，除了要强化专业教育，还要加强数学、计算机软件和统计学等学科的教育，同时还要拓宽高等院校学生在经济学和管理学等方面的视野。

对于透明数字化供应链，从小看，是企业的事；从大看，是关系着国家未来竞争优势的大事。在推动透明数字化供应链发展的过程中，企业要转变发展思路，跟上数字化时代的发展大趋势。同时，相关部门也要从产业政策方面给予企业更多的支持。

思考与讨论

1. 如何让传统供应链接受技术赋能，使之转变为透明数字化供应链？

2. 如何在业务运营层面让透明数字化供应链取代传统供应链？

3. 透明数字化供应链的发展需要什么样的人才来推动？如何培养这个方面的人才？

4. 如何理解宏观政策对透明数字化供应链发展的重要性？

第三篇

供应链的局

第一篇从历史的视角阐述了供应链的基本常识，第二篇从未来的视角阐述了供应链变革和发展的方向、趋势及路径，第三篇将立足于当下，从企业的视角以及董事长、CEO 或供应链高管的视角，探讨如何才能掌控供应链时局，以取得传统供应链向透明数字化供应链转型变革的胜利。

本篇包括以下四章。

第 11 章　供应链的局里局外

第 12 章　挑战供应链残局

第 13 章　谋供应链胜局

第 14 章　布局透明数字化供应链

第 11 章　供应链的局里局外

在现实中，每个人、每个岗位、每个部门、每家企业都是从自己的立场来看待供应链的，大家都沉浸在供应链的局里，多是当局者迷；很少有人能够客观地以局外人的身份来看待供应链，做到旁观者清。一家企业的董事长、CEO 或供应链总监，既要了解供应链局里的那些事，又要从供应链全局的视角指引企业主营业务的运营方向。

要想把握企业的供应链全局，首先要了解企业内部分工与供应链分工的关系，了解如何提升企业的有效产出，以及如何基于供应链延伸企业的价值链；其次，分析问题的时候要做个局外人，而做事的时候要踏实地做个局里人。

11.1　企业内部分工与供应链分工

从企业的视角来看待供应链，企业既要了解主营业务在企业内部的分工，又要了解企业在供应链分工中的位置，这样才能把握供应链全局。

企业内部分工

一家企业要想运营好主营业务，董事长、CEO 及其他中高层管理者一定要十分清楚企业的内部分工，并不断优化企业的内部分工。

一位非常聪明且踏实勤奋的员工在一家企业里工作了很多年，非常熟悉企业的部门、岗位、流程及人事管理制度，自己的本职工作也做得很好。但是，一旦把该员工提拔到中高层管理者的位置，他却做不好相关工作，这是为什么呢？因为该员工不具备对企业内部分工进行分析的知识和能力，尽管他很用心、很努力，但无法统筹和协调好其职权范围内的事情。

那么，如何才能把握好企业的内部分工呢？首先要具备企业系统思维，其次要对企业主营业务的流程体系进行梳理。关于企业系统，戴明[1] 在 1950 年的时候提供了一个分析示意图（见图 11-1），该示意图比较完整地展示了一家离散型制造企业的企业系统所包含的要素。

笔者强烈建议从事供应链管理工作的人深入、仔细研究戴明思想体系，对戴明思想体系的领悟越深，越能有效把握供应链管理的本质规律。

---

[1] 戴明博士是享誉世界的质量管理专家，对质量管理理论和实践的发展产生了重要影响，日本国家质量奖以戴明的名字命名。

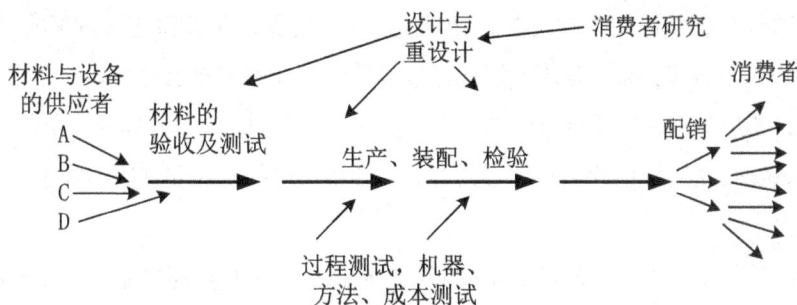

图 11-1　戴明的企业系统分析示意图

此外，戴明为了让学员（企业管理者）认清企业系统，提出了 SIPOC 模型。SIPOC 是指供应者（Supplier）、输入（Input）、流程（Process）、输出（Output）和客户（Customer）。该模型的具体含义是，任何一个企业或组织都是由这五个部分组成的系统。SIPOC 模型是用来分析和指导企业内部分工的一个实用工具，它可以指导企业各个部门之间的分工，也可以指导一个部门内部不同岗位之间的分工。

要想弄清楚企业的内部分工，就要对企业主营业务的流程体系进行梳理。在梳理流程的过程中，需要相关工具的辅助，如流程图符号和流程图类型等。相关工具及其使用方法将在第四篇中进行介绍。这里要强调的是，在梳理主营业务流程时，要以促进业务的经营效率为核心，不能过分强调管理者的管控诉求。也就是说，在梳理主营业务的流程时，必须处理好经营与管理之间的关系。

对企业而言，在任何情况下都是经营优先，而不是管理优先。

所谓经营，是指主营业务流程上的一系列交易、交接及生产活动，如产品销售、制造、物料采购、物料发放、包装和订单交付等。

所谓管理，是指为了使主营业务的经营活动能够顺利进行而设置的各项服务、规则和监督措施等，如考勤、费用报销、绩效考核和薪资核算等。简单地说，经营就好比主力部队在打仗，而管理则相当于为主力部队提供后勤保障。

企业的中高层管理者必须在认清企业系统，以及对主营业务流程进行清晰梳理的基础上，确定企业内部分工，然后根据分工的需要设立企业的组织架构，并对各个部门的职能与权责做出清晰的定义和规范。

企业在供应链中的位置

任何企业都是通过参与供应链的活动来获得业务的，企业的董事长、CEO 及中高层管理者必须认清企业在供应链分工中的位置，以更好地把握企业系统的运行。

企业在供应链分工中的位置，与最终产品的形态有着密切的联系。若是简单的产品，则供应链的环节较少，整体结构较简单，有时候一家企业就能覆盖供应链的所有环节。例如，农家乐里的一道蒜蓉苋麦菜，是用农家地里现场摘的菜和农家自己种的蒜，在农家的厨房里炒好、出锅，最后端到农家乐餐桌上的。在现实中，一条供应链中的业务一般都是由多家企业完成的，就算是农家乐里的一盘蒜蓉苋麦菜，炒菜所用的食盐和食用油等也还是需要到商店里去购买。

最终产品越复杂，供应链的环节就越多，供应链的分工也就越复杂。基于产品形态，常见的供应链分工结构有四种，分别是"V"型供应链、"A"型供应链、"T"型供应链和"I"型供应链。所谓"V"型供应链，就是输入的物料类型相对较少，但输出的成品种类比较多的供应链，常见于基础工业及半成品加工领域，如钢铁、化工、纺织、塑胶等工业领域的供应链。"A"型供应链是指产品结构非常复杂，通过集成成千上万甚至几十万种零部件而形成最终成品的供应链，如发动机引擎、汽车、飞机、轮船等大型设备的供应链。"T"型供应链是指通过不同颜色、尺寸和材质的零部件的组装，最终输出多种产品的供应链，如电器、家具等产品的供应链。"I"型供应链是指输入相对少数的物料，经过多重加工之后，输出相对少数的成品的供应链，如钣金、半导体等产品的供应链。供应链的分工结构很复杂，环节很多，而一家企业只能占据供应链的一部分环节，所谓的供应链核心企业或链主企业，也只是占据了供应链中比较复杂、比较关键的一些环节。因此，要想了解企业在供应链分工中的位置，就要对整条供应链涉及的专业知识以及企业所处行业的相关知识有相对全面的了解。

另外，企业在供应链分工中的位置是由其与上下游企业之间的关系决定的，即企业的供应商和客户决定了企业在供应链分工中的位置。同时，根据企业的主营业务在供应链分工中的位置不同，可以把企业分为制造企业、商贸企业和物流企业等类型。一些大型企业，特别是供应链核心企业，不仅自己生产产品（自有工厂），产品的贸易流通（直营渠道、直营门店）和订单的物流交付也是直营的（自营物流），这样的企业占据了供应链的大多数环节。

内外分工的结合点

内外分工的结合点是指供应链中不同企业之间分工协作的结合点。从单一企业特别是供应链核心企业的视角来看，与供应链上游企业的分工协作是通过采购活动来完成的；与供应链下游企业的分工协作是通过订单的交付活动来完成的。辩证地看，有业务往来的企业之间，下游企业的采购环节就是上游企业的下单环节。

从供应链核心企业的业务运作来看，内外分工的结合点就是业务的外包与自营的结合点。企业通常会把非核心业务外包出去，如包装材料生产、非核心零部件加工和物流运输等。

结合点的运作有两个关键节点：一是需求传导，二是收货验收。供应链核心企业把需求传导给供应商，并不是简单地下订单，而是把需求的具体内容准确地传导给供应商。例如，将包装材料的生产外包的企业，一定要基于产品包装的设计方案，对包装材料的规格、材质和图案等方面做出具体的规定，把具体的要求传递给外包商，并以订单的形式确定具体的需求数量和交付时间；外包商则根据具体要求生产包装材料，交付订单。外包商的订单交付环节就是核心企业的收货验收环节。零部件的外包加工业务也遵循类似的逻辑。

但是，物流运输业务的外包，其结合点的运作特点有所不同。其整体逻辑是，核心企业把运输计划传递给运输商，运输商按运输计划执行运输业务。执行过程中有两个关键节点：一是货物发运的交接，二是货物交付的交接。货物发运的交接涉及发货部门（企业的仓储部门）与运输商的协同；而货物交付的交接则涉及运输商与收货方的协同，收货方可能是下游客户或终端客户，也有可能是企业的工厂、仓库和门店等业务网点。

总之，了解了企业系统、主营业务在企业内部的分工、企业在供应链分工中的位置以及企业与供应链上下游伙伴的分工协作的结合点，基本上就了解了企业所处的供应链的全局。

11.2　业务运营的目标就是提高有效产出

不管企业占据供应链中的多少个环节，不管企业是不是供应链的核心企业（链主企业），企业主营业务的运营目标都是提高有效产出。

所谓有效产出，根据约束理论（Theory of Constraints，TOC）提出者高德拉特博士的定义，可以解释为通过成功向目标客户交付产品或服务以获取收益的速度。作为企业的董事长、CEO 及中高层管理者，怎样运营企业系统才能够提高企业主营业务的有效产出呢？首先，要对有效产出有准确、深刻的理解；其次，企业的运营活动要围绕提高有效产出这个目标展开。

工作成果不等于有效产出

每一个部门、岗位和员工，每天都有相应的工作成果，但是工作成果并不等于有效产出。那些不能转化为有效产出的工作成果不仅不能产生收益，还会与能够转化为有效产出的业务争夺企业资源。

每一个部门、岗位和员工的有效产出是什么呢？就是能够转化为企业有效产出的工作成果，以及对企业的有效产出有积极促进作用的工作成果。

然而在现实中，很多工作成果对企业的有效产出没有正向作用，但耗费了企业的资源，例如，生产出了不良品，设计图纸被要求返工，开没有结果的会议，做出无法落地的决策，做对提高员工业务技能没有帮助的培训，各级领导长时间做没有实质内容的训话，等等。每个部门、每一位员工，包括每一位中高层领导，都很忙，都做了很多工作，但是对企业的有效产出有帮助的工作又有多少呢？只有企业上下对有效产出有了正确的、一致的认识，才能杜绝企业内部的各种形式主义，才不会去纠结那些根本就不重要的事情，才能把资源集中在有意义的事情上。

让能实现有效产出的任务触发业务流程

要想集中企业资源做有意义的事情，就要让能实现有效产出的任务来触发企业的各项业务流程。首先，企业要明确如何制定能实现有效产出的任务；其次，企业要把能实现有效产出的一系列任务串起来，形成有效的工作绩效指标体系；最后，企业要通过绩效指标体系驱动每一个部门、每一个岗位的日常工作，并用能实现有效产出的任务来触发工作流程。

有效产出来源于终端客户的购买。传统供应链的运作模式是尽可能地多生产、多销售，以实现尽可能多的有效产出。因此，有效产出是由最终的销售决定的。在这种模式下，有效产出面临两个方面的不确定性风险：一是如果产量满足不了销售部门的需求，就意味着无法实现部分订单的交付承诺；二是如果产量很大，而销售部门销售不出去那么多的产品，就会造成产品的积压和呆滞库存。

因此，对于有效产出的规模，应基于准确的销量预测，以及可以实现的销量来确定。不管企业采取的生产模式是 MTS、MTO 还是 MTA，都要想办法准确把握未来一个时间周期内（3 天、5 天、7 天、10 天或 30 天等）的可实现销量，然后用可实现销量来定义能实现有效产出的任务。在做出精准的销量预测方面，目前各家企业都面临着各种各样的困难，但随着透明数字化供应链的发展，未来将由终端客户的确切需求牵引企业的有效产出。

基于准确的可实现销量，能实现有效产出的任务至少包括销售任务、生产任务、采购任务和订单交付任务四种类型。销售任务的核心是把预测的可实现销量转变为实际的销量，通常由销售部门及订单审核部门来处理。生产任务是指为满足实际或预测的销量而制订的生产计划，通常由生产部门来完成。采购任务是指根据生产计划的物料需求而制订的采购计划，通常由采购部门来完成。订单交付任务是指为实现订单的交付承诺，把成品运送和交付给终端客户所涉及的物流计划，通常由物流部门来完成。

总之，明确能实现有效产出的任务，就是用实际销量或预测的销量来牵引企业主营业务的一系列任务，并且将销售任务、生产任务、采购任务和订单交付任务四个方面串起来，形成一个从客户到客户的端到端的闭环。

企业的有效产出能牵引企业运营的任务体系，包括但不限于销售任务、生产任务、采购任务、订单交付任务等。每个方面的任务都是由不同部门来执行的，并需要设置相应的绩效考核指标。企业要用这些考核指标来驱动和评价各个部门、各个岗位的日常工作。

要注意，单一绩效指标并不是越高越好，绩效指标要与企业的有效产出相匹配。以产量指标为例，并不一定是释放 100% 的产能或者产量越大就好，要由具体的任务来触发生产流程，并根据实际的销量确定生产计划。

尽一切努力提高有效产出

企业系统的运营目标，就是不断增加主营业务的有效产出，通俗地讲，就是想尽一切办法开源节流，以获得更多的利润。要想提高有效产出，就要从两个方面着手：一是尽可能地提高销量规模和产量规模，以实现销售额和利润的增长；二是尽可能地降低业务运营所产生的各项费用支出，提高利润率。

怎么提高有效产出的规模呢？如果产品特别好且市场需求旺盛，就要通过提高产量来扩大有效产出的规模。如果产品的竞品有很多，不太好卖，就要通过各种营销方法提高有效产出的规模。在销量规模和产量规模一定的条件下，则要通过降低成本来提高利润率，以获得更多的利润。

在现实中，企业的业务可能是多元化的，主营业务涵盖多种产品和服务。但是，与此同时，企业的资源总是有限的。因此，企业运营的艺术就是杜绝一切资源浪费，把有限的资源优先投入到盈利最多的业务上。而要想做到这一点，就要掌握企业运营的方法和工具，相关内容将在第四篇进行介绍。

11.3 企业要通过价值链延伸实现发展

在运营过程中，企业要不断增加主营业务的有效产出。从根本上来说，就是企业要实现永续经营、基业长青。为了实现这个目标，企业要选择合适的发展模式，并通过价值链延伸实现企业的不断发展。

常见的两种企业发展模式

企业发展有两种常见的模式：一种是通过业务规模扩张实现企业规模和整体实力的不断壮大；另一种是通过深耕某一行业或产业，通过做供应链和价值链的组织者，让企业成为特定领域的领导者。

第一种模式通常是指通过拓宽销售渠道、扩大产能和增加产品线等简单的扩大投资的方式，获得更高的市场占有率和更大的业务规模。这种发展模式也被称为"野蛮增长"或"跑马圈地"，通常是在一个新兴的市场领域，通过迅速扩大投资来占领更多的市场份额，以实现企业的快速发展。通常情况下，当某类新产品出现后，各家企业会为了迅速占领市场而采取这种发展模式。但是，一旦该产品进入产品生命周期的衰退期，采用这种发展模式的企业就难以进一步发展。

第二种模式则是指通过技术和产品的不断创新，适应市场需求的不断变化，甚至不断引领市场需求，聚集和积累某行业领域的供应链资源，从而成为该行业领域的领导者。采用这种发展模式时，企业要基于供应链不断地做价值链延伸。

价值链与供应链的关系

要想基于供应链做价值链延伸，就要了解价值链与供应链的关系。所谓价值链，就是供应链中的一系列增值活动。供应链与价值链之间是什么关系呢？

如果说供应链是一串珠子，那么价值链就是把一颗颗珠子串起来的那根线。也就是说，价值链反映了供应链的增值过程，是一系列增值活动。

如果说供应链是一条水渠，那么价值链就是在水渠里流动的水。也就是说，供应链存在的目的是实现一系列的价值创造。水渠最终把水引到需要灌溉的农田，供应链则把承载价值创造的产品或服务引向终端客户及用户。

因此，价值链延伸要基于供应链来做。而要编织供应链网络，就要找准价值链的脉络。如何找准价值链的脉络呢？必须运用特别的工具——价值流图来对供应链进行分析。关于价值流图的具体介绍，详见本书的第四篇。

着眼供应链全局做价值链延伸

价值链延伸的方式通常有两种，一种是前向一体化延伸，另一种是后向一体化延伸，但两者都要基于供应链的全局来做。

所谓前向一体化延伸，就是向终端客户及用户的方向去做服务延伸，让产品和技术尽可能地抵近终端用户，为其提供服务。做前向一体化延伸，并不是简单地获取对经销商、零售商的控制权，而是通过企业的技术及服务来增强对供应链下游合作伙伴的影响力。例如，在汽车行业，4S 店掌握着终端客户资源，它们可以向品牌车厂索要各种优惠政策，不断挤压车厂的利润空间。而车厂会通过做价值链的前向一体化延伸，对 4S 店施加影响。车厂可以通过在线渠道与终端客户建立连接，与之互动，也可以通过车联网为车辆做远程诊断，还可以通过技术支持提升 4S 店的服务能力，4S 店只需要做好相关的售后服务就行了。

所谓后向一体化延伸，就是企业往供应商的方向去获取和增强企业的关键能力，使企业不受供应商的影响，同时使自身主营业务的价值链条得到延长。例如，在高端电子产品领域，制造商容易受到关键芯片供应商的影响。通过后向一体化延伸，企业能够掌握关键技术，实现关键零部件的自给，不仅可以降低供应链风险，还可以让企业孵化出新的业务领域，占领更多的供应链核心环节。

不管是做前向一体化延伸，还是做后向一体化延伸，企业都要着眼于供应链全局，找出关键的业务领域和方向。因为供应链不是简单的一条线，而是一张复杂的网，只有着眼于供应链全局，才知道哪些方面是企业最需要突破的。另外，企业的资源总是有限的，企业必须把有限的资源投放到最需要突破的方向上。

11.4　供应链管理的局里局外人

企业的供应链管理既需要局里人，也需要局外人。一位合格的供应链高管既要做好局里人，也要做好局外人。做好局里人，是指要处理好企业内部供应链管理的各项事务；做好局外人，是指要能够为企业的业务发展指引正确的方向，做好企业系统的升级改造。

名不副实的供应链总监

在现实中，很多企业的供应链总监都名不副实，因为供应链总监以其职权根本无法对企业的供应链改善产生实质性的影响。

很多企业对供应链总监的职责是这么规定的：根据公司战略及年度经营计划，组织制定和实施供应链战略规划；设计和改善公司的供应链系统，制定可行的采购、仓储、配送和生产等方面的业务流程，并根据业务变化不断修订完善；建立和完善供应商、承运商的开发、维护及评价管理体系，有效管控采购及运输成本，确保供应商的服务品质；编制、执行和分析供应链的预算和费用，采用各种有效方式降低成本。虽然各家企业对供应链总监的职责表述不一，但是实质内容都差不多。

（1）制定供应链战略。在现实中，供应链总监在企业供应链战略的制定方面没有太多的话语权，更多的时候是由 CEO 负责。供应链战略是企业战略的一部分，供应链总监通常只是在执行公司制定的供应链战略。

（2）设计与优化采购、仓储、配送、生产等方面的业务流程。这一条比较实际，但对于生产方面的流程设计与优化，供应链总监只掌握部分的话语权。例如，对于入厂物流与成品下线物流的流程，供应链总监要与生产部门（生产总监）进行协商。

（3）开发供应商和承运商，执行采购。即使拥有实权，供应链总监在供应商的开发方面，也只能行使部分权力，因为零部件的采购还需要以生产和技术部门的专业要求为准，采购哪家供应商的东西，最终拍板的可能是 CEO 或董事长。

（4）编制预算、降低成本。多是指编制物流方面的预算，以及降低相关的成本。

总之，很多企业对供应链管理的理解，多停留在采购和物流两个方面。供应链总监的话语权远没有销售总监、生产总监的话语权大。实际上，销售、生产、采购、物流等都是企业的供应链活动，企业的高管们都是供应链的局里人。

供应链管理的日常事务

真正的供应链管理并非仅仅包含采购和物流两个方面的管理。企业的中高层管理者要明确供应链管理有哪些日常事务，以便全面认识企业的供应链管理。企业的供应链管理包括但不限于以下方面。

（1）订单管理。企业的供应链活动多是由客户订单触发的。订单管理是企业供应链管理的重要内容，包括订单审核、订单的执行策略、订单的拆拼、订单的物流交付以及订单状态的跟踪等。

（2）生产管理。生产是供应链的一大关键环节，也是供应链中的重要活动。生产管理的主要内容是生产计划的制订与执行管控，包括但不限于生产排程、产线调节、物料投放、生产节拍控制、质量检验等。

（3）采购管理。采购也是供应链的一大关键环节，采购管理包括但不限于采购寻源、供应商考察、采购招标、采购下单、到货验收、供应商评价、采购结算等方面的内容。

（4）物流管理。供应链的运行需要物流的支撑，物流通常被看作供应链的实物流运动，但企业的物流管理比较复杂。从供应链业务的主体流程来看，物流包括采购物流、产线物流和成品分销物流，每一种都各有特点。从物流活动类型来看，物流管理分为仓储管理和运输管理；从物流活动组织来看，物流管理分为自营物流管理和外包物流管理；从有效产出的视角来看，物流管理分为物流服务绩效管理和物流成本管理。

（5）渠道管理。渠道通常是指销售渠道，包括下游的经销商、零售商以及线下的实体店和线上的网店。渠道管理工作通常由销售部门负责，它也是企业供应链管理的重要内容。

（6）业务网络布局管理。业务网络是指企业的工厂、仓库、物流中心、门店和售后服务网点等支撑主营业务的实体，以及子公司、分公司和办事处等企业的组织机构实体。对业务网络布局进行管理，就是对工厂、仓库、门店、分公司、子公司和办事处的分布情况进行管理，并对业务网络进行优化。企业的业务网络布局管理就是企业的供应链网络实体管理，当然也属于供应链管理的范畴。

（7）流程信息化管理。企业的供应链或企业的主营业务涉及非常复杂的流程体系，要想加强对业务流程的管控，提高业务流程的协同能力，就必须进行流程的信息化管理。流程的信息化管理涉及很多信息系统，如 OMS、ERP、MES、WMS、TMS。开展流程信息化管理，不仅要考虑主营业务运营的实际情况和实际需要，还要从企业供应链运作的全局视角来看问题。

（8）风险管理。企业在经营过程中会面临各种风险，从供应链的视角来看，具体包括采购风险、订单交付风险、现金流风险和库存风险等。企业在进行风险管理时也要具备供应链思维，因此风险管理也属于供应链管理的范畴。

（9）其他。库存管理、财务管理和物料管理等都与企业的供应链紧密相关。每一家企业都是供应链的重要参与者，企业的业务经营活动就是供应链的活动，企业的供应链管理边界与企业的中高层管理团队对供应链的认知有关。

企业系统的升级改造

管理者要做企业供应链管理的局外人。说是局外人，但并不能置身事外，而要以全局视角来看待企业的供应链管理。从供应链全局的视角来看，企业的供应链管理的重点是做好企业系统的升级改造，引领企业朝着正确的方向发展。

从供应链全局的视角来看，企业系统升级包括三个方面的内容：一是做好企业内部结构优化，二是做好企业与外部合作伙伴的一体化协同，三是推动企业主营业务的延伸。

企业内部结构优化是指企业的业务流程、组织结构以及管理制度的优化。业务流程优化追求以更低的成本和更高的效率实现有效产出。要想做好流程优化，先要做好流程梳理，然后根据优化目标寻找可行的优化方案，例如，通过删减不必要的流程环节实现优化，通过合并和整合一些流程环节实现优化，通过改变流程结构实现流程优化等。

组织结构优化就是根据主营业务流程体系的分工需要，设置相应的部门和岗位，以支撑业务流程体系的正常运转。管理制度优化则是对各个部门和岗位的工作目标、绩效做出具体的要求和规定，对部门及岗位之间的协同进行规范。

内外一体化协同是指企业与上下游合作伙伴的内外协同。要想实现企业系统升级，企业就不能独善其身，而要带动和促进上下游合作伙伴进行紧密配合和协同，以提高企业自身整体的有效产出的规模和效率。内外一体化协同既有点上的协同，也有面上的协同。点上的协同包括供应商到货验收环节的协同、承运商提货环节的协同、下游客户签收环节的协同等。面上的协同包括多个供应商的供货节拍与企业生产节拍的协同、成品库存网络与客户订单的协同等。内外一体化协同十分考验企业系统的灵敏度和包容性，对企业的透明数字化水平有较高的要求。

主营业务延伸就是企业基于供应链做价值链延伸，包括丰富主营业务的内容和丰富业务流程。企业系统经过升级改造，如新增业务流、新增部门和岗位或新增相关的配套设施等，才能够支撑企业的主营业务延伸。企业的中高层管理者要根据主营业务延伸的需求，不断重构和优化企业系统，也就是对企业系统进行升级改造，以此推动主营业务延伸。

思考与讨论

1. 站在企业的立场，如何看待供应链全局？

2. 企业的供应链管理涉及哪些方面的事务？

3. 从供应链的视角来看，企业中高层管理者的责任和使命是什么？

4. 供应链的价值链延伸有哪几种方式？如何理解？

第12章　挑战供应链残局

如今，在供应链管理方面，各家企业面对的都是一盘残局，企业要有足够的实力和决心去挑战供应链残局。要想挑战供应链残局，就要洞悉局势，了解企业各个方面的现状，找到破局的方法。本章将以一位企业高管的视角，介绍如何洞察企业的供应链现状，以及如何思考企业的供应链变革。

要想了解企业各个方面的现状，就要了解企业经营的基本面与成长潜力、企业主营业务流程体系的现状，以及企业的数字化水平。但是，仅了解现状还不够，还要掌握破局的方法。

12.1　企业的基本面与成长潜力

要想全面了解企业的情况，一般需要从企业的基本面与成长潜力入手。公司的基本面包括财务的基本面以及公司在具体细分行业中的地位。从外部因素看，企业的成长潜力与企业所处细分行业的发展前景及供应链形态有关；从内部因素看，企业的成长潜力主要与企业领导者及高管团队的综合素质有关，也与企业当下的成长惯性有关。

公司财务基本面

接手企业的供应链管理，为什么要先了解企业财务基本面呢？因为了解企业财务基本面，就好比了解人的身体一样，企业只有"身体健康"，才能够承受供应链管理的各项变革。

企业财务基本面能够反映企业的经营状况是否健康。管理者要通过企业财务的三大报表（资产负债表、损益表和现金流量表）了解企业财务基本面。

阅读资产负债表时，要着重审查企业的资产负债率、负债权益比率、流动比率、速动比率等指标，从而了解企业的资产情况以及企业业务经营的变现能力。阅读损益表时，要着重了解企业在最近一两个财年的营业收入及获利情况，如企业的销售净额、营业利润、利润总额和净利润等。阅读现金流量表时，要着重考察企业经营活动的现金收支状况，以及企业的现金流是否存在风险。

若嫌企业财务报表比较复杂，则可以通过几个简单的问题了解企业财务基本面。例如，企业主营业务规模是多少？近一两年业务规模是否增长？企业究竟是获得了盈利还是产生了亏损？若盈利，利润规模多大？若亏损，是否有扭亏为盈的趋势和希望？通过这些问题的答案可以判断一家企业是否健康，是否有希望。因为只有健康的、有希望的企业，才有可能进行供应链的变革。

公司的行业地位

接手企业的供应链管理，为什么要了解公司的行业地位呢？因为企业的行业地位反映了企业对行业供应链资源的掌握情况，企业掌握的行业供应链资源越多，越有利于企业进行供应链变革。

企业的行业地位，就是企业的营收规模和营收增速在行业中的地位，以及盈利规模和盈利增速在行业中的地位。行业地位包括在全国范围内的地位以及在区域范围内的地位。例如，在乳品行业，既有全国性的大品牌，也有当地的龙头企业。除了营收和盈利规模，还可以比较企业的市场占有率，特别是企业在各个细分领域的占有率。例如，在汽车行业，某国产SUV 年度销量排行第一，某国产中型轿车年度销量排行第一。

此外，人均产出、人均薪资水平也能反映企业的行业地位。企业的人均产出越高，企业的经营能力越强；若企业的人均薪资水平高出同行一大截，则该企业通常能比同行业中的其他企业聚集更多的高端人才。

业务价值链拓展空间

接手企业的供应链管理，还要了解企业主营业务的价值链在行业供应链中的拓展空间。

首先，要了解企业主营业务所处行业的前沿动态，以及技术进步给产品创新和供应链管理创新带来的影响。产品创新或新产品的出现，往往会带来供应链资源的重组，这是企业进行供应链变革的好机会。新的管理技术的出现，也会给供应链管理的变革带来机会。

其次，要了解企业打算进行主营业务价值链的前向一体化延伸还是后向一体化延伸，是否具备相应的机会和条件。进行前向一体化延伸，重点是进行销售渠道管理、营销方式和售后服务的创新。进行后向一体化延伸，重点是进行关键技术的创新，力求实现某些关键零部件的自给。所谓机会，是指企业主营业务的上下游环节在供应链中的位置是否足够重要（例如，某个关键零部件的供应商是否可被取代，企业主营业务运营是否有受制于供应商的风险），这些环节创造的价值占供应链整体价值输出的比例是否足够高，是否值得企业的主营业务向这些环节进行延伸。所谓条件，是指企业是否具备相关方面的可用人才和资源。

领导者的志向与胸襟

接手企业的供应链管理，还要了解企业领导者的志向和胸襟。进行供应链变革有一个大前提，那就是企业必须扎根某个特定行业。而一家企业能在一个行业里坚持多久，很多时候取决于企业领导者的志向和胸襟。

如果企业领导者的志向不是深耕某一行业，而是看到房地产行业赚钱容易就去投资房地产，看到 4S 店赚钱容易就去投资 4S 店，看到股市行情有上涨势头就去炒股，那么企业的供应链管理创新或变革是很难进行下去的。企业要想成为某个行业的领导者，就必须深耕某一行业多年，这需要企业领导者发自内心地热爱这个行业，并充满使命感地去推动这个行业的发展。

企业领导者的胸襟也很关键。企业领导者必须能够听取不同的意见，能够接纳先进的供应链思想和理念，并且能够包容有个性、有特点的各方面人才。

总之，只有真正的企业家，才能够带领团队进行供应链变革。如果企业领导者只是生意人而不是企业家，那么供应链变革多半会半途而废。

高管团队的人才结构

接手企业的供应链管理，还要了解企业高管团队的人才结构。企业的供应链变革，不是供应链总监或 CEO 一个人的事情，也不是简单地获得老板的支持就行了；企业的供应链变革要以整个高管团队的高度共识为基础。因此，要接手企业的供应链管理，就必须了解企业高管团队中每一个人的情况，知道每一个人的知识结构，知道供应链变革能为每一个人和他所领导的部门带来什么，然后才能知道怎样去获得每一个人的理解和支持，以促使整个高管团队达成共识。

企业有很多种，有的是民营股份制企业，有的是家族企业。实际上，每一家企业的经营班子或高管团队都有其特点，每一家企业都有自己的行事风格和文化特质。你必须在既定的规则下，争取各方的支持，凝聚共识。

企业当下的成长惯性

接手企业的供应链管理，还要了解企业当下的成长惯性。因为企业的成长惯性之中存在供应链变革的阻力，也蕴含着供应链变革的机会。

从财务数据表现来看，企业的成长惯性就是最近几年企业的营收和利润的增长情况。企业的营收和利润不管是增长、停滞不前，还是负增长，背后都有很多原因。例如，企业的产品和技术升级是否跟上市场需求的变化；在营销方面，是否存在很多竞品，自身的营销能力如何；在团队方面，人员是否稳定，各个岗位的人员素质和技能是否与岗位要求相匹配。

在众多的因素中，人的因素最为关键。如果企业未能在人才培养和团队建设上有所积累，那么仓促地进行供应链变革是很难成功的。企业的供应链变革需要强大的产品技术团队奠定核心竞争力的基础，需要强大的营销管理团队推动渠道管理及营销模式的创新，需要强大的运营团队推动各项具体措施的落地。

总之，接手企业的供应链管理，推动企业的供应链变革，是一件需要运筹帷幄的事情，必须了解企业的方方面面。管理者只有在基本面良好且具备成长潜力的企业平台上，才会有展现才华的机会。

12.2 业务流程体系的流畅性

在了解企业基本面及成长潜力的基础上,管理者需要深入了解企业的业务流程体系的流畅性。对于业务流程体系的流畅性,可以从企业资产的流动性、订单履约绩效、交接环节的协同性等方面来分析。

什么是业务流程体系的流畅性

企业业务流程体系的流畅性是指从各个输入环节开始,到输出环节结束,整个业务流程体系在生产效率、价值创造能力以及业务执行力等方面的综合表现。

业务流程体系好比公路网络或城市道路网络,其流畅性包括车流量是大还是小、通常是因为哪些交通事件而导致拥堵、哪些路段经常发生拥堵等内容。业务流程体系好比自来水供应系统,要尽可能地避免因管道堵塞、管道爆裂等情况而导致供水中断。

企业资产的流动性

企业资产的流动性是指从有效产出及财务的视角来看,公司业务流程体系的流畅性如何。

对于企业资产的流动性,一般采用流动比率和速动比率两个指标来衡量。流动比率是指流动资产与流动负债的比值,反映了企业短期的偿债能力。速动比率是指速动资产与流动负债的比值,反映了企业的短期变现能力。两者的区别是,速动比率不考虑公司的成品库存。

企业的流动比率及速动比率越高,企业资产的流动性越好。速动比率越接近流动比率,企业的库存量越低,库存的变现能力越强。

影响企业流动性的因素有很多。例如,原材料、半成品、成品占用大量现金流,导致现金流不足,进而造成短期负债;企业的回款账期特别长,与客户的对账流程复杂,已完成销售却长时间形成不了对账单和应收账款,企业迟迟收不到回款;延迟生产、交付延误,导致订单周期延长,从而降低企业资产的流动性。

影响企业资产流动性的因素与企业业务流程体系的流畅性密切相关。例如,采购流程执行不力导致原材料缺货,进而导致生产延迟;生产流程混乱,也会导致生产延迟;库存管理流程及仓储作业流程不合理会导致库存积压。

总之,分析企业资产的流动性就是从财务视角及有效产出的结果来定性分析公司业务流程体系的流畅性。

订单履约绩效

企业可以通过订单履约绩效的一些指标对业务流程体系的流畅性进行定量分析。这些指标包括但不限于订单履约周期、订单商品满足率、订单及时交付率、订单完好交付率和订单履约费用等。

（1）订单履约周期。一般情况下，订单履约周期越短，业务流程体系的流畅性越好。

订单履约周期是指从接到客户订单到完成订单交付的整个过程的时间。对于订单履约周期，从买方的角度来看是订货周期，从卖方的角度来看是交货周期，有时候也叫交货提前期。

如果客户订单是通过释放库存商品来满足的，那么订单履约过程就包括订单处理、成品出库、货物发运、在途运输和交付等环节。如果客户订单是通过生产来满足的，那么订单履约周期就包含生产周期。如果客户订单是通过定制来满足的，那么订单履约周期还包含产品设计周期、生产提前期和生产周期。

（2）订单商品满足率。一般情况下，订单商品满足率越高，业务流程体系的流畅性越好。

订单商品满足率是指用库存来满足的部分订单占所有订单的比例。订单商品满足率反映了成品库存的缺货水平，若订单商品满足率较低，则意味着没有足够的库存商品来满足客户订单，同时也意味着订单履约周期会延长。

（3）订单准时交付率。一般情况下，订单及时交付率越高，业务流程体系的流畅性越好。

订单及时交付率是指准时或提前交付的订单占所有订单的比例。订单及时交付率反映了企业的订单履约计划的执行能力。订单及时交付率越低，订单被延迟交付的情况越严重，这反映了业务流程体系的执行力不足。

（4）订单完好交付率。一般情况下，订单完好交付率越高，业务流程体系的流畅性越好。

完好交付是指交付时商品完好，能够被客户一次性验收通过。订单完好交付率是指能够被客户一次性验收通过的订单占所有订单的比例。订单若不能完好交付，则有可能被客户拒收，或者需要给客户补发货物，这将延长订单履约周期，提高订单履约的成本。

（5）订单履约费用。一般情况下，订单履约费用越低，业务流程体系的流畅性越好。

订单履约费用是指除了产品生产成本，执行订单履约所发生的各项费用，包括但不限于订单处理、仓储、运输、中转等所发生的费用。确保业务流程体系流畅，即可避免订单履约过程中很多不必要的费用。

交接环节的协同性

业务流程体系的流畅性还表现为各个交接环节的协同性，协同性越强，业务流程体系的流畅性越好。

例如，在成品组装环节，如果某个零部件不按时到位，就无法启动生产流程，只有所有零部件都按时、按要求到位，才能启动生产流程。零部件到达生产线工位的协同性越强，企业对生产准备方面的流程管控能力越强，业务流程体系的流畅性越好。

公司的业务流程体系中有很多交接环节，如采购到货环节、物料发放环节、成品下线环节、成品发运环节和对账确认环节等。任何一个交接环节的协同作业出现了问题，都会影响后续业务流程的执行进度，进而延长整个订单履约周期。

12.3 企业的数字化基础现状

一位高管要接手企业的供应链管理，就要了解企业的数字化基础现状。因为企业的供应链变革需要通过业务数据化和数据业务化来实现，而企业的数字化基础决定了企业供应链变革的基础。

那么，如何考察企业的数字化基础呢？企业的数字化基础包括但不限于单据流、生产过程、物流过程、审批流程和管理决策等方面的数字化。

单据流数字化

要考察企业单据流的数字化，首先要看企业有没有 OMS，若有，则考察公司的 OMS 是封闭的还是开放的。所谓封闭的 OMS，就是 OMS 的用户都是企业相关部门的员工。而开放的 OMS 为客户提供了登录入口，终端客户可以通过该入口实现在线下单。通常情况下，与封闭的 OMS 相比，开放的 OMS 能实现更加充分的单据流数字化。

其次，要考察单据流转过程的状态是实时更新的，还是事后更新的。例如，订单是否已经投产，是否已释放存货，是否已出库、发运、送达，这些状态是通过数字化手段实时感知和反馈的，还是事后人工确认，并将信息补录到 OMS 中的。

再次，还要考察单据流转过程的轨迹是否可以跟踪和追溯。例如，某个订单是哪家工厂生产的、哪个批次的货物，是从哪个仓库发的货，是哪辆车承运的，运输线路如何，都要可跟踪、可追溯。

此外，单据流转不仅涉及客户订单，还涉及交货号、运单（运输计划）、提货单、出库单、装车单、押运单、派工单、物料清单、验收单、签收单、对账单和发票等。总之，需要考察每一种单据流转的数字化情况。

生产过程数字化

考察生产过程的数字化时，要看两个重要的方面：一是生产设备及设施的物联网化，二是生产组织过程的数字化。

生产设备及设施的物联网化程度越高，生产过程的数字化基础越扎实。考察生产设备及设施的物联网化程度，主要是考察生产线上的设备、设施能否感知并实时采集生产过程中的关键信息。例如，化工厂通过生产线上的仪表、传感器等实时采集生产过程中的数据，并在 DCS 中控室的屏幕上显示生产线的运行状态；在汽车总装生产线，通过 RFID、机械臂、机器人等采集和反馈生产线的运行状态。

生产过程数字化包括四个方面，即生产准备过程、基本生产过程、辅助生产过程和生产服务过程的数字化。

生产准备过程就是按照生产计划，在投入生产前做好人员、物料、设备、作业方法和作业环境等方面的准备的过程。考察生产准备过程的数字化时，要重点考察生产准备过程的进度跟踪、异常管控等方面是否是在线的、实时的。

基本生产过程就是将原料或零部件转变为最终成品的生产过程。考察基本生产过程的数字化时，要重点考察各个关键生产环节的状态能否被实时反馈。例如，考察乳品生产过程的数字化时，要考察乳品验收、缓存、杀菌、配料、发酵和罐装等环节是否可以实时采集相关数据，以反映生产过程的状态。

辅助生产过程是指为保障基本生产过程的正常开展所进行的各种辅助生产活动，如动力生产、设备维修等。考察辅助生产过程的数字化时，要考察每一项辅助生产活动的状态能否被实时反馈。例如，进行蒸汽动力生产时，要考察锅炉是否运行正常，锅炉的蒸汽压力是否在安全的范围之内，能否对锅炉的状态进行在线的实时监测和反馈。

生产服务过程是指为基本生产、辅助生产提供各种服务的过程，如物料供应、半成品存储、场地清洁等。考察生产服务过程的数字化时，要重点考察每一个服务项目的状态数据能否被实时采集和反馈，如场地清洁日志能否被及时记录并上传到管理系统中。

物流过程数字化

考察物流过程数字化有多种视角。从企业供应链的结构来看，需要考察采购物流、生产物流、销售物流和售后物流的数字化。从物流活动类型的角度来看，需要考察仓储过程及运输过程的数字化。

考察采购物流的数字化，一要考察对供应商供货的物流进度和轨迹进行跟踪、追溯的能力，以强化供应商供货的物流协同能力；二要考察供应商的备货及库存状态的数据能否及时被获取，以强化供应商在备货方面的协同能力。

考察生产物流的数字化时，要考察入厂物流、产线物流和成品下线物流的数字化。入厂物流就是物料及零部件从供应商或厂外库到厂内库到线边库及生产工位的物流过程。考察入厂物流的数字化时，要重点考察这个过程的仓储及运输的活动状态能否被实时反馈。考察产线物流的数字化时，要重点考察线边库及各个工位的物流状态能否被实时反馈。考察成品下线物流的数字化时，要重点考察产品从产线到总仓（或工厂仓库）的移动过程状态能否被实时反馈。

考察销售物流的数字化时，要重点考察成品库存状态以及订单交付过程的物流状态能否被实时反馈。考察售后物流的数字化时，要重点考察退货、返厂维修等场景下的逆向物流状态能否被实时反馈。

考察仓储过程的数字化时，要重点考察出库、入库、盘点、货位移动和库存记录等活动的信息能否被实时记录和反馈。考察运输过程的数字化时，要重点考察提货交接、在途运输、交付签收等环节的状态信息能否被实时记录和反馈。

其他方面的数字化

考察审批流程的数字化情况时，首先要考察企业的审批形式是纸质审批、邮件审批、钉钉审批还是 OA 审批。只有实现了 OA 审批，才算是实现了真正的审批流程数字化。其次，要考察 OA 系统是否已经覆盖企业的各项审批流程，以及 OA 系统在流程设置方面的灵活度。

考察管理决策的数字化时，要重点考察企业能否从各类信息系统中提取相关数据进行分析，以此支持相关决策。

此外，还要考察企业在数字化方面的人才储备情况。例如，考察企业的 IT 团队是否具备相应的技术实力，以及 IT 团队对企业数据化能力建设的认知。IT 技术能力可简单地划分为两个层次，一是 IT 团队能否对企业现有的系统进行有效运维；二是 IT 团队能否自主开发企业管理所需要的核心系统或平台。在数据化认知方面，要考察 IT 团队对数字化发展趋势与企业主营业务发展的相关性是否有深刻的认识，以及 IT 团队负责人是否有清晰的数字化发展战略及思路。

12.4 思考破局的方法

在了解企业财务基本面、成长潜力、流程体系、数字化基础情况等方面的基础上，要想挑战企业的供应链残局，还必须找到破局的方向和思路。那么，如何才能找到破局的方向和思路呢？在思考如何破局时，需要遵循三项原则，即规划要有远大格局、落地方案要实、变革路径要清晰。

规划要有远大格局

规划要有远大格局，是指要从更高维度、更大格局来寻找"降维破局"的突破口。所谓远，就是长远的意思，即从企业发展 5 年、10 年、20 年甚至更长远的视角来看企业当下的供应链及企业系统需要做什么样的变革。所谓大，则是指从行业及产业的大格局来看，如何实现企业价值增长。企业应做到以下几点，从而落实这一原则。

（1）高层破局。所谓高层破局，是指从更高的维度获得老板的认可、支持和授权，并通过老板的授权促使高管团队达成共识，进而形成从企业高层到基层的共识。

推动企业的供应链变革，优化甚至重构企业系统，是关乎企业生存和发展的大事。老板凭什么把这么重要的事情交给你来主导呢？除非你在企业经营的相关问题上，能够比老板看得更远、更透彻。当然，在认知水平方面要超越你的老板是很难做到的，但你必须努力把自己的认知水平提升到老板的水平，即便达不到老板的水平也不能差得太远，不然老板怎么会放心把供应链变革的事情交给你来做呢？

退一步讲，如果你的认知水平达到不到老板的水平，那么你又怎么可能争取到高管团队的支持呢？在高管团队中，有的人资历比你老，有的人专业能力比你强，有的人贡献比你大，你只有以更大的格局以及更高层次的认知才能引导和争取高层团队达成共识。

而更大的格局只有一个出发点，那就是追求企业的事业长青和价值增长。

（2）事业长青。所谓事业长青，就是企业能够永续经营下去。企业是有生命的，如果不能够维持正常的新陈代谢，那么企业就会死亡。

企业事业长青的秘诀是什么呢？首先，在行业供应链没有出现重大变化的情况下，运营好当前的主营业务。其次，通过努力去获得新的增长点。最后，明确行业、社会及时代的发展趋势会带来哪些变革和商业机会。企业要想实现事业长青，既要立足于当下，又要拥抱未来。

从供应链的视角来看，企业依附在特定行业或产业的供应链中，通过占领某些供应链环节来维持生存。如果行业的供应链没有问题，只是企业出了问题，那么企业就会在与同行业其他企业的竞争中处于劣势，就有可能被竞争者所取代。如果企业是稳健的，而行业的供应链出现了变化，但企业跟不上变化，那么企业依旧会被淘汰。

（3）价值增长。规划供应链的变革时，一定要考虑如何实现企业价值增长。供应链变革能帮助企业获得成功，从而使企业获得各个方面的支持。而企业的成功只有一个衡量标准，那就是实现价值增长。

企业价值增长有两个重要的方面：一是企业的营收和利润增长，二是企业市值（估值）增长。企业的营收和利润增长，需要通过企业供应链运营的升级来实现；而企业市值的增长，则需要通过企业供应链的框架升级及网络升级来实现。当然，企业的市值脱离不了企业实际营收和盈利的基本面。企业市值很多时候衡量的是投资者对企业成长潜力和成长后劲的看法与态度，而企业供应链的框架升级及网络升级能实现企业的价值增长。对于如何实现企业供应链的框架升级和网络升级，第 13 章将会详细介绍。

落地方案要实

落地方案要实，是指短期目标要明确，计划要具体，既要立竿见影，也要循序渐进。

将长远的大规划分为一系列的短期小目标，才能更好地实现长远的大规划。目标的大小与公司的实际情况相关。制定供应链变革的小目标，可以从一些小环节、小事情做起，如降低订单交付的延误率，提高供应商到货的及时率，提高与客户对账、结算的效率等。

立竿见影是指方案的实施要能够对现状的改进或改善产生明显的效果。例如,通过方案的实施,把订单交付延误率降低 50%,把供应商到货及时率提升 5%,把生产周期压缩 10% 等。立竿见影也意味着要将容易入手及容易实现的方面作为改革的突破口。供应链变革要见到效果和成绩,因为有了好的效果和成绩,才能鼓舞团队士气,才能不断推动变革的深入。

循序渐进是指供应链变革不能过急或过于激进,要慢慢推进。制度供应链变革的规划时要自上而下地思考问题,但实施方案时需要自下而上地思考问题。例如,要提高供应商供货的响应速度,提高供应商到货及时率,不能一上来就定指标并宣布处罚制度,这样容易造成供应商的反感,很可能会适得其反;应该先了解供应商供货的响应速度慢、到货及时率低的原因,进而找到切实可行的改进措施。

变革路径要清晰

要想推动企业供应链的变革,就要有一条清晰的路径。具体而言,就是供应链变革的逻辑性要强,变革的基础条件要完善,具体步骤要清晰。

逻辑性强是指明确如何从现状转变为未来的理想状态,具体的逻辑基础是什么。例如,企业计划在三年内实现营收规模翻一倍,究竟是通过拓宽销售渠道、占领新的市场来实现,还是通过打造新的畅销产品来实现,这个逻辑一定要清楚。

在推动供应链变革前,一定要考虑清楚企业需要具备哪些基础条件。如果企业不具备基础条件,那么供应链变革就没有可行性。例如,有的企业提出要进行大数据分析、精准营销,但如果企业连数据都没有,也没有建立与终端客户直接连接的在线渠道,那么该计划就不具备可行性。

供应链变革的步骤要清晰,先做什么和后做什么一定要很清楚。将企业的传统供应链转型为透明数字化供应链时,是先梳理企业的业务流程体系,还是先夯实企业的数据化基础,具体的步骤一定要清晰。

思考与讨论

1. 了解企业的供应链现状时,具体要了解企业的哪些方面?

2. 企业推动供应链变革的目标有哪些?

3. 假如您是企业的供应链负责人,您敢不敢接手企业的供应链变革工作,敢不敢挑战企业的供应链残局?对于企业的供应链变革,您将如何做到胸有成竹?

第 13 章　谋供应链胜局

第 11 章阐述了如何系统地看待供应链全局；第 12 章阐述了若要挑战供应链残局，应该如何做到知己知彼。本章将重点阐述该如何谋划供应链胜局，即如何设计企业的供应链升级方案，以及如何设定供应链升级目标。

企业的供应链升级方案的具体内容包括供应链架构升级、供应链网络升级和供应链管控升级三个方面。每一家企业都要根据自身的实际情况设定合理的供应链升级目标，设计出可以落地的供应链升级方案。

13.1　供应链架构升级

供应链架构升级是指在企业现有的供应链架构的基础上延伸业务、调整商业模式、优化流程体系等。

供应链架构分析模型

在规划供应链架构升级之前，首先要了解企业供应链架构的现状。所谓企业的供应链架构，就是企业主营业务的核心逻辑，也是供应链的供需逻辑、业务逻辑及数据流逻辑在企业信息系统中的具体形式。笔者在实操中通常会应用企业的供应链架构分析模型对企业的供应链架构现状进行分析，具体如图 13-1 所示。

该模型自上而下地分为五个层次（方面），即供应链位置、业务内容、商业模式、"正副三流"梳理和业务流程体系梳理。

（1）供应链位置。首先，我们要从供应链全局的视角来看企业的供应链架构，即企业的主营业务在供应链中的具体位置。例如，某离散型制造企业可能处于供应链中的位置 B（见图 13-1），主要完成加工 4、加工 5 及组装 1 三个供应链环节；也可能处于供应链中的位置 A（见图 13-2），主要完成加工 1、加工 2、组装 1、加工 3、总装和成品六个供应链环节。若企业占据位置 A，则很有可能是供应链的核心企业；若只占据位置 B，则有可能只是核心企业（链主企业）的某家关键供应商。

（2）业务内容。企业的供应链架构与主营业务的内容密切相关。主营业务内容一般包括四个方面，即设计、生产、分销和售后。例如，汽车 4S 店的主营业务只涉及分销和售后两个方面，汽车的轮胎生产商的主营业务涉及设计、生产和分销三个方面，而汽车品牌商的主营业务涉及设计、生产、分销和售后四个方面。但是，4S 店、轮胎生产商和汽车品牌商各自在设计、生产、分销和售后方面的业务内容都不一样。

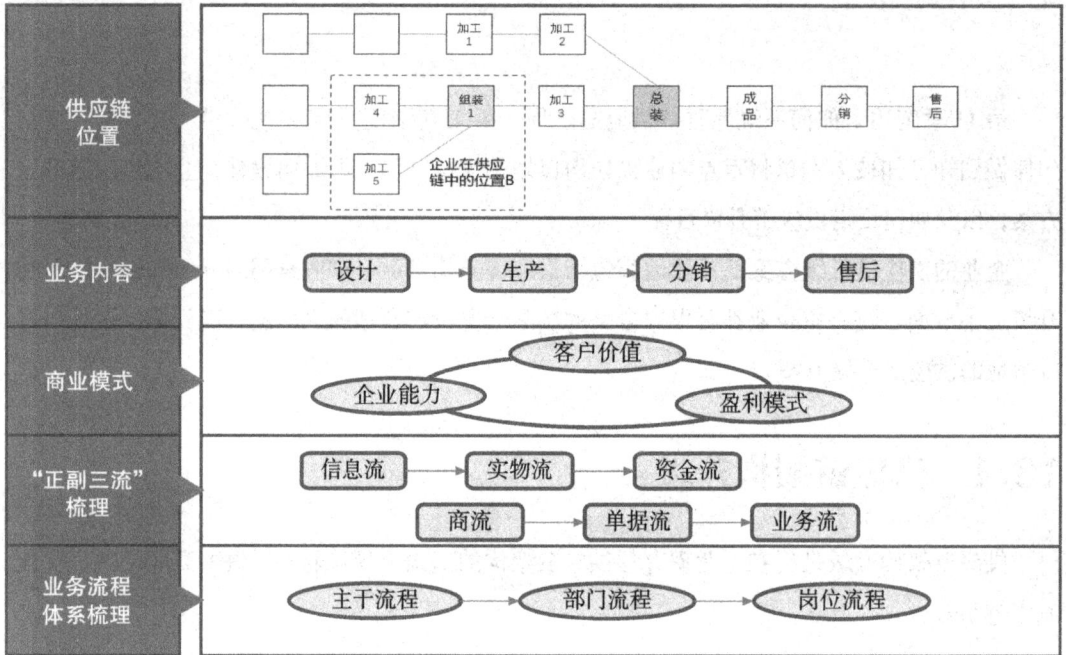

图 13-1　企业的供应链架构分析模型

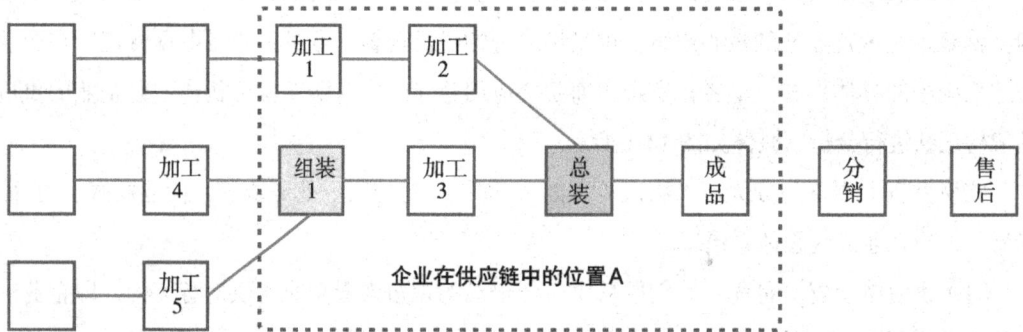

图 13-2　企业在供应链中的位置 A

（3）商业模式。商业模式是指企业通过主营业务与客户、供应商建立的互动关系，以及企业内部各个部门之间的互动关系。商业模式有三个核心要素，分别是客户价值、企业能力和赢利模式。

首先，企业要在供应链中找到自己的客户，发现其价值诉求；其次，通过构建和加强自身的能力为客户提供相应的价值服务；最后，通过设计合理的赢利模式，实现营收。业务内容不同，商业模式也会有所不同。例如，4S 店、轮胎生产商和汽车品牌商的商业模式各有其特点。

（4）"正副三流"梳理。第 4 章已经介绍过，供应链的"正三流"是指信息流、实物流和资金流，"副三流"是指商流、单据流和业务流（操作流）。梳理"正副三流"的目的是明确企业的供应链具体架构，企业可以参考图 13-3 对"正副三流"进行梳理。

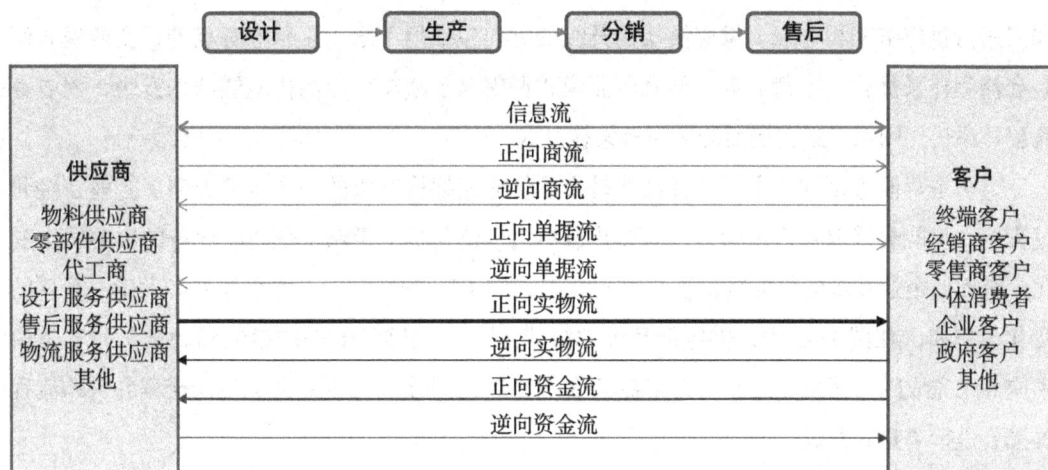

图 13-3　企业供应链的"正副三流"梳理示意图

首先，每一种流都需要把具体的供应商类型、业务内容及客户类型关联起来。企业的供应商有不同的类型，具体包括物料供应商、零部件供应商、代工商、设计服务供应商、售后服务供应商和物流服务供应商等。具体业务内容主要是指每一项产品或服务所涉及的设计、生产、分销和售后四个方面的内容。客户主要包括终端客户、经销商客户、零售商客户、个体消费者、企业客户和政府客户等类型。

其次，信息流是双向流动的，而商流、单据流、实物流和资金流都有正向和逆向之分。其中正向商流、正向单据流、正向实物流和正向资金流是对正常业务的描述；而逆向商流、逆向单据流、逆向实物流和逆向资金流则是对客户退货、商品召回和包装材料回收等业务的描述。

（5）业务流程体系梳理。企业的供应链活动是通过各个部门的相互配合来完成的，企业的业务流程体系是企业供应链架构的重要表现形式。企业的业务流程体系至少包括三个层级，即主干流程、部门流程和岗位流程。

主干流程反映了完成主营业务的重要阶段，如制造企业的主干流程一般是"采购—生产（含设计）—分销—结算"，而具体的流程结构在不同的企业中也会有所不同。部门流程是指主干流程中由某个具体部门来完成的某个重要阶段，例如，采购工作是由采购部门完成的，采购工作会有具体的采购流程；结算工作主要是由财务部门来完成的，结算工作会有具体的结算流程。岗位流程则是对部门流程的进一步细化，例如，结算流程可以分为对账和支付两个步骤，对账工作一般由会计岗位来完成，而支付工作则由出纳岗位来完成。

供应链架构升级的方向

在了解企业供应链架构现状的基础上，还要找到供应链架构升级的方向，这样才能知道如何进行供应链架构升级。供应链架构升级的方向包括但不限于主营业务延伸、商业模式调整和流程体系优化。主营业务延伸及商业模式调整属于战略层面的供应链架构升级，而业务流程体系优化则属于运营层面的供应链架构升级。

（1）主营业务延伸。主营业务延伸是企业供应链架构升级的一个重要方向。企业在经营过程中，可能会采取价值链的前向一体化或后向一体化延伸策略，使主营业务的内容发生变化，进而使企业系统的供应链位置、商业模式、"正副三流"和业务流程体系等发生一系列的变化。例如，在图 13-2 中，供应链环节"组装 1"（某关键零部件的组装和调试）原本是由供应商来完成的，而企业延伸业务需要涵盖"组装 1"环节，因此企业的生产流程和采购流程等都要进行调整和升级。

（2）商业模式调整。商业模式调整是指通过调整产品或服务内容来贴近客户的核心诉求，进而对企业供应链的架构升级提出要求。例如，某轮胎生产商的传统商业模式是把产品（轮胎）卖给终端客户（收的是货款），现在该生产商尝试按照轮胎的行驶里程来收费（收租金），这使轮胎的商业模式发生了根本性的变化。由于商业模式发生了变化，因此企业的业务内容、业务流程及"正副三流"的具体形态也会发生变化。

（3）流程体系优化。流程体系优化是企业供应链架构升级的一个重要方向。流程体系优化是指根据实际情况，删除不必要的流程环节、整合相关环节及调整相关环节的顺序等，使流程的整体效率得到提升。例如，在成品发运环节的派车流程，原先是由物流部门跨过承运商直接派车，以提高承运车辆及司机响应的及时性，但派车人员的工作量很大。后来，借助TMS，将派车流程调整为：将运输任务派给承运商，要求承运商在规定时间内完成派车，若完成不了，则将运输任务改派给其他承运商。这样做不仅提高了承运商派车响应的及时性，而且减少了物流部门调度人员的工作量。

供应链架构升级设计

供应链架构升级的设计工作包括三大步骤，即分析商业模式、设计"正副三流"和设计业务流程体系（见图 13-4）。

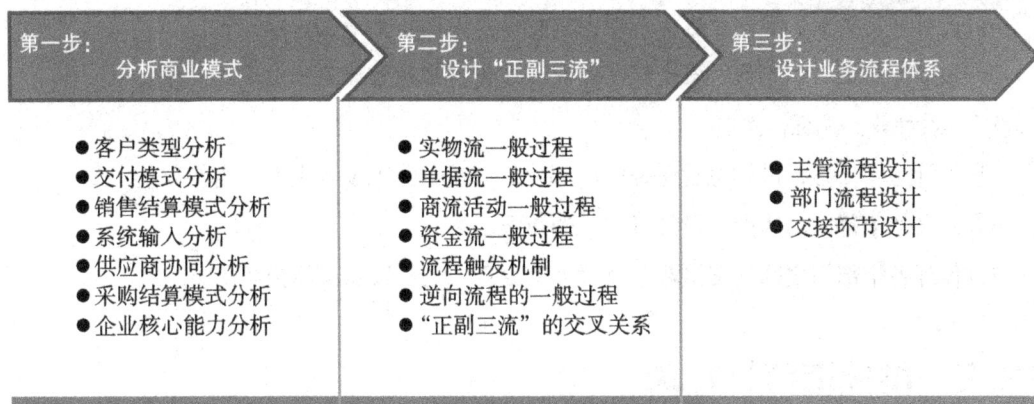

图 13-4　供应链架构升级设计步骤

（1）分析商业模式。

分析商业模式时，企业应明确以下内容。

① 主营业务的客户是谁？有哪些细分的客户类型？

② 主营业务需要为客户提供哪些产品或服务？产品或服务的交付及交割模式有哪些？

③ 销售的回款方式有哪些？先收款后交付，还是先交付后收款？

④ 主营业务需要哪些物料、零部件及配套服务的输入？这些输入涉及哪些供应商？

⑤ 供应商提供的物料或相关服务的交付及交割方式有哪些？

⑥ 与供应商进行结算的方式是什么？

⑦ 公司支撑产品或服务输出的核心能力是什么？

（2）设计"正副三流"。

① 设计实物流的一般过程包括获取物料及零部件的一般过程，物料及零部件经过生产及加工程序变为成品的一般过程，以及成品从工厂到客户的一般过程。

② 设计单据流的一般过程包括将客户订单转变为客户签收回单的一般过程，将生产计划转变为物料清单及成品下线清单的一般过程，以及将采购计划转变为采购订单及采购验收单的一般过程等。

③ 设计商流活动的一般过程，即从获取合作意向到签订合同，再到执行合同的一般过程。

④ 设计主营业务经营有关资金循环流动的一般过程。

⑤ 设计生产、订单交付、采购等经营活动的一般业务流程。

⑥ 设计商流触发单据流（含计划）的一般过程。

⑦ 设计单据流触发实物流的一般过程。

⑧ 设计单据流与实物流触发资金流的一般过程。

⑨ 设计逆向商流、逆向单据流、逆向实物流和逆向资金流的一般过程。

⑩ 设计信息流、实物流、资金流、商流、单据流和业务流之间的交叉关系。

（3）设计业务流程体系。

① 设计主干流程，设计主营业务的内部分工，基于分工设计企业的组织架构。

② 定义各个部门的职能，设计日常工作流程。

③ 设计各个部门之间的交接环节及对外交接环节的权责及工作流程。

13.2　供应链网络升级

拥有优秀的供应链架构不等于拥有优秀的供应链网络。企业在谋划供应链架构升级的同时，还要谋划供应链网络的升级。本节将详细介绍供应链网络升级的相关内容，包括供应链网络升级的意义、方向和设计。

供应链网络升级的意义

在升级供应链网络之前，我们首先要明确什么是企业的供应链网络，为什么要对企业的供应链网络进行升级。

企业的供应链网络是指企业连接终端客户以及面向终端客户提供相关产品或服务的经营实体，包括企业的营销网络、物流网络和供应商网络。从地理空间的视角来看，企业供应链网络的分布范围一般是由企业终端客户的分布决定的。

企业的营销网络包括企业的销售子公司和地区办事处，企业直营的实体店和网店等所组成的销售网络，以及企业的经销商和零售商等组成的渠道网络。企业的营销网络对应于企业直接面对的终端客户网络。企业的营销网络越大、越强，企业供应链的市场竞争力就越强。

企业的物流网络是指支撑企业供应链的实物流运动的相关节点，如工厂、仓库和门店等所组成的实体网络。企业的物流网络有两个重要任务：一是把相关的零部件、物料汇聚到一起，以保障生产活动顺利进行；二是把成品通过物流网络送到客户手中。工厂节点既包括企业自己的工厂，也包括代工商的工厂；仓库节点既包括企业物流部门直接管理的仓库，也包括经销商和供应商的仓库；门店节点既包括企业的直营门店，也包括加盟门店。

供应商网络是指企业经营主营业务所需要的各类供应商，如零部件供应商、代工商、物料供应商、装备供应商、物流供应商和售后服务供应商等围绕企业的供应链运行所组成的实体网络，围绕企业生产基地的供应商配套网络，围绕售后环节的售后服务网络等。

为什么要对企业的供应链网络进行升级呢？因为企业的供应链网络升级意味着企业可以掌握更多的供应链资源，可以服务更多的终端客户，可以获得更多的营收和利润。例如，一家专做某种小吃的百年老店，即便做的小吃非常好吃，服务口碑很好，也只能服务某个区域内的顾客。如果这家百年老店能够复制出很多家这样的连锁店，就可以服务更多的顾客。例如，麦当劳、海底捞等通过连锁经营的方式扩大了供应链网络，实现了更大的商业价值。

供应链网络升级的方向

既然企业的供应链网络升级意义重大，那么供应链网络升级的方向应该是什么呢？供应链网络升级的方向包括但不限于营销网络升级、物流网络升级、供应商网络升级和全局网络升级等。

（1）营销网络升级。营销网络升级多表现为网络范围扩张以及营销渠道多样化两个方面。网络范围扩张是指不断地扩张营销网络，使企业的营销网络能够覆盖全国市场甚至国外市场。营销渠道多样化是指企业的销售渠道既有直营的销售机构，也有加盟的销售机构；既有线下的渠道，也有线上的渠道。全渠道营销、O2O 和新零售等热点本质上都属于营销网络升级的范畴。

目前，很多企业把营销管理独立于供应链管理。实际上，营销活动是供应链活动的重要内容之一，企业的营销网络是企业供应链网络的重要组成部分，企业要想进行供应链网络升级，就必须思考如何升级营销网络。

（2）物流网络升级。物流网络升级有三个重要方面，一是自营物流体系升级，二是物流供应商体系升级，三是物流协同升级。

自营物流体系是指围绕物料验收、生产及成品分销等配套的物流设施及职能部门。自营物流体系升级，一方面是对物流设施进行升级，另一方面是对物流部门的管理及执行能力进行升级。

物流供应商体系包括仓库租赁供应商、承运商和物流装备供应商等。物流供应商体系升级的核心是对物流服务水平不断提出更高的要求，促使物流供应商不断提升服务能力，通过淘汰不合格的物流供应商来实现物流供应商体系的升级。

物流协同升级涉及三个重要方面，一是围绕生产活动的物流协同升级，二是围绕订单交付的物流协同升级，三是围绕售后服务的物流协同升级。具体应该如何进行物流协同升级，一方面要考虑相关的物流配套是否合理，即物流节点布局是否合理；另一方面要考虑物流的管理能力及物流服务的科技含量是否需要升级。

（3）供应商网络升级。供应商网络升级包括两个方面的内容，一是提升供应商的质量，二是供应商能够围绕企业的供应链活动就近配套相关资源。提升供应商的质量，一方面要通过更换供应商来实现，另一方面要通过促进供应商的成长来实现。

供应商能否围绕企业的供应链活动就近配套相关资源，主要取决于企业的供应链活动能否给供应商带来足够大的业务规模。在具备业务规模条件的情况下，企业还要思考如何优化供应商网络的布局，以实现效率及成本管控的最优化。

（4）全局网络升级。全局网络升级是指从提升供应链整体效率的视角对企业的供应链网络进行升级。企业要统筹考虑营销网络、物流网络和供应商网络的实际资源情况。例如，对生产基地进行布局时，需要考虑生产基地主要覆盖哪些市场区域，生产基地周边是否有相关的配套产业，能否便利地获取相关的零部件及物料等。企业的规模越大，企业的终端客户范围越广，供应链全局网络升级的重要性就越高。例如，大型的跨国公司会在全球范围内布局科研中心、生产基地和物流中转基地等，以提升其全球供应链运转的整体效率。

供应链网络升级设计

供应链网络升级设计包括六个步骤，可以概括为两个方面的分析和四个方面的设计。两个方面的分析是指对终端客户分布及供应链资源分布的分析；四个方面的设计是指对产能布局、流通路径、营销网络分布及供应商资源分布的设计（见图13-5）。

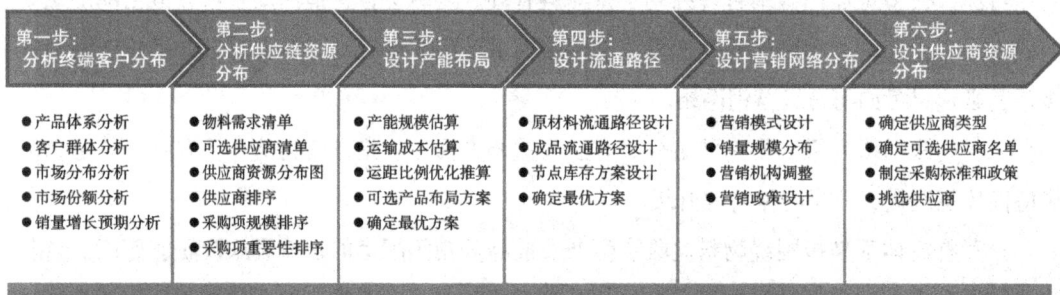

第一步：分析终端客户分布	第二步：分析供应链资源分布	第三步：设计产能布局	第四步：设计流通路径	第五步：设计营销网络分布	第六步：设计供应商资源分布
●产品体系分析 ●客户群体分析 ●市场分布分析 ●市场份额分析 ●销量增长预期分析	●物料需求清单 ●可选供应商清单 ●供应商资源分布图 ●供应商排序 ●采购项规模排序 ●采购项重要性排序	●产能规模估算 ●运输成本估算 ●运距比例优化推算 ●可选产品布局方案 ●确定最优方案	●原材料流通路径设计 ●成品流通路径设计 ●节点库存方案设计 ●确定最优方案	●营销模式设计 ●销量规模分布 ●营销机构调整 ●营销政策设计	●确定供应商类型 ●确定可选供应商名单 ●制定采购标准和政策 ●挑选供应商

图13-5　供应链网络升级设计的步骤

（1）分析终端客户分布。

分析终端客户时，企业应明确以下内容。

①公司目前的产品体系分为几条产品线？

②每条产品线针对哪些特定的客户群体？

③每条产品线的市场分布情况如何？

④每条产品线在各个市场区域的市场份额和规模是多少？

⑤每条产品线在各个市场区域可实现的销量增长预期如何？

（2）分析供应链资源分布。

①明确企业的供应链需要哪些资源，并列出零部件、物料、装备等的具体清单。

②列出每一项资源的可选供应商的清单。

③将所有供应商及供应商的生产及配套服务节点画在地图上，分析供应商的资源分布

情况。

④ 对每一项资源的可选供应商进行优劣比较并排序。

⑤ 对每一项资源的采购规模进行排序。

⑥ 对每一项资源的重要程度进行排序。

（3）设计产能布局。

① 估算市场销量以及产能规模。

② 估算零部件及原材料的运输距离及运输成本。

③ 估算成品的运输距离及运输成本。

④ 优化零部件和原材料运输与成品运输的运距比例及成本比例。

⑤ 设计多个可选的产能布局方案。

⑥ 结合市场条件、地方政策等确定最优的产能布局方案。

（4）设计流通路径。

① 考虑零部件、原材料从供应商流通到工厂的可选路径方案。

② 考虑成品从工厂流通到终端客户的可选路径方案。

③ 考虑零部件、原材料流通的节点库存方案，并提供多个可选方案。

④ 考虑成品流通的节点库存方案，并提供多个可选方案。

⑤ 综合实际条件，确定零部件、原材料及成品流通路径的最优方案。

（5）设计营销网络分布。

① 考虑不同产品线面向不同类型客户的可选营销模式，如传统渠道营销、大客户营销、在线零售营销等。

② 列出不同市场区域的预期销量对营销资源的需求清单。

③ 根据产品线及区域市场的实际情况确定主要的营销模式，调整营销机构。

④ 考虑不同产品线在不同市场区域通过不同营销模式进行销售的价格政策和促销政策等。

⑤ 考虑不同产品线、不同市场区域及不同营销模式的销售激励政策。

（6）设计供应商资源分布。

① 确定每个供应链环节所需要的供应商类型。例如，售后服务环节需要安装调试的供应商及物流服务供应商等。

② 确定每个供应链环节所需要的各类供应商的可选名单。

③ 针对不同供应链环节的不同类型的供应商制定相应的服务标准及激励政策。

④ 与候选供应商进行谈判，从中挑选最优供应商。

13.3 供应链管控升级

企业的供应链架构越高级，供应链网络覆盖的范围越大，企业越需要构建更完善的供应链运营管控体系。供应链管控升级的重点是管控体系的升级。

供应链管控体系概述

管控体系由管控对象、管控内容、管控目标、管控流程和管控工具等要素组成。下面对企业的供应链管控体系的相关要素进行简单介绍。

（1）供应链管控对象。企业供应链管控的对象就是供应链的"正副三流"，即信息流、实物流、资金流、商流、单据流和业务流。企业对供应链"正副三流"的管控一般是分工进行的。

商流由销售部门及采购部门来管控，销售部门的任务是获得合同和订单，采购部门的任务是获取原材料、零部件等。单据流与业务流贯穿于各个部门，不同阶段的单据流及业务流由各个部门管控。实物流则由物流部门和生产部门管控，生产部门一般只管控生产线的实物流，其他环节的实物流一般都由物流部门管控。资金流一般由财务部门管控。信息流一般体现为商流和单据流，若通过信息系统来实现管控，则各个部门应在企业信息系统的辅助下进行管控。

（2）供应链管控目标。供应链管控的目标是以资金流的良性周转为核心，扩大企业的现金流。要想扩大企业的现金流，就要扩大企业的有效产出规模，提高实物流变现的速度。

有效产出规模主要受制于销量规模和企业产能。销量规模在一定时间范围内是相对稳定的，不可能无限扩大，往往在一定范围内波动；而企业产能并不是越大越好，必须与销量规模相匹配。因此，精准预测销量规模及合理制订产能计划是供应链管控的重要目标。

实物流（成品）变现的速度主要受单据流转的顺畅性，以及采购、生产和交付等环节的执行效率的影响。单据流转的顺畅性和各个环节的执行效率都与企业的业务流程体系的流畅性密切相关。对于业务流程体系的流畅性，本书第 12 章已经有所论述。提高企业流程体系的流畅性，也是企业供应链管控的重要目标。

反过来看，企业供应链管控的目标是，通过提高企业流程体系的流畅性来提高供应链实物流的变现速度，通过稳定和扩大销量以及制订合理的产能计划保障企业有效产出的稳定性。在有效产出稳定且不断扩大以及实物流变现速度不断提升的情况下，企业供应链的现金流将实现良性循环，现金流规模也会越来越大。

（3）供应链管控内容。在运营实操层面，供应链管控的内容包括供应链的节拍和成本两个重要方面。

提高企业流程体系的流畅性是供应链管控的重要目标。而在企业流程体系结构不变的情况下，要想提高其流畅性，就要通过控制供应链的节拍来实现。所谓供应链的节拍，就是从时间维度来看，订单响应、采购、生产、订单交付和结算等环节的活动井然有序，且呈现出紧密的关联性，各个环节宛如在合奏一支动听的交响曲。

在销量稳定且不断扩大的情况下，现金流规模会越来越大，但这并不意味着企业的利润规模会越来越大。有效产出的含义是不仅要成功地把产品交付给客户，而且要确保业务赢利。因此，有效控制供应链的成本非常重要。第 11 章提到，企业运营的艺术就是杜绝一切资源浪费，把有限的资源优先投入到盈利最多的业务上。而要想做到这一点，就要应用 TOC、精益等管理工具和方法对供应链进行管控。

（4）供应链管控流程和工具。要想控制好企业供应链的节拍，提升企业流程体系的流畅性，就要选择合适的管控流程和管控工具。企业应针对流程体系设置一系列的管控节点，根据各个节点的实际情况制定具体的管控方案。管控方案中要有具体的管控流程。例如，针对实物流进行库存管控，其管控方案需要针对缓冲库存量、库存周期等设置相应的预警阈值。至于如何获得库存量及库存周期的数据，则要由相应的流程来规定；在触发预警后，如何处理预警，也要由相应的流程来规范。

管控工具就是管控方案所涉及的台账、看板、报表和信息系统等。最重要的工具是企业的各类信息系统或平台等。没有信息系统或平台的支撑，企业便无法实施供应链管控工作。例如，汽车、轮船、飞机等大型机械产品的供应链是非常复杂的，企业必须依托信息系统及平台才能保障这些供应链的顺畅运行。

供应链管控体系升级的方向

供应链管控体系升级的方向有两个，一是优化管控流程，二是升级信息体系，这两个方向是紧密相关的。

供应链的管控流程与供应链的业务流程体系既有区别，又有联系。管控流程是指在业务流程体系中嵌入的管控节点的具体流程。设置管控流程是为了增强业务流程体系的流畅性。而从流程体系的整体来看，管控流程属于业务流程体系的一部分。

要想升级供应链管控流程，企业一方面要提升管控节点设置的合理性，以及不同管控节点之间关联逻辑的合理性。例如，企业要对经销商库存、供应商库存进行管控，控制原材料库存、中央配送中心（CDC）的成品库存、区域配送中心（RDC）的成品库存之间的比例。另一方面，企业要提高管控流程的合理性和效率，对管控流程进行优化。例如，以往企业在月末盘点的时候才知道具体的库存量，而现在经过管控流程升级，企业就可以每天甚至实时地了解物料及成品的库存水平。

管控流程的升级必须依托信息管理体系的升级。例如，将库存盘点周期从每月一次提升到每天一次，仅靠人工是无法实现的，必须通过充分的业务数据化以及相关的信息技术来实现。因此，企业供应链管控升级的关键在于企业信息管理体系的升级。

供应链管控体系升级设计

供应链管控体系升级设计是一项比较复杂的系统工程，具体可以通过以下六个步骤来实现（见图 13-6）。

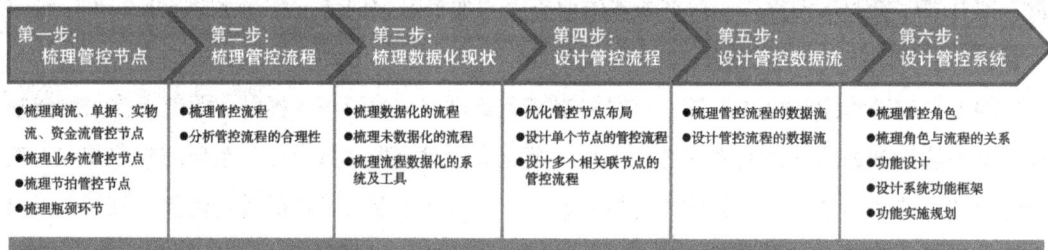

第一步： 梳理管控节点	第二步： 梳理管控流程	第三步： 梳理数据化现状	第四步： 设计管控流程	第五步： 设计管控数据流	第六步： 设计管控系统
●梳理商流、单据流、实物流、资金流管控节点 ●梳理业务流管控节点 ●梳理节拍管控节点 ●梳理瓶颈环节	●梳理管控流程 ●分析管控流程的合理性	●梳理数据化的流程 ●梳理未数据化的流程 ●梳理流程数据化的系统及工具	●优化管控节点布局 ●设计单个节点的管控流程 ●设计多个相关联节点的管控流程	●梳理管控流程的数据流 ●设计管控流程的数据流	●梳理管控角色 ●梳理角色与流程的关系 ●功能设计 ●设计系统功能框架 ●功能实施规划

图 13-6　供应链管控体系升级步骤

（1）梳理管控节点。

① 分别梳理商流、单据流、实物流和资金流的管控节点。

② 以促进有效产出为目标，梳理业务流的管控节点。

③ 梳理供应链节拍的管控节点。

④ 梳理制约有效产出的瓶颈环节。

（2）梳理管控流程。

① 梳理每一个管控节点的管控流程。

② 分析每一个管控流程的合理性。

（3）梳理数据化现状。

① 明确哪些管控流程实现了数据化。

② 明确哪些管控流程尚未实现数据化。

③ 明确哪些管控流程部分实现了数据化。

④ 明确哪些系统和平台在支撑哪些管控流程的数据化。

（4）设计管控流程。

① 设计管控节点布局。

② 设计单个节点的管控流程。

③ 设计多个节点相关联的管控流程。

（5）设计管控数据流。

① 梳理管控流程的数据流。

② 设计管控流程的数据流。

（6）设计管控系统。

① 梳理管控角色。

② 梳理管控角色与管控流程及数据流的关系。

③ 针对管控角色及管控流程设计相关功能。

④ 从全局的视角设计管控系统的功能框架。

⑤ 从技术视角及企业互联网化发展的视角，把管控功能分配给不同的系统或平台予以实施。

13.4　实事求是地制定升级目标

前文分别介绍了企业的供应链架构升级、供应链网络升级和供应链管控升级。供应链升级需要长期投入，需要循序渐进，企业要根据自身的实际情况确定合理的升级目标。具体而言，企业要结合自身的发展阶段、资源情况和管理者的权责制定升级目标。

结合具体的发展阶段制定升级目标

供应链升级必须遵循企业发展的一般规律。处于不同发展阶段的企业，其供应链升级的任务是不同的。下面对初创期、快速成长期、成熟期和转型期企业的供应链升级的焦点进行简要论述。

（1）初创期。初创期企业还处于供应链体系构建阶段，还谈不上供应链升级。对初创期企业来说，首先要做的事情是明确自身的商业模式和供应链架构。具体来说就是，终端客户对象要稳定，产品和服务内容要相对稳定，努力让企业有一个相对稳定的收入来源。毕竟，生存才是初创期企业的第一要务。

在企业拥有稳定的收入来源、能够维持生存的情况下，就要进一步完善企业的供应链架构。具体而言，就是要进一步完善企业的营销模式和销售渠道，以创造更多的收入来源；进一步加强企业与供应商的合作关系，保障物料及零部件等供应的稳定；进一步完善公司主营业务的流程体系，提高有效产出的效率。

（2）快速成长期。处于快速成长期的企业已完成了商业模式的验证，企业的供应链体系已经相对完善。为了实现快速成长的目标，企业要着重考虑自身的供应链网络升级，这是企业能否做大的关键。

处于初创期的企业要为生存而战，而处于快速成长期的企业要为发展而战，因此必须系统地构建企业的营销网络、物流网络和供应商网络。如今，任何一家大型企业，特别是细分行业的标杆企业，都拥有强大的"三张网"，即强大的销售网络、物流网络和供应商网络。这些企业凭借强大的"三张网"，掌控了大量的供应链资源。

（3）成熟期。处于成熟期的企业，虽然已经完成了供应链网络体系的构建，但依旧存在很多供应链管理问题。在这一阶段，企业的供应链升级应聚焦于供应链管控的升级。

处于成熟期的企业，往往会出现机构臃肿、一切都按流程走（即便流程不合理）、人浮于事等诸多管理问题。因此，在这一时期，企业要从提高有效产出的效率以及降本增效的视角进行供应链管控体系升级，维持企业信息系统的健康发展，保障企业供应链的高效运行。

（4）转型期。处于转型期的企业通常要调整主营业务的内容，或者对现有业务的经营方式进行变革，以维持企业的市场竞争力。在这一时期，企业需要进行主营业务的价值链延伸，淘汰落后产能，把资源转移到新的业务或新的业务模式上。因此，在这一时期，企业要系统地考虑自身供应链的架构升级、网络升级和管控升级，实现成功转型。

结合企业资源情况制定升级目标

企业要结合自身的资源情况制定供应链升级目标。对企业的供应链进行升级，肯定需要投入大量的资源。没有资源的支撑，再宏伟的目标、再完美的方案也只能停留在想象的阶段。

根据企业的资源掌控情况，可以把企业划分为行业领导者、区域龙头企业、高成长性的中小企业和普通的中小企业等。

行业领导者，诸如"世界500强"企业或"全国500强"企业，都掌握了大量的资源，如果它们决心进行供应链升级，就会有很大的操作空间。例如，华为基于自身强大的技术和资金实力，快速地进入消费电子产品领域并获得了很好的发展。行业领导者在进行企业的供应链升级时，虽然有很多可用的资源，但因为供应链网络复杂、机构庞杂，所以更需要战略定力和聚焦，把资源集中到企业发展的主航道上。

区域性龙头企业比较多，各省的百强企业以及大多数 A 股主板的上市公司都属于这类企业。区域性龙头企业能够掌握的资源也很多，但其面临的市场竞争也是很激烈的。因此，这类企业在进行供应链升级时，需要思考如何构建和强化企业自身的核心竞争力。从供应链的视角来看，企业的核心竞争力就是怎么更快、更有效地响应终端客户的需求，怎么更高效地实现有效产出。

高成长性的中小企业，一般是指在新兴行业领域创业成功并取得较好发展的企业，如在创业板、新三板上市的部分优秀企业。高成长性的中小企业的发展前景虽然被普遍看好，但企业的快速发展究竟能够持续多久，取决于企业能否实现自身供应链网络的系统性升级。

对绝大多数较为普通的中小企业而言，供应链升级的侧重点是什么呢？绝大多数中小企业都是围绕供应链核心企业（链主企业）开展业务的，其供应链升级的重点是提高对终端客户和链主企业的黏性，具体包括产品黏性和服务黏性。如果企业是为链主企业提供产品和服务的，那么企业就必须提高自身的技术能力和服务水准，使自身能够成为链主企业的首选供应商。

结合管理者自身的权责制定升级目标

企业的管理者还要结合自身的权责制定供应链升级目标。董事长、CEO、供应链总监、物流总监、采购总监，每一个职务的权责都是不一样的，在供应链升级方面能够做的事情也是不一样的。

首先，企业的供应链架构升级更多的时候是由董事长和 CEO 负责的。供应链架构升级涉及业务内容的变化、商业模式的变化、流程体系的重构和组织架构的调整。这些事情多属于经营战略层面的事情，一般的中层管理者是无权过问的。

其次，企业的供应链网络升级是由 CEO、供应链总监和营销总监负责的。企业的供应链网络升级涉及营销模式创新、销售渠道扩张、供应商网络调整等运营层面的具体事情，这些事情属于企业运营核心团队的责任和权力。

再次，企业供应链管控升级是由 CEO、供应链总监、生产总监、物流总监、采购总监和 IT 总监等中高层管理者负责的。供应链总监负责企业供应链的整体运行；生产总监、物流总监、采购总监和财务总监等分别负责生产、物流、采购和财务等方面的具体事务；IT 总监则负责为各个方面的供应链管理提供信息技术支持，提供系统和平台的规划、建设及运维保障；而 CEO 则要做好各个总监之间的协调工作，抓住主要矛盾，合理分配用于供应链管控体系升级的资源。

总之，企业高层用什么样的视角、观念来看待企业的供应链升级非常关键。要想实现供应链升级，就要先让企业高层达成共识。

思考与讨论

1. 企业的供应链升级具体包括哪些内容？

2. 制定企业供应链升级目标时，需要考虑哪些因素？

3. 对于企业的供应链升级，您会在自身的权责范围内做些什么？

第14章 布局透明数字化供应链

第13章阐述了如何设计供应链升级，以及如何实事求是地制定供应链升级目标。要想确保企业的供应链升级朝着透明数字化供应链的方向发展，首先要给企业植入透明数字化供应链的理念，其次要切实推动企业进行平台化转型，最后要为企业培育透明数字化基因。

14.1 植入透明数字化供应链理念

给企业植入透明数字化供应链的理念，是一件比较困难的事情。首先，要让企业经营层理解和认同透明数字化供应链的理念；其次，企业经营层要能够下定决心推动透明数字化供应链的变革。

一遍遍地重复，让经营层听进去

让企业经营层理解和认同透明数字化供应链的理念，没有什么特别好的办法，只能一遍遍地重复，让经营层听进去。

企业的经营层都是领导，而领导都很忙，不见得有时间去系统地学习什么是透明数字化供应链；其次，越是有能力、有见识、有思想、有个性的领导者，越可能有更多的成见，很难在短时间内真正认同一些新的思想和理念。因此，只有一遍遍地重复，才能让整个经营层都理解和认同透明数字化供应链的理念。

在一遍遍重复的过程中，要重点重复下面三项内容：什么是透明数字化供应链，透明数字化供应链的理论框架揭示了什么规律，透明数字化供应链对企业有什么意义。

（1）什么是透明数字化供应链。

透明数字化供应链是指运用ICT、IoT、大数据、云计算、AI等先进技术实现供应链的透明数字化。供应链的透明数字化是一个渐进的发展过程，包含两个阶段，第一个阶段是实现供应链的业务数据化，第二个阶段是实现供应链的数据业务化。

（2）透明数字化供应链的理论框架揭示了什么样的规律。

供应链接受透明数字化赋能的过程分为供应链的业务数据化和供应链的数据业务化两个阶段；同时，这个过程也可以分为技术赋能、流程变革和供需生态变化三个层面。这就是透明数字化供应链的理论框架，它主要揭示了这样一个规律：首先，技术进步会不断地促进供应链的业务数据化，同时会不断积累业务数据，进而推动供应链的数据业务化；其次，供应链的数字化发展会推动供应链的流程体系重构，从而促进供应链整体效率的提升；最后，供应链的数字化发展会推动供应链的供需匹配逻辑的变化，进而重构整个供需生态。具体内容参见第 5 章和第 8 章的论述。

（3）透明数字化供应链对企业有什么意义。

透明数字化供应链是供应链发展的主流趋势。企业可以应用透明数字化供应链的理论框架指导企业的供应链变革，指导企业系统的升级，进而提升企业的核心竞争力。

经营层坚决推动变革

推动企业的供应链转型为透明数字化供应链，需要经营层从战略的高度下决心。具体而言，有三个要点，分别是领头人推动、统一思想和长期投入。

（1）领头人推动。推动企业的供应链升级和变革关乎企业的生存和发展，因此必须由企业的领头人推动，否则很难进行下去。

企业可能拥有由优秀的 CEO 和供应链总监等高管人员组成的强大的经营管理团队，但是高管团队的职责更多属于执行层面。职业经理人更关注短期效益，不太愿意为长期利益做太多的投入和牺牲；职业经理人更看重风险防范，不会轻易地大胆尝试。因此，要想推动企业的供应链变革，重构企业系统，就必须由企业的领头人来推动。推动企业的供应链变革，有可能会成功，也有可能会失败，任何结果只能由企业的领头人来承担。

把企业的发展引往哪个方向，把企业带到什么地方去？面对这两个问题，企业领头人要有使命感和担当。若领头人没追求、不担当，则很难让企业获得更好、更大的发展。

（2）统一思想。领头人一旦下定决心推动企业的供应链变革，就必须把个人的理想和意志转化为集体共识。因此，企业领头人需要统一经营层的思想，让整个经营层都能深刻理解透明数字化供应链，并理解开展变革的原因。

统一思想的方式包括集体学习和集体研讨等。集体学习的目的是让整个团队对透明数字化供应链的概念、理论框架、知识、工具和方法等都有相对一致的认识和理解。集体研讨是指结合企业的实际情况，研讨企业为什么要进行供应链变革，变革的目标是什么，如何变革等。

统一经营层的思想之后，接下来就要把思想及相关政策等传达给中层和基层人员，确保企业上下达成共识，为企业的供应链变革打好思想基础。

（3）长期投入。推动企业的供应链转型为透明数字化供应链不可能一蹴而就，必须循序渐进，这是一个相对漫长的过程。因此，企业要把眼光放长远，要持续地投入。在进行供应链转型之前，企业的数字化基础可能非常薄弱，而夯实数字化基础需要时间；企业可能并没有能够推动供应链转型的人才，而人才的引进和培养也需要时间。

从根本上讲，推动企业的供应链转型，绝不是简单地以项目的形式落实一些短期的改进方案就能实现的，而是需要整个企业不断成长。而要实现企业的成长，不仅需要企业经营层更新思想和理念，还需要中层干部和基层骨干也成长起来，并在透明数字化供应链的框架下，推动企业各个方面的变革与创新。

14.2　推动企业的平台化转型

推动企业的供应链转型为透明数字化供应链，具体的实现路径就是推动企业的平台化转型。要想推动企业的平台化转型，就要做好三件事情：一是制定合理的平台化转型目标，二是设计可行的平台方案，三是筛选可靠的平台技术支持伙伴。

制定合理的平台化转型目标

第 9 章提到，企业的平台化转型包括三个方面：一是加入行业平台；二是构建企业平台；三是构建行业平台，做平台型企业。那么，企业究竟该如何制定自己的平台化转型目标呢？具体而言，企业要结合自身的发展阶段和资源情况制定平台化转型目标。

首先，不管是什么样的企业，都应该勇敢地加入行业平台。因为只要加入行业平台，就能引流终端客户，对接行业资源。例如，小到一家快餐店、小吃店，都可以加入美团、饿了么平台去提升销量；大到像格力、华为等那样的大企业，也可以在天猫和京东平台上开直营店。随着产业互联网化的发展，各个行业都会出现了相应的行业平台，企业应该积极拥抱行业平台，通过加入行业平台实现自身的平台化转型。

其次，是否需要构建企业平台取决于企业的发展阶段。企业应该根据实际的业务运营管理需求建设和升级企业的信息系统或平台。企业是否需要引入财务系统、OMS、OA 和 CRM 等，主要取决于企业的发展阶段。一家初创企业，刚开始时业务规模一般很小，可能连财务管理的班子都凑不齐，也不需要信息系统的辅助。随着企业步入正轨，财务管理业务不断规范化，所以必须引入财务系统。随着公司的业务规模越来越大，以人工的方式来处理客户订单比较烦琐，所以必须引入 OMS。随着企业员工、部门的增多，内部管理的各项审批会越来越多，并且需要将其规范化，因此必须引入 OA。总之，企业应用什么样的信息系统，要搭建什么样的企业管理平台，主要取决于企业的发展阶段以及实际的运营管理需要。

此外，企业能否搭建行业平台，主要取决于企业对行业资源的掌控程度。笔者曾遇到某企业老板 A 总，他的企业主要做专线运输业务，并且做得还不错，年营业额为超过 2000 万元。A 总想做一个平台来整合专线运力和专线运输业务。笔者把对平台的构想和平台框架设计方案提供给 A 总，A 总看了方案之后表示认可，提出想大干一场。但是，一提到预算及各方面的资源投入，A总就面露惧色，最后不了了之。笔者也曾给多家大型的综合物流企业提供运力资源整合平台的咨询和设计服务（现在行业内称之为"无车承运人平台"），但最终能真正落地并且运营得比较好的企业很少。那些能够成功的少数企业，都有自己的资源优势，有的拥有货源优势，有的拥有资金优势，有的拥有技术优势。

搭建行业平台和运营平台需要大量的投入，大部分企业既没有足够的资金实力，也没有相应的技术人才和运营人才，即便有再好的平台商业计划和设计方案，也落不了地。反过来看，那些掌控行业大量资源的企业必须推动行业平台的建设，以推动整个行业的发展。

设计可行的平台方案

不管企业选择加入行业平台，构建企业平台，还是打造行业平台，都必须拥有可行的平台设计方案。

加入行业平台，需要可行的平台功能适配方案。每家企业的产品和服务都不同，展现产品和服务的形式也各不相同；另外，每家企业的业务流程也有所不同。行业平台需要根据企业的实际情况进行流程适配。因此，企业即便选择加入行业平台，也要针对自身的实际情况设计切实可行的平台功能适配方案。

构建企业平台时，企业要根据自身实际的组织结构，根据具体的管控内容和管控目标以及各个部门的专业诉求等，设计可行的平台方案。同样是OMS，每家企业的单据格式肯定不同，单据流转的流程细节也肯定不同；同样是财务系统，每家企业的会计科目、对账流程和结算流程肯定不尽相同；同样是OA，每家企业的组织结构、各项审批的具体流程肯定不尽相同。因此，构建企业平台之前要先拿出可行的设计方案，对方案进行科学的论证，并通过不断迭代修正平台的设计方案。

构建行业平台时，企业要具备强大的平台设计能力，要考虑平台的各类用户的诉求，要考虑平台各项业务的运行方式，要考虑平台的各个角色怎么在平台的机制下进行互动、交易、交接和协同等，以促进业务的高效运行。

企业在设计可行的平台方案时，不能过于依赖平台技术供应商，而要明白自己需要什么。企业必须让既熟悉企业业务，又懂平台设计，还懂计算机及互联网技术的人来负责平台的设计和建设，推动整个平台项目。笔者见过很多平台项目，凡是最终失败或者推动过程十分不顺利的项目，在很大程度上都是由于企业的管理基础薄弱，并且没有找到优秀的专业人才来负责项目的推进；同时，平台技术供应商也没有能力对企业进行很好的引导。凡是最终获得成功或推动过程比较顺利的项目，企业的相关管理基础都很扎实，并且平台项目负责人非常了解企业需要什么，能够向平台技术供应商提出非常合理和明确的需求。

筛选可靠的平台技术支持伙伴

如果企业不具备十分强大的技术能力，那么在建设平台及推动平台项目时就需要筛选可靠的平台技术支持伙伴。企业如何才能筛选出可靠的平台技术支持伙伴呢？在考察备选的平台技术供应商时，企业要综合考察供应商的资质、技术实力及其对企业所处行业的理解程度。

在考察平台技术供应商的资质时，企业一定要了解供应商的企业规模和技术团队规模，供应商有多少了解本行业的专家，供应商的过往信用是否良好，是否发生过严重的纠纷。考察平台技术供应商的技术实力时，企业要看供应商有没有实际的产品及技术专利，有多少软件著作权，更重要的是看供应商做过哪些成功的大项目。在考察平台技术供应商对行业的理解程度时，企业可以看供应商服务本行业的年限，年限越长表示供应商的行业积累越多；企业还可以考察供应商有没有针对本行业的独特观点、解决方案和成功案例等。

企业在推动平台化转型时需要做很多探索和创新。在考察平台技术供应商时，企业还要考察供应商有没有长期服务项目的意愿和能力。平台建设所涉及的阶段性开发并不是一锤子买卖，后续还需要做很多次迭代，如果供应商没有与平台项目共同成长的意愿，那么项目的风险就比较大。如果平台技术供应商有与平台项目共同成长的意愿，但是没有共同成长的能力，如供应商有倒闭的风险，那么仍会给企业的平台项目带来风险。

14.3 培育透明数字化基因

从企业长远发展的角度来看，在推动企业的平台化转型的过程中，企业还要培育自身的透明数字化基因。

很多企业都有推动平台化转型的意愿，这些企业拥有雄厚的资金实力，对行业资源有强大的掌控力，但是在推动平台化转型的时候却步履维艰。其根本原因是这些企业没有透明数字化基因，没有物联网和互联网等方面的人才储备。企业要想获得长远的发展，不是简单地搭建平台就够了，必须能够驾驭平台的持续运营和迭代。因此，企业必须在推动平台化转型的同时培育企业的透明数字化基因，形成能够驾驭平台发展的企业实力。

培育企业的透明数字化基因的关键是企业要拥有具备透明数字化思维和技术能力的人才。企业可以通过高层学习、引进人才、培养人才以及形成企业文化等方式培育自身的透明数字化基因。

高层学习

企业的高层领导要加强学习，加强对时代趋势的认知和了解，时刻跟踪行业动态，并不断更新自身的知识结构。企业过去的成功，并不能保证企业在未来也会成功；没有永远的企业，只有适应时代的企业。企业的高层领导只有加强自身学习，才能让企业拥有美好的未来，才能找到正确的发展方向。随着互联网和物联网的发展，社会进入了数字经济时代，企业高层要对数字化和数字经济有深刻的认识。

然而，在传统产业中，很多企业的高层都不了解互联网，缺乏对物联网和互联网的基本认识，对产业互联网化的认知不足。企业高层只有对产业互联网化有深刻的认知，对透明数字化供应链有深刻的认知，才能认识到透明数字化的重要性，才愿意为了企业的发展培育透明数字化基因。

引进人才

传统企业之所以缺乏透明数字化基因，主要是因为缺乏物联网和互联网方面的技术人才，因此企业必须引进相关人才。首先，企业要对互联网人才有相对全面的认识；其次，企业要引进对口的人才，并委以重任。

多年来，很多企业认为，互联网人才只需要懂得构建和维护公司内部的局域网，知道如何给计算机安装及卸载软件，知道如何处理计算机的简单故障就够了。因此，很多企业设立的 IT 部门完全是为企业的计算机化办公提供后勤保障的。然而，从目前的发展趋势来看，这样的 IT 部门应该被并入行政后勤部门。

真正的 IT 部门是为企业的平台化转型服务的，是为企业的供应链实现业务数据化和数据业务化服务的。这样的 IT 部门，不仅要有过硬的计算机及互联网方面的知识和技术，还要深入了解企业的流程体系，知道企业需要什么样的信息系统，知道应该如何推动企业的平台化转型。因此，企业要重新定义 IT 部门的职能，要引进能够推动企业平台化转型的 IT 总监来管理 IT 部门。

那么，什么样的人能够胜任 IT 总监这个职位呢？这个人必须具有计算机及互联网方面的专业背景，最好是科班出身；必须具备企业经营管理的基本知识；必须拥有参与大型平台项目的经验，最好做过平台项目的乙方项目经理，如果做过平台项目的甲方负责人就更好了。企业要找这样的人担任 IT 总监，并赋予其推动企业平台化转型的重任。

培养人才

引进合适的 IT 总监，只是解决了推动企业平台化转型的短期人事问题。企业要想真正具备透明数字化基因，还必须培养人才。

首先，企业要培养能够随时顶替 IT 总监的后备干部；其次，企业要培养更多的 IT 技术骨干。企业的 IT 总监很关键，不能因为 IT 总监的人事变动而影响企业平台化转型的进程，但也不能把企业平台化转型的重任完全压在 IT 总监一个人的肩上。因此，企业要在 IT 部门内成立决策班子,并培养随时能够顶替 IT 总监的后备干部。

企业有必要培养一批 IT 技术骨干,让这些骨干负责平台化转型的各个项目。例如,国内知名的大型快递公司和物流企业都有强大的 IT 团队,有一批 IT 技术骨干。这些技术骨干不仅技术过硬,而且对公司的业务和流程体系非常熟悉。企业需要构建相应的人才培养机制,为企业的发展培养更多的 IT 技术骨干,让他们为企业平台化转型服务。有了强大的 IT 技术骨干队伍,企业便可以自主开发核心业务系统,可以对平台及各个系统进行自主运维和迭代,还可以对外包的平台项目进行严格的质量管控。

形成企业文化

企业要培育透明数字化基因,还要形成相应的企业文化。企业文化不仅是一种理念,更是企业做事的方式和原则。那么,什么样的企业文化可以壮大企业的透明数字化基因呢?

首先,企业要形成一套透明数字化发展的理念和政策,并将这些理念和政策传递到各个部门、各个岗位,让透明数字化的思想和理念深入人心。其次,企业要对各个部门负责人及各个层级的骨干进行专门培训,使干部队伍及骨干人员对产业互联网、透明数字化供应链有基本的认识和了解。此外,企业可以从 IT 部门抽调部分骨干人员转岗到其他部门去历练,将其作为其他部门的骨干人员或储备干部来培养。

技术是不断更新的,企业的员工(包括骨干人员、中层干部及高管团队)也是不断流动的,只有通过企业文化保障透明数字化基因的传承和不断壮大,企业才能成功地进行平台化转型,不断地进行平台升级,进而真正具备透明数字化基因。

思考与讨论

1. 推动企业的供应链转型为透明数字化供应链可能面临哪些困难?企业应该如何布局?

2. 推动企业的平台化转型,需要做好哪些方面的事情?

3. 为什么要培育企业的透明数字化基因?如何培育和壮大企业的透明数字化基因?

第四篇
思维意识和工具

前面三篇介绍了透明数字化供应链的基本理论，本篇将重点阐述推行透明数字化供应链所需掌握的思维意识和工具。

本篇介绍的思维意识和工具，是人们在长期的工业化进程中不断提炼总结出来的，对供应链从业人员的成长进步非常有价值，希望读者能够认真阅读体会，并在实践中加以运用，不断把这些思维意识和工具内化成自己的素质和能力。

本篇包括以下两章。

第 15 章　认识透明数字化供应链所应具备的思维意识

第 16 章　构建及优化透明数字化供应链所应掌握的管理工具

第15章 认识透明数字化供应链所应具备的思维意识

"你看见的是你想看见的，每个人都在透过自己的内心世界看外部的世界。"这句话揭示了一个道理：一个人的思想和意识会深刻地影响他对周围世界的看法。

意识决定行动，行动离不开意识的指导。要想获得事半功倍的效果，就要以正确的思维意识指导行动。笔者在长期的物流供应链理论研究和实践中，逐渐认识到本章介绍的14种思维意识对供应链管理实践的重要价值。供应链管理人员如果能够深刻领悟本章介绍的14种思维意识，并用这些意识指导实际工作，必将取得显著的工作成效。

供应链管理人员需要具备的思维意识可以划分为全局思维、动态思维、技术赋能思维和落地实践思维四大类，具体如表15-1所示。

表15-1 供应链管理人员应该具备的四类思维意识

全局思维	系统意识、统筹意识、协同意识、特殊因与共同因意识
动态思维	弹性与柔性意识、时空意识、流动意识、瓶颈意识
技术赋能思维	透明数字化意识、AI意识
落地实践思维	工业工程意识、现地现物意识、结果前置意识、精进意识

（1）全局思维。企业的供应链是由众多环节构成的，而整体效益对企业来说始终是第一位的。因此供应链管理人员要从整体出发，将供应链涉及的各个部分有效地结合起来，解决供应链面临的各种问题。全局思维包括系统意识、统筹意识、协同意识以及特殊因与共同因意识。

（2）动态思维。供应链的运作是一个动态的过程，管理人员要避免静态地观察供应链。动态思维包括弹性与柔性意识、时空意识、流动意识和瓶颈意识。

（3）技术赋能思维。技术的革新升级不断推动着社会生产力的发展，供应链管理人员要紧跟技术发展潮流，了解和应用先进的技术，推动供应链的持续升级。技术赋能思维包括透明数字化意识和AI意识。

（4）落地实践思维。供应链管理是实操性非常强的工作，在实际的工作中，供应链管理人员要实地了解供应链的运作情况，制定符合实际的工作目标，以有效地实现供应链的持续优化。落地实践思维包括工业工程意识、现地现物意识、结果前置意识和精进意识。

本章介绍这14种思维意识，是想给广大从事供应链管理工作的读者带来一个启发：只有从思维意识入手，才能提高自己认识问题、分析问题的能力，思想对了，路也就对了。

15.1 系统意识

供应链系统繁多，大系统包含着小系统，系统之间以及系统各个组成部分之间相互影响。系统意识能够让供应链管理人员在处理繁杂的供应链管理问题时从全局出发，从长远发展的角度对其所处的供应链予以整体把握。

其实，人无时无刻不在受到系统的影响，只是很多人没有意识到而已。人本身就是一个天人合一的非常复杂、精妙的系统，人的身体状态受周围的自然环境、自身情绪和自身机能的综合影响。中医看病的过程就是典型的系统意识。针对简单的感冒咳嗽症状，有经验的中医首先要辨证，即判断到底是外感引起，还是内热引起，外在的症状都是感冒咳嗽，但外感和内热才是病因，医生要治病，不是治症状！找准发病原因，用适当的药干预，症状才能消失。这就是中医的系统意识。

供应链管理人员要充分意识到任何一家企业都只是供应链的一部分，其所处的供应链包含上下游多家企业。供应链管理人员在开展具体工作时不仅要关注供应商与客户，还要了解供应商的供应商以及客户的客户，这样做有助于从整体上认识供应链。

在进行供应链优化与持续改善的过程中，供应链管理人员要协调好整体效益与局部效益的关系。一方面，局部效益是整体效益的基础，局部效益无法实现，全局效益也就无法实现。另一方面，当局部效益与整体效益发生冲突时，局部效益要服从整体效益，以整体效益为重，及时停止不利于整体效益的局部行动。

供应链管理人员在改善供应链整体效益的过程中，若要使整个供应链运转正常并发挥最佳效能，必须立足于各个组成部分的相互配合。供应链是一个系统，供应链管理人员要想充分提高整个供应链的效率，保证系统的高效运转，就要从制度、流程和人员等层面做好协同优化。

总之，系统意识的影响无所不在，而供应链管理涉及的面很广，因此优秀的供应链管理人员必须要具备系统意识，通俗来讲，就是要有大局观和全局观。

本书对系统意识的描述仅仅是引玉之砖，建议读者有目的地阅读一些经典图书，加强自己对系统意识的理解。彼得·圣吉的《第五项修炼》、戴明的《转危为安》都是很不错的书。有工科背景的读者也可以研究一下钱学森的《工程控制论》。

15.2 统筹意识

统筹意识对一个人做好工作发挥着非常重要的作用。在生活中，很多人之所以做事井井有条，是因为他们具有统筹意识，能够分清轻重缓急。

实际的供应链管理工作离不开对各种资源的统筹安排和调度。供应链由众多环节组成，若缺乏整体筹划，则必将不利于最大限度地发挥整条供应链的价值。面对错综复杂的供应链，供应链管理人员只有通过统筹供应链流程，才能实现资源的优化配置，促进各环节之间的有效衔接，减少浪费。

著名数学家华罗庚在《统筹方法平话及补充》一书中以泡茶为例，形象地说明了统筹意识对工作的价值。烧水泡茶主要有三种方法，其中，甲方法共耗时 20 分钟，乙方法共耗时 20 分钟，丙方法共耗时 16 分钟，如图 15-1 所示。

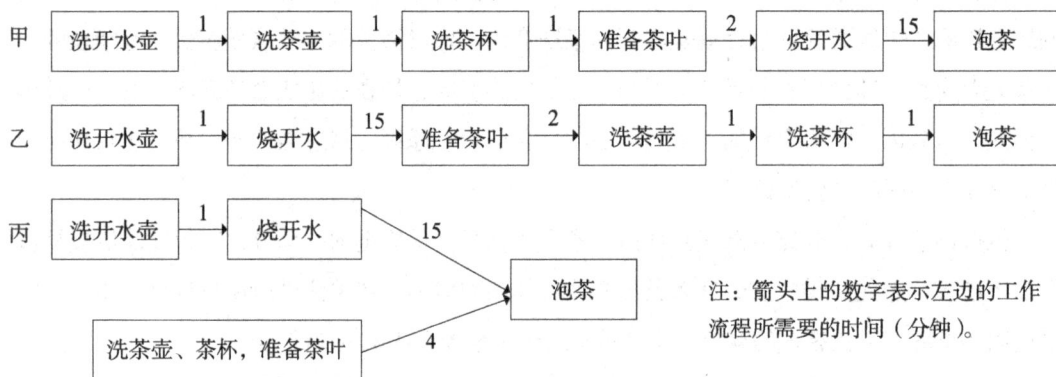

图 15-1　烧水泡茶的三种方法

从图 15-1 中可以看到，丙方法耗时最短。也就是说，如果在烧开水的同时做洗杯子、放茶叶等准备工作，就能节约 4 分钟的时间，提高整个流程的效率。

供应链管理人员每天面对的供应链问题比烧水泡茶要复杂得多，但烧水泡茶这个例子背后的统筹意识值得供应链管理人员借鉴。

15.3　协同意识

供应链是由多种角色组成的复杂系统，包括供应商、生产商、分销商和物流商等在内的众多参与者都只能承担其中的部分工作，供应链的正常运转离不开这些角色的相互协作。

几乎没有哪家企业可以将供应链的所有环节都承担起来，在供应链中的合作分工是常态化的。分工既包括企业之间的分工，也包括企业内的各部门之间的分工。只要存在分工，必然需要各个环节、流程之间相互协同。供应链管理人员要意识到，供应链协同对提升供应链的价值具有十分积极的意义。

供应链协同可以发挥协同效应，实现"1+1 > 2"的效果，它强调的是合作与共赢。以手术流程中的团队协作为例，在手术团队中有外科医生、麻醉师和护士等不同的成员，手术的顺利进行需要团队中的每一位成员运用各自的专业知识和技能并通力合作，这样才能为病人提供安全的治疗服务。供应链管理同样如此，要想实现供应链的正常运转，确保及时将产品或服务交付到最终客户手中，就离不开供应链上下游各种角色的通力合作。

供应链管理人员要意识到，通过上下游之间的信息互联，利用互联网技术打通上下游，实现合作伙伴之间的信息交流和共享，对供应链管理来说非常重要。信息流的打通不仅可以促进供应链各个环节之间的衔接，也可以为供应链中各种角色全方位的业务协同提供基础和保障。

供应链从业人员一定要建立协同意识，从思想深处摈弃"各扫门前雪"的意识。越是高层管理者，越要从协同的角度思考问题。越协同，越有竞争力。

15.4 特殊因与共同因意识

我们常说因果关系，解决问题要找到原因，但是在具体的工作中，我们往往会陷入因果不对应的迷茫中。戴明博士提出的特殊因和共同因进一步阐述了因果关系，为解决问题打开了新的思路。

特殊因与共同因是指一件事情发生的原因分为特殊因与共同因。

特殊因具有突发性、偶然性，是由少数人的行为或其他偶然的原因所造成的，是一种偶发事件。特殊因与供应链系统的整体无关，它意味着突发的偶然因素，如突发事件或者操作人员的失误。

共同因来自系统，是由企业流程、制度等系统层面的因素造成的。在供应链中，共同因是供应链系统本身的组成部分，与业务流程和制度安排等系统层面的因素密切相关。如果某一问题是由业务流程设计缺陷造成的，那么就不应该将问题归咎于业务流程中某一个岗位上的操作人员。

对供应链问题进行分析和处理时，供应链管理人员如果将共同因造成的问题归因于特殊因，或者将特殊因造成的问题归因于共同因，就无法做到对症下药，也无法彻底解决问题。

在供应链管理中遇到的问题既有共同因造成的，也有特殊因造成的，只有明确问题产生的原因，才能保证问题得到彻底解决。例如，一家配送中心针对送货日均时效低下的问题，必须区分原因性质，如果是共同因引起的，就要了解作业流程、管理方式等系统方面的情况；如果是因为司机、配货人员等个人的特殊原因引起的，就要将这些特殊原因调查清楚，并进行有针对性的改善。

很多供应链管理问题长期难以根治，其原因就在于供应链管理人员混淆了共同因和特殊因。如果能用特殊因和共同因意识指导自己的工作，那么供应链管理人员一定能发现问题的根本原因，从而更好地开展工作。

要想进一步了解特殊因和共同因，建议大家仔细阅读戴明博士的著作《戴明的新经济观》中对红珠白珠实验的介绍。有条件的话，大家可以自己准备红珠和白珠，亲自做一下这个实验，你一定会恍然大悟。笔者在自己举办的公开课"物流供应链创新一日谈"中，多次组织学员做红珠白珠实验，每一位参与者都感到非常震撼。他们没想到，自己天天都在犯混淆共同因和特殊因的错误却毫不自知。

15.5 弹性与柔性意识

一般而言，弹性是指企业对外部环境的适应能力，柔性是指企业内部对业务变动的快速响应能力。

社会发展到今天，大部分工业品的大批量、高质量、低成本制造已经不再是问题，如何灵活响应客户的需求成了亟待解决的问题。在家电领域，海尔的张瑞敏和美的的方洪波都意识到了这一变化趋势。本书第 5 章系统地分析了这个问题。

随着客户需求的多样化，以客户的个性化需求拉动供应链运转已经成为供应链发展的主流趋势。企业要适应消费和制造的个性化发展趋势，未来的供应链将不再是传统的以产定销的模式，而是以需定产的模式。弹性和柔性的供应链运作机制就是以需定产模式的基础。

弹性和柔性的充分实现，依赖于数字化基础之上的透明连接，数字化转型以及透明的实现能够为弹性与柔性的实现提供保障。在探索供应链数字化的过程中，青岛红领制衣走在了前列。青岛红领制衣用近 20 年的时间，实现了整个制衣过程的数字化，即根据每个客户的具体身形数据生产服装，实现了灵活的柔性生产。

在这样的大趋势下，对供应链管理人员而言，任何僵化的思维意识都不利于企业的发展。要想跟上时代发展的趋势，供应链管理人员就必须建立弹性和柔性意识，根据多变的客户需求灵活地组织供应链业务。

15.6 时空意识

在认识供应链的运转规律时，我们可以从时间和空间两个维度出发。

我们身处于一个无时无刻不在变化的世界中，时间是考虑所有问题时都必须关注的因素。供应链的正常运转需要一定的时间才能实现，而时间是具有价值的，时间的消耗会造成资源的浪费。

　　许多管理人员都会对流通过程中的各种拖延、浪费现象视而不见，他们忽视了时间的价值。在实际的供应链管理中，要想保证供应链的高效运转，就要注重发挥时间的价值。

　　企业花费大量资源所获得的物品和服务等都占用了资金，因此，当它们因为供应链的运作效率低下而导致周转时间过长时，就会造成极大的浪费。供应链管理人员必须清醒地意识到时间的价值，争取快速变现，以实现资金回笼。

　　供应链上的各个环节，都不可避免地呈现出一定的空间分布特征。在供应链上，采购、生产、分销和物流等多个环节在空间上的分布不可避免地会对供应链的运转造成影响。供应链管理人员要考虑采购、生产、分销和物流等环节所呈现的空间分布特征，通过合理的布局实现资源的优化配置。例如，供应链管理人员要思考，一个区域仓库可以覆盖多少个前置仓，一个前置仓可以覆盖多少个门店。对这些问题的思考正是空间意识的体现。

　　供应链管理人员要养成一个习惯，即能够随时随地把整个供应链涉及的物品、工作流程时间资金化。简单来讲，供应链上流动的每个物品其实都是积压的钱，供应链上每个流程的每个作业都是钱！供应链管理人员有了这种意识，就会形成时间观念，就会产生紧迫感。

　　供应链管理人员还要养成一个习惯，即不断地在自己的脑海中优化供应链上的各个业务节点的空间位置，形成强大的空间意识。

　　时空意识对供应链管理工作来说非常重要，如果一位供应链管理人员能在自己的脑海中不断优化工作所涉及的时间和空间问题，那么其对供应链的掌控能力就会日益增强。

15.7　流动意识

　　供应链的运转过程就是各种要素不断流动的过程。

　　流动意识是一种关注流动性、注重流动性控制的思维，并非简单地推崇加快流动性，而是强调流动性的可控。

　　有一个小实验可以形象地说明流动性。这个实验很简单，但是很有启发性，建议有兴趣的读者亲自做一下，体会其中蕴含的道理。

　　实验所需的道具：一个透明的白葡萄酒瓶，一个深度超过白葡萄酒瓶高度的水桶，自来水，长度能触到白葡萄酒瓶底部的、可以弯折的吸管，用于记录时间的秒表（可用手机替代）。

　　实验内容：用三种不同的方式将灌满水的白葡萄酒瓶中的水倒出，记录倒完水所用的时间。

　　倒水方式一：待瓶子被灌满水后，将瓶子倒置，水自然流出，记录水流尽所用的时间（约 10 秒）。

倒水方式二：待瓶子被灌满水后，在倒置瓶子的同时，手握瓶子并旋转，瓶子中的水在离心力的作用下呈龙卷风状，水旋转流出，记录水流尽所用的时间（约6秒）。

倒水方式三：待瓶子被灌满水后，将吸管插入瓶底，在倒置瓶子的同时，用嘴含住吸管往瓶子里吹气，记录水流尽所用的时间（约2秒）。

同样是倒水，方法不一样，效果也截然不同。这个简单的实验给供应链管理人员带来了什么启发？供应链管理人员的价值就在于他们能增强供应链的流动性，只要供应链管理人员掌握了供应链的运行规律，就能增强供应链的流动性。

接下来，我们用一个实际场景来解释流动性。如果某物流服务商要给一个品牌商提供城市配送物流服务，那么它就要想方设法地提高自己控制供应链流动性的能力。这里的流动性意味着品牌商通过与物流商的合作能加速产品销售，加速资金回笼。物流商帮助品牌商加速产品销售就是增强流动性的具体体现，这也是其重要的竞争优势。

15.8 瓶颈意识

供应链管理人员的价值在于，在拥有同样资源的情况下，他们能够让供应链系统的产出更好。这个"更好"涵盖了产量、质量、交付速度等指标。面对复杂的供应链管理问题，如何才能做到这一点？识别并紧抓供应链中的瓶颈环节，将其作为工作的突破点，这是供应链管理人员必须形成的一种基本意识。

供应链的运作体系由不同的环节组成，其中必然存在着制约整个系统产出的环节，也就是瓶颈环节。瓶颈环节的产出效率决定着整个供应链的产出效率，对整个系统发挥着决定性的影响。瓶颈环节的表现形式有很多，既可以是物质资源、资金和人员，也可以是市场和制度。

所谓"瓶颈意识"，就是能够清醒地意识到供应链系统的产出受瓶颈环节的产能的制约，瓶颈环节的任何浪费都是整个系统的浪费。不是非瓶颈环节产出越多越好，非瓶颈环节的产能如果不能与瓶颈环节的产能相匹配，那么不仅不利于增加整个供应链系统的产出，还会造成极大的浪费。

为了便于大家理解，我们举一个简单直观的例子。我们随机找15个人组成团队远足20千米，考核规则是这15个人不能有任何一个人掉队，所有人到达目的地的时间偏差不能超过10分钟。你会发现，在这15个人里，肯定有走得快的人，也有走得慢的人。在考核规则的限制下，走得快的人走得再快，也不会对完成任务有什么帮助，影响整个团队成绩的是走得最慢的那个人。作为团队组织者，要想提高整个团队的成绩，就要把注意力放在如何帮助走得慢的人尽量走快上面，而且要说服其他人迁就走得慢的人，并帮助后者。在这个活动中，系统产出就是共同到达目的地，瓶颈环节就是走得最慢的人，这就是生活中能直观感受到的瓶颈意识的一个例子。

瓶颈意识让人们意识到，供应链的产出效率取决于瓶颈环节的产出效率。供应链管理人员要善于发现供应链的瓶颈环节，发挥瓶颈环节对供应链的控制引领作用。供应链管理人员如果不了解瓶颈环节与非瓶颈环节的差异，把工作重点放在非瓶颈环节上，那么不仅无助于整体效益的提升，反而会增加整个供应链的运作成本。

供应链的瓶颈环节并非一成不变，供应链管理人员要适应新的情况，做好持续改善。某一瓶颈环节的出现和持续都依赖于一定的环境，供应链管理人员要做的不仅仅是识别瓶颈环节、控制瓶颈环节，还要不断突破瓶颈环节的资源及能力限制，进而推动供应链整体效益的提升。

供应链管理人员如果形成了瓶颈意识，那么其看待供应链系统运作的视角就会发生很大的改变。例如，在日常工作中，供应链管理人员会发现很多习以为常的做法实际上无助于系统产出的提高，而且会造成极大的浪费。只有找到真正的瓶颈环节，才有可能实现有效的改善，真正提高供应链的整体效益。在非瓶颈环节付出再多的努力，其结果对整体而言也是没有什么价值的。

15.9 透明数字化意识

透明强调信息得到真实和及时的反映。数字化是现代科技处理信息的一种基本方式，透明需要数字化，但是数字化并不等于透明。透明数字化就是实现透明的数字化，而不是无效的数字化。

信息技术的发展日新月异，数字技术已经渗透到制造业、物流业和零售业等各个行业，数字经济时代正在到来，透明数字化的印记正在显现。在数字化浪潮的推动下，从扫码支付、无人超市到水电气缴费、医院智能挂号等，数字化场景正在融入我们生活的各个角落，社会的方方面面都被打上了显著的透明数字化印记。

透明数字化转型要求管理人员勇于变革，适应新的时代要求，在供应链中积极开展透明数字化战略布局。在数字化时代，技术革新的速度越来越快，市场需求越来越多样，企业必须摒弃短视思维，加大数字化基础设施投入，通过数字化转型升级提升自身的竞争力。

很多供应链管理人员排斥数字化和透明化，这是一种落后的思想。数字化已经是不可阻挡的时代潮流，全社会都在如火如荼地推进数字化，供应链管理人员要顺应数字化这一发展趋势，跟上时代变化。随着电商的普及，越来越多的消费者会在网购后习惯性地了解物流过程信息，如自己买的东西被运到了哪里，什么时候能配送等。所有这些需求，都会推动供应链各个环节开放业务运作信息，透明地展示给利益相关方。也就是说，从满足消费者需求的角度来看，供应链透明是大势所趋。

供应链管理人员特别是高层管理者形成透明数字化意识，有助于他们在经营实务中有意识地采取相关措施，跟上透明数字化的时代发展趋势。

透明数字化供应链的提出正是对这一时代发展趋势的积极响应。在新的时代，管理人员如果能够通过打造透明数字化供应链，积极推动数字化转型，促进业务与数据的高度融合，那么一定能在新的时代找到更广阔的发展舞台。

15.10　AI 意识

AI 是人工智能的简称，这个概念最近几年得到了越来越多的关注。IoT 和 ICT 技术的长足进步，为 AI 的普及和应用提供了条件。

AI 的作用是使人的能力更强，而不是代替人。将来那些确定性较强的工作可以由 AI 直接处理；不确定性较强的工作则可以被上传到后台云端，由更强大的 AI 进行处理。AI 可能处理错，也可能处理对，处理对与错都是在深度学习，完善人类社会对未知世界的认知。

未来，AI 对人类社会具有极大的继承性，科学家的思维和思维方式可能被继承下来；而且计算机的运算能力超强、存储量超大，可以学习多种优秀的思维模式，将其综合、提炼为算法模型，利用这些算法模型持续计算。人的生命有限，学习提高的时间也有限。有一种说法是，人类社会的智商停留在 40~50 岁，因为大多数人有效学习新知识、创造新事物的时间也就是 40~50 年。但是，与人不同，AI 的学习能力从理论上来说是没有时间限制的，它们可以千百年地累积智慧，为人类创造极大的机会。

在供应链领域，AI 有着广阔的应用场景。例如，亚马逊已经开设多家 Amazon Go 店铺，这些店不设置人工收银台和支付通道，而是通过摄像机与 AI 算法对进入店内的顾客的行为进行精准采集与分析，顾客只需在进门时刷手机确认身份，AI 系统便可根据顾客取走的商品自动扣费。不仅仅是购物，顾客的所有行为都会被数据化，AI 系统可以对这些数据进行分析，对消费行为展开精准的预测，对供应链运行进行有效计划，并建立基于数据的计划分析体制。

现在，很多汽车制造商都开始研发无人驾驶汽车，在一些封闭的场景中，无人驾驶已经成为现实。青岛港在港区码头的拖车作业实现了无人驾驶，有效地提高了码头的作业效率。我们展望未来，如果无人驾驶汽车被普及，那么其对物流供应链领域最直接的冲击，就是现在的货车司机职业将不复存在，物流公司的运作模式也会发生根本性的改变。届时，高速公路上的车辆都可以自动编组、自动解编，运输效率将大幅度提高，人们的安全也将得到更好的保障。

在电商分拣仓库，KIVA 机器人的应用有效地提高了分拣效率，降低了出错率和人工劳动强度。

笔者所在的公司推出了多种智能装备，如用于替代传统铅封的、可重复使用的智能电子铅封，用于对高货值货物溯源的追货宝以及用于冷藏冷冻行业的便携温度采集设备等，这些装备在具体的物流场景中发挥着越来越重要的作用。易流平台可以对车辆的运行数据进行挖掘和分析，提供线路优化、配送优化以及物流公司信用画像等服务，这些都是 AI 的具体应用，并取得了良好效果。

如上所述，目前在物流供应链领域，AI 有多种应用场景，并且已经取得了良好的效果。随着数据获取手段的增强、数据的丰富，AI 在物流供应链中的应用价值会更加凸显。

在新的时代，AI 将影响供应链的方方面面，供应链管理人员必须与时俱进，积极拥抱 AI，增强 AI 意识，通过对 AI 的有效运用实现供应链运作方式的升级。

15.11 工业工程意识

现代人无时无刻不在享受工业工程所带来的便利。如今，我们之所以能够安心网购，很重要的前提是工业品的质量有保证，产品的一致性很好，网购时基本不用顾虑产品的质量问题。正是因为工业工程，现在的大部分工业品都可以规模化、低成本、高质量地制造出来。

美国工业工程学会给工业工程下的定义是："工业工程是对人、物料、设备、能源和信息等所组成的集成系统进行设计、改善和实施的一门学科。"

通俗地讲，工业工程研究的是如何在把工作做得更好、更经济的同时，保质保量地完成大规模重复工作的各种具体方法。工业工程是现代社会进步的重要基础，工业工程的思维意识和具体工具已经被广泛应用于社会经济生活的各个方面。从学校、医院、车站和机场等公共设施的管理运营到制造企业的现场管理，工业工程的应用无所不在。

自第一次工业革命以来，工业工程就成了促进人类社会实现飞跃式进步的利器。正是因为工业工程的广泛应用，社会生产力才取得了飞速的进步。供应链管理人员要意识到工业工程对提升供应链效率的重要价值。

乔布斯在产品创新上的杰出能力和卓越贡献大家都有目共睹，但多数人不知道乔布斯也非常看重工业工程。乔布斯在设计开发每款产品（音乐播放器、平板电脑、计算机和智能手机）的同时，也会考虑如何制造它们。

乔布斯在设计笔记本电脑时提出的目标是笔记本电脑要轻、薄、坚固，且可以放在牛皮纸信封里，但是用塑料部件怎么也做不到，最后只能用铝镁合金做笔记本的结构件。选定铝镁合金做结构件后，如何高精度地进行加工又成了一个问题。为此，乔布斯专门和日本一家数控机床公司合作开发加工用的 CNC 机床，并签署排他协议，这家公司的设备只能供苹果公司使用。除了工作母机上下手，苹果公司还拥有强大的工业工程团队，在每款产品投产前，他们都要和配套制造厂家研究制造工艺，确保制造过程的高度一致性。苹果本身就有着强大的产品研发能力，再加上强大的工业工程能力相配合，其制造出来的产品必然拥有高品质。

在以半导体芯片、家电、汽车和飞机等为代表的电子和机械制造领域，工业工程得到了很好的应用，显著提高了供应链的运作效率。商贸和物流领域的管理人员需要对工业工程进行深入的理解和应用，打造高质量的供应链体系。

在供应链领域，实际上最缺的就是具备工业工程能力的人才。具备工业工程意识有助于供应链管理人员从工业工程的视角做好供应链管理工作，同时也能帮助企业弥补工业工程人才的缺口。

一段时间以来，国内的物流和供应链企业热衷于各种模式创新。笔者借本书大声呼吁，广大物流和供应链企业要把注意力放在如何练好企业管理基本功上，没有扎实的管理基本功，模式创新就没有根基。工业工程的方法论体系是练好物流和供应链企业管理基本功的基础。

15.12 现地现物意识

现地现物是解决问题的重要原则，因为现场才是问题发生的地方，企业管理者要想解决问题就要深入现场，做好现场调查和研究。

现地现物既是一种解决问题的方法，也体现了尊重事实的价值观，这有助于在企业内形成求真务实、实事求是的工作作风，杜绝不切实际的官僚主义。

问题源于现场，也终究归于现场，所以解决问题不能脱离现场。要想找到问题所在，就必须到现场进行调查，现地现物是发现问题的重要方法。供应链管理人员在解决供应链问题时，要确保解决方案符合现场的实际环境，这样才能让解决方案具备可行性。

20 世纪 60 年代的"鞍钢宪法"实际上就是对现地现物在管理哲学层次上的高度概括。"两参一改三结合"是指干部要参加劳动、工人要参加管理，实现干部、工人和技术人员三结合，改变不合理的规章制度。改革开放之初，我们全套引进日本技术建设宝钢，日本的专家却说，我们的管理实际上学的是你们的"鞍钢宪法"。

褚时健是具有现地现物意识的典型人物。他早年在某糖厂当副厂长时，有一次厂里的锅炉坏了，维修人员无法及时赶到，为了保障正常的生产运营，他等到炉膛冷却后亲自爬进炉膛找出问题所在并修好了锅炉。这种现地现物的精神一直延续到了他后来种植褚橙的过程中。褚时健这种深入现场了解问题、解决问题的工作思路值得供应链管理人员在开展供应链管理时充分借鉴。

2019 年 6 月 17 日，中国重汽的一则消息引发了人们的关注。中国重汽董事长谭旭光在现场考察中，要求中国重汽立即开展一场"生产一线消灭沙发运动"。他强调，车间主任是生产一线的头雁，只有他们转变作风，走出办公室，现场解决问题，与职工打成一片，为职工做出表率，才能让职工心情舒畅地工作，才能制造出高质量的产品。

有些供应链管理人员闭门造车，脱离现场实际。供应链管理人员如果只是坐在空调房里做决策或者热衷于 PPT 分析，不去现场了解真实的情况，就很难做出有效的决策。实际上，供应链管理人员要想抓住问题的实质，就要亲临现场，从现场实际出发，根据实际情况开展分析，这样才能真正发现问题、解决问题，最终实现真正的改善。

15.13　结果前置意识

结果前置意识强调以终为始，首先考虑想要获得的结果，然后用结果指导工作的开展。

在供应链管理中，供应链管理人员若缺乏结果前置意识，则会使供应链的实际运转与希望实现的目标渐行渐远。

结果前置意识能够凝聚团队的共识，明确工作方向，有助于避免无效的工作。如果缺乏目标的指引，供应链的参与人员就像没有灯塔指引的船只，其行动就会变得盲目。供应链运作涉及方方面面的部门与人员，必须用明确的结果和目标来指引这些部门和员工的行为，确保局部行为在符合供应链整体利益的同时实现系统绩效的持续提高。

结果前置意识还有一个非常重要的价值就是能用想要达成的结果来促进人的成长。人不可能在具备所有知识和技能后才去工作，人总会面临未知的事物。把想要达成的结果放在前面，分析要解决这个问题需要什么技能并迅速掌握必要的技能，这是很多优秀人才职业发展的不传之秘。

笔者读过一个小故事，这个故事蕴含了深刻的结果前置意识，对笔者影响很大。

在一个交通不便的偏远山村，一位农妇因生活纠纷服农药自杀。送医的话，路途遥远，很可能来不及，大家一筹莫展。这时，一位老者建议将粪水强行灌到农妇嘴里，粪水灌到农妇嘴里后，农妇呕吐不止，得救了！有人服毒了，要赶紧让服毒者呕吐，把毒物吐出来，怎么在没有药物的情况下让服毒者呕吐就成了想要达成的结果，从这个结果出发更容易想出最简单直接的解决办法。

具有结果前置意识的供应链管理人员更能明确供应链所要达成的结果，并以结果指引行动，进而引导供应链各个环节的有效协同。在供应链管理实践中，有些供应链管理人员在面对层出不穷的新问题时无从下手，没有解决问题的具体方法。结果前置意识恰恰能帮助供应链管理人员以结果为牵引，提高解决问题的能力。

15.14　精进意识

供应链管理涉及的专业面比较广，对供应链管理人员的要求比较高，客观上需要供应链管理人员持续精进，不断提高自己的综合素质。

精进意识要求供应链管理人员不断地提升自己，同时要使自己管理的团队形成每日精进的氛围，鼓励同事在各个方面不断提高。除了个人综合素质的精进，还有组织能力的精进。

以现实中的工作成效为例，如果每天工作成效都能提升 1%，那么大概 70 天后工作成效就能翻一番，精进的效果可见一斑。

精进永无止境，在持续的精进中，每个人都有可能在平凡的工作岗位上创造非凡的成就。

这里有一个小建议，有兴趣的朋友可以尝试每天做俯卧撑，体验一下精进的威力。不管你现在的身体条件如何，从自己最容易的姿势开始，每天要求自己比前一天多做几个。很快你就会发现，自己的体能在不知不觉之间增强了。如果你能坚持 1 个月甚至更久，那么你一定能从每天做俯卧撑中感受到精进的威力。

思考与讨论

1. 如何理解"你看到的是你想看到的"这句话？

2. 思维意识如何影响工作？

3. 您在平时的工作中是否应用了供应链管理人员应具备的 14 种思维意识？

第16章 构建及优化透明数字化供应链所应掌握的管理工具

"工欲善其事，必先利其器。"这句话的意思是说，一个人要想把工作做好，就要做好准备工作，要有趁手的工具。从事供应链管理工作也是一样的道理，掌握一些基本的工具很有必要。

企业的供应链管理工作主要就是进行供应链的转型和变革，即构建及优化透明数字化供应链。在这个过程中，企业可以使用的管理工具主要包括六项思考帽、鱼骨图、PDCA 循环、SIPOC、价值流图、A3 报告书和 TOC 等。

在工作实践中，这些工具可以综合运用，但各种工具的侧重点有所不同。六项思考帽侧重于对团队的思考过程进行组织，鱼骨图侧重于发现问题背后的原因，PDCA 循环侧重于制订计划以及实施过程的闭环控制，SIPOC 侧重于管控系统的流程分析，价值流图侧重于流程的增值过程分析，A3 报告书侧重于讨论的表达形式，TOC 侧重于系统中的瓶颈。供应链管理人员在构建（重构）及优化供应链时需要根据实际情况综合运用这些工具。

这些工具虽然老旧，但却是非常经典、有效的管理工具，我们要在供应链管理工作中有意识地使用这些工具，最终实现融会贯通，将相关理念内化成自己思维意识的一部分。

16.1 六项思考帽

供应链管理是一项非常繁杂的工作，需要对很多人和事进行协调，免不了要召开各种工作会议。如何增强会议的讨论效果，切实做到集思广益是一个非常实际的问题。

六项思考帽是一种非常有效的会议讨论过程组织方法，能够有效地组织参会者进行深度讨论，并形成具有建设性的意见。

六项思考帽是由"创新思维之父"爱德华·德博诺博士提出的一种思维模型，他用"帽子"这个概念表示思考过程中的方向，不同的帽子表示不同的思考方向。

爱德华·德博诺博士认为，六项不同颜色的帽子反映了思考问题的不同视角，白色代表信息，黄色代表利益，红色代表感受，绿色代表创造，黑色代表困境，蓝色代表安排思考顺序（主持人）。

在会议过程中，会议主持人或议题负责人是蓝帽子，负责控制讨论过程。随后，他用白色、黄色、红色、绿色、黑色的帽子提示讨论方向。当蓝帽子说现在开始进入某个颜色帽子的讨论时间时，所有参会者都清楚，要把自己的注意力集中在这个颜色帽子所指引的方向上。

六顶思考帽的思考过程体现了平行思维，强调一段时间只做一件事，也就是一次只使用一顶帽子。这样一来，在某一个时间段，所有参会者都不能随意发散思维，而是要把思维集中在一个方向，围绕一个方向进行深度讨论并得出结论。

六顶思考帽的价值

作为一种创新思维方法，六顶思考帽的价值如下。

（1）六顶思考帽提供了一种聚焦思维的思路。六顶思考帽简化了思考方式，有利于消弭争论与对立。它强调从对抗性思维向平行思维转变，注重思考过程的聚焦，强调一次只讨论一个问题，避免人与人之间的对抗以及时间的浪费，有利于提高讨论的效率。

（2）六顶思考帽有助于自然地形成结论。六顶思考帽能够帮助思考者克服情绪混乱的影响，通过有条理的思维组织过程提高思考的效率，尤其在面对复杂的环境时，提供了一种清晰的思维组织方法来帮助人们发现问题、解决问题，进而得出最终的结论。

（3）六顶思考帽使思考者能够从不同的视角全面地进行思考。思考过程往往会涉及多个方面，六顶思考帽提供了不同的思考方向，每一顶帽子都代表一定的思维角色，能够为思考者的充分思考提供指引。

如何应用六顶思考帽

在综合运用六顶思考帽之前，首先需要掌握每一顶帽子的用法，每一顶帽子都有不同的颜色和不同的功效。

（1）白帽子：陈述问题现状。

白帽子强调寻找并收集有效的信息，明确既定事实。它主要回答以下问题：现在有什么信息？还需要什么信息？白帽子要求思考者客观、直接地描述现实情况，提供所要了解的信息。

白帽子所描述的事实包括两个层次：一级事实，即被验证的事实；次级事实，即被信仰的事实（相信但未受到检验）。

不同的事实，其真实程度也不同。一般来说，真实程度从强到弱可分为总是为真、通常为真、就整体而言为真、偶尔为真和从不为真等。

（2）绿帽子：提出创造性的假设。

绿帽子强调创造性地提出各种假设，寻求潜在的解决方法，尽可能思考各种可能性。它主要回答以下问题：有什么方法可以克服眼前的困难？还有其他方法吗？还能做其他什么事吗？绿帽子充满创造性，涵盖了解决问题的各种选项。

（3）黄帽子：提出方案并评估其优点。

黄帽子的重点在于找出解决方案的优点，或者说解决方案所能带来的利益和价值。它主要回答以下问题：有哪些积极因素？存在哪些有价值的方面？是否有特别吸引人的地方？建议可行吗？黄帽子描绘了美好的未来，强调事情的正面，以此为相关的行动赋予价值。黄帽子所描绘的未来的可能性可以分为已经证实、很有可能、有好机会、一般、较小可能、渺茫和遥不可及等不同的程度。

（4）黑帽子：评估方案的缺点。

黑帽子是对黄帽子的补充，重点在于找出解决方案的不利影响。它主要回答以下问题：采用该方案会造成什么问题？采用该方案的不利结果是什么？黑帽子显得更加谨慎，它试图避免可能产生危害的行动，能够指出实施相关方案的障碍和困难。使用黑帽子时切忌滥用，不应该一味地对方案进行批判，而要发挥黑帽子的价值。

（5）红帽子：表达情感。

红帽子强调对某种看法的直觉和感受，带有强烈的感情色彩。它主要回答以下问题：我对此的感觉是什么？红帽子涉及两种感觉：一是普通的情感，如喜欢、反对、生气、恐惧等；二是难以目测的、复杂的感觉，如预感、直觉、品位等。红帽子将情感引入思考过程中，要求思考者了解相关的情绪与感受。

红帽子与白帽子相反，白帽子强调中立客观，红帽子则强调感情色彩，它能让思考者表达自己的感觉和情绪。

情绪被认为是思考的一部分，它并不像传统观点所认为的那样会对思考造成干扰。在思考过程中，思考者需要关注感觉和情绪，赋予情绪一定的价值。红帽子可以缓解纷争，适用于任何时候。在使用红帽子时，直接表达真实的情感即可，不应当对其进行辩解。

（6）蓝帽子：控制、总结并做出最终决策。

蓝帽子也被称为"控制帽"，其作用在于对思维过程进行管控，即"对思考进行思考"。

一般在思考的开始、中间和结束阶段，都可以用蓝帽子定义目的、制订计划、进行观察、总结并决定下一步做什么。它主要回答以下问题：决策议程怎样安排？下一步做什么？现在使用的是哪一种帽子（进行到了哪一步）？如何总结现有的讨论？最终决定是什么？

蓝帽子负责管控整个思维过程。蓝帽子定义了思考的方向，在讨论后进行必要的总结，当产生争论时予以打断，使思考能够按照一定的计划进行。

在了解不同颜色帽子的具体用法之后，接下来介绍六顶思考帽的两种应用情境。

（1）单独使用某一种颜色的思考帽。思考帽代表一定的思考方向，在需要进行某种思考时使用相应的思考帽即可。

（2）连续使用不同颜色的思考帽。在连续使用不同颜色（并不一定涉及每一种颜色，可能只涉及六种颜色中的几种）的思考帽时，可以按照需要（临时决定或预先安排，在不熟练的情况下推荐预先安排好次序）对使用次序加以排列。需要强调的是，在同一时间只能使用一种思考帽，以保证思考者按照同一个思考方向进行讨论。同时，为了确保讨论的高效，每种思考帽所占用的时间不宜过长。

另外，在使用不同颜色的思考帽时一般都要遵守一定的规则。

（1）在讨论过程中必须使用蓝帽子，因为蓝帽子发挥着控制作用。在开始阶段，蓝帽子可以描述思考的背景；在结束阶段，蓝帽子可以得出结论并计划下一步。

（2）表达情感的红帽子不宜在开始阶段使用，以避免讨论人员的感受影响讨论的有效性。

（3）在评估方案的影响时，要先用黄帽子，再用黑帽子，即先进行正面评估，再进行负面评估。

六顶思考帽应用案例

下面针对"如何提高企业之间的沟通效率"这一问题进行思考和讨论，具体步骤如下。

（1）明确议题（蓝帽子）：目前企业之间的沟通效率低下，本次讨论从白帽子开始，先介绍情况。

（2）阐述现状（白帽子）：涉及的问题有很多，各企业关注的焦点不同，参与积极性不高，其他企业对本企业的需求，其他企业的先进经验，各企业的专业知识。

（3）引导大家提出方案（蓝帽子）：引导参与者针对问题提出解决方案。

（4）提出方案（绿帽子）：指定固定联络人建立信息数据库，维护相关信息；召开企业沟通会，建立信息共享机制，定期组织分享企业的专业知识，搭建网络共享平台。

（5）聚焦下一步议题（蓝帽子）：讨论这些方案的可行性。

（6）讨论方案的有利影响（黄帽子）：专人专责，高效组织；有利于信息的及时更新与维护；有利于了解其他企业的最新需求，加强合作黏度。

（7）引导下一步的讨论方向（蓝帽子）：面临哪些限制。

（8）讨论方案的不利影响（黑帽子）：企业之间的沟通时间难以协调，会产生相关成本，专业性的信息较难理解。

（9）引导下一步讨论的方向（蓝帽子）：如何克服这些限制。

（10）提出改善性方案（绿帽子）：寻求企业高层的认可，激发参与积极性；提高沟通的频率；将相关信息公布在网络开放共享平台，以便大家随时学习。

（11）引导大家表达对方案的感受（蓝帽子）：大家对这些方案有什么看法。

（12）表示感受（红帽子）：大多持赞成意见。

（13）进行总结（蓝帽子）：经过充分讨论，后期在获得各企业高层的支持下，建立各企业的联系机制，安排专人定期分享相关信息，提升沟通效率。

在企业的日常管理中，常常发生各种争论，大家难以对问题形成统一的意见。而六顶思考帽则以一种类似角色扮演的方式将各种意见统一到一致的议题中，明确了主题，减少了分歧，促使问题得到有效解决。对管理人员而言，供应链涉及不同的部门，各部门都有自身的需求，六顶思考帽能够将各部门的关注点凝聚在一起，按照有序的方式将他们组织起来，集思广益，提高解决供应链问题的效率。

16.2　鱼骨图

鱼骨图是由日本管理大师石川馨先生所提出的，因此也被称为石川图。鱼骨图主要用于分析根本问题，包括问题的根本原因、问题的细分以及问题的对策。鱼骨图像一根鱼骨，我们可以在鱼头部分标注问题，在鱼骨部分列出问题的细节（见图 16-1）。

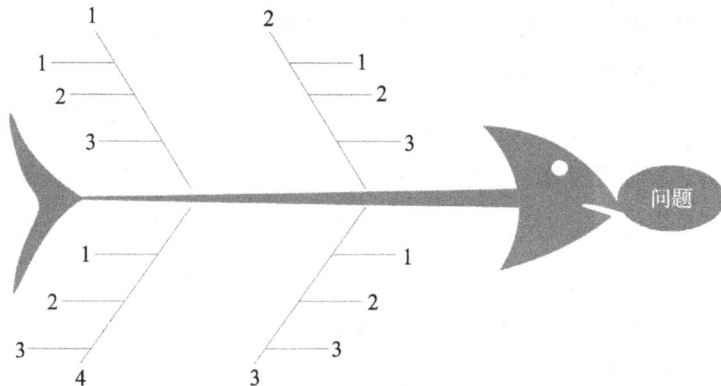

图 16-1　鱼骨图

在供应链管理中，鱼骨图的应用非常广泛，它不仅适用于原因挖掘，还可以用于问题分解、对策细化等方面。供应链管理人员运用鱼骨图能够层次分明、条理清晰地将相互关联的供应链各要素全面地呈现出来，以把握供应链问题的整体结构。

鱼骨图的特点

作为一种有效的问题分析工具，鱼骨图具有实用性、直观性和全面性等特点。

（1）实用性。在日常工作中，企业常常会遇到各种各样的问题，而要解决这些错综复杂的问题，就要运用合适的工具对其进行梳理、分析。鱼骨图就是一种能够帮助我们分析问题的简单有效的管理工具。

（2）直观性。鱼骨图采用树状结构，问题在鱼头，原因、措施和分类等情况在鱼骨。鱼骨图能够帮助我们看清楚问题的整体结构，将问题框架直观地呈现出来。我们要发挥鱼骨图的可视化优势，降低问题的复杂性，有效地把握问题。

（3）全面性。企业可以运用鱼骨图对问题进行全面分解，确保在展开分析时没有遗漏细节，描绘出问题分析的全景结构。例如，当使用鱼骨图分解问题时，需要把大问题分解成足够多的小问题，若小问题还能进一步细分，则继续进行细化分解。同理，当使用鱼骨图来挖掘问题背后的原因时，或者列举解决问题的具体措施时，都能通过充分的细化使分析过程更加全面、完整。

如何绘制鱼骨图

绘制鱼骨图的大体步骤如下。

（1）画出鱼头，确定问题。明确所要分析的问题，也就是鱼头，然后在鱼头的一侧画出鱼的主干骨，以便后面画出大骨。第一步的核心是鱼头的问题，后续的一系列行动都要紧紧围绕鱼头的问题展开。在绘制鱼骨图时首先要确定鱼头，以鱼头为引导，针对明确的问题展开后续的分析，确保鱼骨与鱼头紧密关联。

（2）先在鱼的主干骨上画出大骨，然后在大骨上面填写大要因，标明对问题进行第一层分解后的分类、原因或对策。在对问题进行第一层分解时，若是现场问题，则按照"人机料法环"（"人"是指现场的人员，"机"是指现场所用的设备，"料"是指现场所使用的原材料，"法"是指现场所涉及的管理方法和制度，"环"是指现场所处的环境）的原则进行大体分解；若是管理问题，则按照"人事时地物"（人物、事件、时间、地点、物品）的原则进行大体分解。在分解问题时，可以利用六项思考帽让团队进行充分的讨论，集思广益，对问题进行细致的分解。

（3）画出大骨后，还可以继续细化，画出大骨上面的中骨，以及中骨上面的小骨，填写中、小要因。利用"五问法"（连续不停地问为什么，在找到原因前至少问五次），深入问题的方方面面，尽可能地细化下去。

（4）在鱼骨的最细端标记关键项，同时分清主次，以便把握问题的关键要素。针对某个问题，我们可以通过鱼骨图挖掘出问题背后的许多要素，但并不是每个要素的重要性都是相同的。因此，我们要把关键要素与其他要素加以区别，通过画圈、标红等方式清晰地标记出来，以便在解决问题时能够分清主次。

鱼骨图应用案例

以下是针对"某产品所占市场份额少"这个问题绘制鱼骨图的过程。

（1）明确问题——某产品所占市场份额少，画出鱼头和主干骨。

（2）画出大骨，找出大要因，包括人员、广告、环境和渠道等。

（3）画出中骨和小骨，对第一层原因进行细分，找出中、小要因。人员因素包括营销人员数量少、激励不足等，广告因素包括缺少品牌意识、宣传策略不到位等，环境因素包括经济萎靡、产品处于衰退周期等，渠道因素包括销售渠道单一、销售点少等，其他因素包括客户偏好、产品痛点等。

（4）用圆形图案标记关键因素，以明确主次，主要包括产品痛点、客户偏好、营销激励不足、缺少品牌意识和销售渠道单一等。

鱼骨图能够有效地帮助企业管理人员开展思考分析、理清思路，使他们在面对复杂的供应链问题时具备全面的视野。尤其是在解决较为宽泛的问题时，鱼骨图能够明确讨论的方向，围绕鱼头层层细化，避免遗漏，保证了分析过程的完整性。

思考与讨论

1. 请试着列出一个您最想解决的问题。

2. 对于该问题，您绘制鱼骨图的目的是什么？仅仅是将问题分类，还是找出原因和对策？

3. 您认为"五问法"能否帮您将问题细化到不能再细化？

16.3　PDCA 循环

PDCA 循环也叫"戴明环"，是质量管理大师戴明博士提出的思考、解决问题的方法和工具。PDCA 循环将解决问题的步骤分为计划（P）、执行（D）、检查（C）和处理（A）四步。

PDCA 循环能够为企业解决供应链问题提供清晰的思路。从制订计划、执行计划到检查执行结果，再到标准化与持续改善，四个步骤有着广泛的适用性，它们可以帮助企业高效、有序地实施供应链优化。

PDCA 循环的价值

作为质量管理工具，PDCA 循环同样适用于其他管理领域，其价值如下。

（1）PDCA 循环提供了一种解决问题的方法。PDCA 循环简单实用，它既可以用在大的问题上，也可以用在由大问题分解出来的小问题上。

（2）PDCA 循环可以提升企业的整体效益。通过计划、执行、检查和处理这些基本步骤，企业能够建立起长效、完整的管理机制，提升企业的整体效益。

（3）PDCA 循环能够帮助企业适应日新月异的市场变化。面对纷繁复杂的市场环境，企业所面临的问题层出不穷，PDCA 循环作为一种管理工具，可以帮助企业实现持续改善。

PDCA 循环的实施步骤

PDCA 循环的实施步骤如图 16-2 所示。

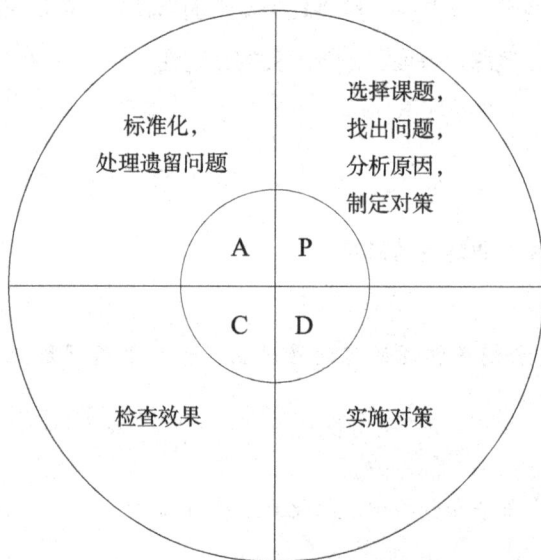

图 16-2　PDCA 循环的实施步骤

（1）P 阶段。

① 选择课题，找出问题。选择课题时要根据实际情况进行详细调查，逐条列出现有条件，将现有的信息直观地呈现出来，并结合外部环境与内部资源进行综合分析，找出所要解决的实际问题。

② 分析原因，制定对策。在明确所要解决的问题之后，就要分析问题的产生原因，并分清问题的主次。针对找出的原因，要制定具有针对性的对策，明确具体的实施方案。

（2）D 阶段。

实施对策，即按照预定的实施方案，努力实现预期目标的实际执行过程。

（3）C 阶段。

检查效果，即检查方案是否有效，目标是否已实现，得出结论。通过事后检查发现方案实施过程中的偏差，把完成情况同预期目标进行比较，看是否达成了预期目标。

（4）A 阶段。

① 标准化。

对于已被证明行之有效的成功经验，要进行标准化，使之成为工作标准，以便进行后续的执行和推广。

② 处理遗留问题

对于尚未解决的问题，要进行总结，并进入新一轮的 PDCA 循环。

PDCA 案例

下面以某企业压缩供应链时间的过程为例进行说明。

（1）计划。

问题：该企业的生产基地在广州，物流仓储基地在上海，以往通过公路运输产品，从广州出库，在上海入库，整个业务过程用时 170 个小时，供应链时间太长。

原因：为了保障产品质量，杜绝次品和假货流入仓库，该企业设定了严格的验收和审核机制。由此可见，问题的根本原因在于运输过程中的货物安全难以保证。

对策：利用移动通信、互联网、电子地图、摄像头和门磁等技术手段，实现运输过程全程透明可监控。车辆到达收货仓库时，只要查看车辆监控历史数据，就能清楚地知道是否存在货物安全风险。只要车辆没有违规操作，就可以认为这批货物安全可靠，可以对其减少检查或者直接安排其走绿色通道，以提升验货、收货的效率。

（2）执行、检查和处理。

为了确保之前制定的对策能够顺利执行，执行完毕后要将设定的目标与结果进行比较。如果取得了预期的效果，就要将其制度化并予以推广；如果未达成预定的目标，就进入下一轮的 PDCA 循环。

PDCA 循环为企业实施供应链管理提供了清晰的路径，开始是计划阶段，然后是计划的执行阶段，接着是对执行结果的检查阶段，最后是循环处理阶段，四个阶段反映了开展工作的全过程。PDCA 循环强调处理问题的动态性，通过循环的方法实现了对问题的持续追踪，并帮助企业管理人员不断总结提炼经验，促进了供应链运作水平的不断进步。

思考与讨论

1.请运用 PDCA 循环对供应链业务流程进行梳理，包括计划、采购、库存、生产和运输等环节，尽量做到真实和详细。

2.在供应链的运输环节，如果出现延迟交货、配送时间过长等问题，请试着运用 PDCA 循环分析原因并制定相关对策。

16.4 SIPOC

SIPOC 是质量管理大师戴明博士提出的系统分析模型。简单地看，SIPOC 就是一个流程工具，以简洁直观的形式描述了流程的结构，即任何一个系统都是由供应者（Supplier）、输入（Input）、流程（Process）、输出（Output）、客户（Customer）这五个相互关联的部分组成的。

SIPOC 可以帮助我们了解企业或部门在供应链中的位置及其与上下游的关系。SIPOC 可以对供应链流程进行完整的呈现：企业或部门从上游获得原材料，经过一定的加工处理流程后产出产品，并将产品交给下游客户。

无论供应链流程多么复杂，SIPOC 都能用清晰的框架勾勒出整个供应链流程。

一方面，SIPOC 可以用于分析企业之间的供应链。例如，汽车生产企业本身往往不生产单一的汽车零部件，它们会向零部件供应商进行采购，并对采购的零部件进行加工处理。这个过程涉及冲压、焊装、涂装和总装四个主要工艺流程（见图 16-3）。

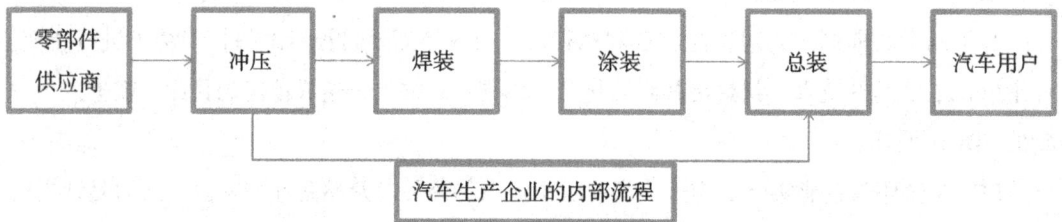

图 16-3　汽车生产企业的内部流程

另一方面，SIPOC 也可以用于分析企业的内部供应链。例如，对涂装部门而言，其主要业务流程是将油漆涂覆于物料表面，然后使其干燥成膜。作为汽车生产的一道中间工序，涂装部门需要向上游工序的焊装部门获得需要进行涂装的物料（也就是车身总成），同时还需要获得采购部门从外部油漆供应商处采购来的油漆，然后经过本部门的涂装流程，将其提供给下游工序的总装部门，以实现最后的整车下线。

SIPOC 的特点

作为流程分析模型，SIPOC 具有简单性、整体性和连接性三个主要特点。

（1）简单性。对于企业或部门流程，SIPOC 可以用非常简单明了的五个部分予以呈现。无论企业或部门的流程多么复杂，都可以通过 SIPOC 将其基本情况描述清楚。

（2）整体性。SIPOC 是对企业或部门流程的分析，也是整个业务流程的全景图。SIPOC 的整体性表现在两个方面，它既可以对总体流程进行整体描述，也可以对总体流程的子流程进行整体描述。

（3）连接性。SIPOC 不是单独分析企业或部门流程，而是将企业或部门流程与其上下游连接起来，即按照上游、本企业或部门再到下游的顺序将整个流程清晰地勾勒出来，展现了供应链各环节之间的关系。

SIPOC 的价值

作为流程管理和改进工具，SIPOC 的应用范围非常广，其价值如下。

（1）SIPOC 能够帮助企业或部门了解自身的业务流程，帮助其明确一项业务从开始阶段到结束阶段的完整过程，了解供应链各环节的主要工作。它将企业或部门以外的部分，即客户和供应商，与本企业或部门连接在一起，将它们作为一个整体流程来研究，这种全面的流程分析有利于梳理本企业或部门在与上下游的业务交往中所承担的主要工作。一家企业的内部往往有不同的部门，各部门的人员通常很难理解企业中不同的部门是如何通过协作共同推动供应链运作的，这使各部门及其人员对整个企业内部的业务流程缺乏了解，对岗位目标或职责认识混乱，容易导致供应链效率低下。SIPOC 可以使供应链各环节了解自身的业务流程及工作要求。

（2）SIPOC 能够梳理供应链各环节之间的关系，使企业或部门了解自身与供应商和客户之间的关系，使企业或部门认识到自身连接上游供应商和下游客户的同时，也是连接其他企业或部门的上游供应商或下游客户。SIPOC 是一种系统分析工具，它对流程系统的梳理有利于企业或部门从系统的角度把握自身在供应链中的使命与地位，有利于企业或部门从系统的角度制定目标，明确自身的供应需求，保证高质量的产出。

（3）SIPOC 能够帮助企业或部门了解自身的关键流程。把企业或部门的 SIPOC 勾勒出来，从供应商到输入，到流程，到输出，再到客户，这样就可以从系统的视角分析、把握企业的核心流程。核心流程就是企业或部门对从上游获得的资源进行一定的处理后向下游客户提供产品或服务的关键流程，主要指能为企业或部门创造价值的流程。SIPOC 能够让企业或部门明确真正产生价值的关键流程，从而把握关键流程，提升整个价值流的效益。

如何应用 SIPOC

企业或部门在优化流程时要从客户的需求出发，从下游环节开始逐步分析到上游环节，其步骤如图 16-4 所示。

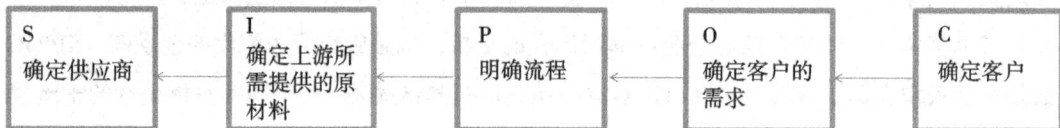

图 16-4　应用 SIPOC 的步骤

（1）C（确定客户）。确定客户就是确定哪些是企业或部门所要服务的客户，企业或部门向谁提供产品或服务。客户包括内部客户与外部客户、直接客户与最终客户。例如，材料供应流程的内部客户就是生产部门，生产部门的内部客户就是营销部门。为了避免遗漏，在确定客户时可以遵循 AEIOU 原则：A（Accepter）表示产品或服务的接收者，E（Evaluator）表示产品或服务的评价者，I（Installer）表示产品或服务的安装者，O（Owner）表示产品或服务的拥有者，U（User）表示产品或服务的使用者。

（2）O（确定客户的需求）。企业或部门需要向客户提供其真正想要的产品或服务。企业或部门需要确定客户真正需要什么，其真实需求是什么。一般而言，客户对产品或服务的需求包括四个方面，分别是质量（Quality）、成本（Cost）、交付（Deliver）和服务（Service）。质量是指产品或服务要具备可靠性；成本是指产品或服务的价格要符合客户的购买力；交付是指产品或服务要能及时准确地被客户获得；服务是指产品或服务要能符合客户对后续客户关系维护的期待。

（3）P（明确流程）。虽然 SIPOC 梳理的是企业或部门的流程，并会不过多关注流程的具体步骤和过程，但是必须梳理出核心流程，以对应于向下游客户所提供的产品或服务。也就是说，必须找到每一个产品或服务的生产的核心流程，以确定真正的价值增值环节。在梳理核心流程时，可以按照先后顺序将核心流程的关键步骤罗列出来，但不用过多关注不重要的细枝末节。

（4）I（确定上游所需提供的原材料）。这种来自上游的支持既可以是产品也可以是服务；上游所需提供的支持可能很多，既可以是跨企业的，也可以是企业内部的。例如，对不同的企业而言，企业所需要的支持是供应商生产的零件和原材料；对同一家企业而言，下游工序所需要的支持是上游工序所提供的在制品。这个时候，本企业或部门其实就等同于供应商的客户，因此在分析时同样要从质量、成本、交付和服务四个角度出发。

（5）S（确定供应商）。分析并确定了上游所需提供的原材料后，还要确定向核心流程提供关键材料或资源的企业或部门。一家企业的生产流程涉及许多原材料，因此可能会有许多供应商。SIPOC 强调要确定对价值创造发挥重要作用的提供关键原材料的供应商。这些供应商包括原材料供应商、设备供应商和资料供应商等，它们为企业或部门的核心流程提供关键的输入。

作为一种流程分析工具，SIPOC 能够从整体上对供应链的参与主体及其参与方式进行有效的梳理，为供应链管理人员完整地勾勒出供应链所涉及的各个流程。借助 SIPOC，供应链管理人员能够把握供应链的现状及其改进方向，了解不同环节的部门及其人员为供应链所付出的努力，掌握上下游各环节之间的关系，为高效的供应链管理提供必要的基础性支持。

思考与讨论

1. 请列出贵公司（部门）的客户，包括最终用户。

2. 您认为贵公司（部门）客户的需求是否明确？请列出您所认为的客户需求。

3. 贵公司（部门）的核心流程有哪些？其产品或服务是否满足了客户的需求？

4. 贵公司（部门）需要向上游公司（部门）获得哪些支持？

5. 贵公司（部门）的关键供应商有哪些？它们分别提供什么产品或服务？

16.5　价值流图

价值流图是丰田公司用来描述物流和信息流的可视化工具。

一般来说，价值流是指从供应商采购原材料，将其生产加工为成品并最终交付给客户的全过程，它包括增值活动、必要非增值活动以及不必要非增值活动。其中，增值活动是指为客户带来他们可以接受的价值的活动；必要非增值活动是指虽然不创造价值但是对目前的系统运转来说必不可少的活动；不必要非增值活动是指完全的浪费，即不能为客户带来他们可以接受的价值的活动。因此，识别价值流可以减少浪费，消除不必要非增值活动。对于必要非增值活动，则要通过系统改善予以优化。

通过价值流图，企业可以全面了解整个供应链的价值流，发现其中的浪费环节并加以改善，不断降低供应链成本。值得注意的是，价值流图的应用不限于生产领域，它还可以应用于其他领域的供应链分析与改善环节中。总之，价值流图能够把信息流和物流有效地整合在一起，形象地呈现供应链的运转情况，帮助企业更好地开展运营管理。

绘制价值流图时需要注意的事项

在绘制价值流图的过程中，企业需要注意以下事项。

（1）价值流图的上半部分是信息流，下半部分是产品流。

（2）明确价值流涉及的数据信息。

① 增值时间，即某个流程环节中增加价值的时间。

② 非增值时间，即某个流程环节中不增加价值的时间。

③ 前置时间，包括非增值时间与增值时间。

④ 产品切换时间，即从上一批量的最后一个产品生产结束到下一批量的第一个产品生产出来的时间。

⑤ 操作工数量，即某流程环节的同时作业人数。

⑥ 每日工作班次。

⑦ 批量单位，即标准单位的产品数量。

⑧ 节拍时间，等于净工作时间除以需求量，即为满足客户需求提供单位产品所需要的时间。

⑨ 批量单位时间，等于节拍时间乘以批量单位，表示一个产品系列的基本单位。

⑩ 工时利用率，等于净工作时间与可用工作时间的比值，表示一天上班时间减去午休、开会和清理维护等非作业时间后与总工作时间的比值，以百分比表示。

（3）价值流图的应用范围并不局限于制造领域，也可以广泛地应用于供应链各领域。值得注意的是，在对非生产领域进行分析时，若实质内涵相同，则换模时间、生产批次间隔等制造领域的专业术语同样适用。

价值流图常用图标

表 16-1 列出了价值流图常用图标。

表 16-1　价值流图常用图标

图标	名称	图标	名称
	内部流程		库存
	外部资源		运输卡车
	数据箱		推动箭头
	超市		人工信息
—FIFO→	先进先出		电子信息
	作业看板		领取看板
	时间线		运输箭头
	下拉箭头		物理拉动箭头

如何绘制价值流图

价值流图的绘制步骤如下。

（1）绘制价值流现状图。绘制价值流现状图时，首先要根据当前供应链的实际状况描绘出信息流与产品流的具体流程（见图 16-5），主要包括以下几个环节。

① 选择相关的产品，明确所要分析的产品。

② 在价值流图的右上角写明客户信息，包括客户的名称、需求和工作时间等。

③ 在客户信息下方绘制卡车图标，并在卡车图标上填写发货频率，接着在卡车图标下方绘制发货图标；在价值流图的左上角写明供应商信息，包括供应商的名称、供货频次和物品信息等。

④ 绘制流程作业信息，在图形底部用矩形图标表示各项流程环节，将最上游的流程环节画在最左边，将最下游的流程环节画在最右边，并标记流程作业过程中产生的数据（各环节的相关信息，如增值时间、每日工作班次和工时利用率等），描述产品的流动情况。

⑤ 绘制信息流，在供应商信息和客户信息中间画一个方框来表示控制中心，相应的信息流包括用直线箭头表示的人工信息流和用折线箭头表示的电子信息流，用小方框来标注不同

信息流的数据。

⑥ 画出时间线，写上非增值时间和增值时间。

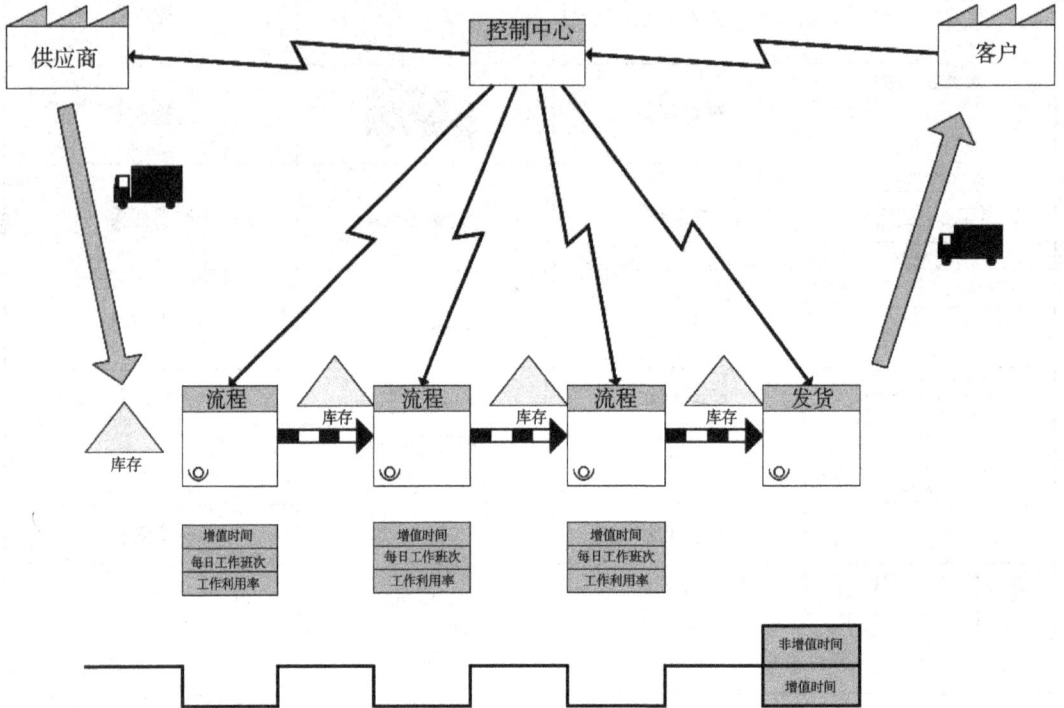

图 16-5　价值流现状图

（2）绘制价值流未来状态图。绘制价值流未来状态图就是在现状图的基础上使价值流精益化，其目的是减少浪费，最大限度地减少非增值时间（见图 16-6）。绘制价值流状态图时，需要做好以下工作。

① 计算节拍时间，以此作为流程改善的基础。

② 创造连续流，使某一产品在不同流程之间尽可能减少停滞，将能够实施连续流的各工序组合到一个工序框中。

③ 在无法形成连续流时，通过存货超市（简称超市，表示流循环的起点和终点）完成取货的工作步骤，并向上游发出需求指令。

④ 在使用超市前要确定定拍环节，由该环节来决定上游流程环节的节拍。

⑤ 在定拍环节中，均衡地安排多种产品。同一种产品的集中作业虽然可以避免换模的时间成本，但是会带来库存增加、只能应对单一客户需求的问题，而均衡作业可以在一段时期内满足客户的多样化需求，有利于减少库存、消除浪费。

⑥ 按照一定的节拍，有节奏地向定拍环节下达一定的作业任务（批量单位），同时取走

等量的产品。

⑦ 在定拍环节的上游环节，缩短切换模时间，实现频繁的小批量作业，灵活应对下游的多样化需求。

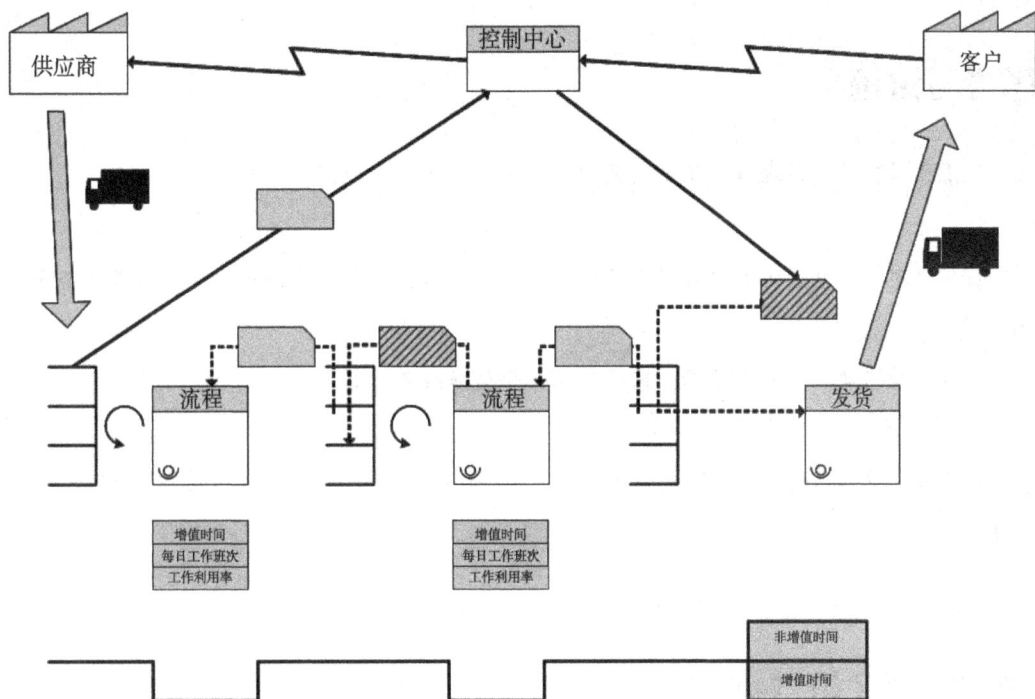

图 16-6　价值流未来状态图

（3）制订价值流改善计划并实施。价值流图是一种工具，仅仅停留于绘制价值流现状图和价值流未来状态图没有多大的意义。为了实现价值流未来状态图，必须制订相关的改善计划并予以实施。

① 将价值流未来状态图中的环节划分为定拍环节和其他环节。一般来说，定拍环节更接近客户，定拍环节会对上游工序的其他环节造成影响。

② 为不同的环节确定改善目标，并对目标进行量化。

③ 制定为实现目标所需实施的改善方案，明确相关负责人以及进度安排。

④ 价值流评审。为了检查价值流改善计划的落实情况，需要对改善计划的进展情况进行评估，记录没有解决的问题或者实施不到位的情况，并找出办法予以解决。

⑤ 改善循环。从现状到未来状态的改善是没有止境的，新的问题总会不断涌现，因此需要使用价值流改善方法不断减少浪费，促进精益化。

价值流图在供应链领域的应用价值十分显著，物流和信息流是供应链中非常重要的两种要素，不同行业的供应链都涉及从上游到下游的产品交付，其中难免会产生各种浪费。实现价值流的精益化对供应链的高效运作有着重要意义。在使用价值流图对供应链实施持续改善的过程中，一定会涉及供应链流程的调整与优化，企业供应链管理人员在应用之前要做好充分的论证。

思考与讨论

1. 基于对价值流的理解，请试着画出贵公司的价值流现状图。

2. 基于现状，贵公司主要存在哪些问题？请根据这些问题尝试画出价值流未来状态图。

3. 画出价值流未来状态图后，请尝试制订价值流改善计划。

4. 您认为改善计划能否得到有效落实？如果不能，请谈谈主要的阻碍有哪些，如何克服？

16.6 A3 报告书

A3 报告书就是把要考虑的问题写在一张 A3 纸上，然后在 A3 纸上按步骤对问题进行逐步分析并提出对策，以最终解决问题的一种方法。

在 A3 纸上通过图形、文字等多种形式把问题的分析思路完整地呈现出来，让解决问题的整个思考过程得以直观地反映在 A3 纸上，这就是 A3 报告书的制作过程。

A3 报告书的核心是在一页纸上清晰地表达问题的来龙去脉，形成这一页报告的过程也是认识事物的过程。当然，学习工具时最关键的是要灵活应用。由于 A3 报告书在实际打印和使用的过程中可能存在规格不匹配的问题，为了杜绝更多的浪费，丰田公司的一些部门已经转为使用 A4 报告书，所以大家在制作 A3 报告书时不必固执地使用 A3 纸，使用 A4 纸也可以。

目前，在企业管理过程中广泛存在着 PPT 汇报等碎片化的交流方式，而供应链管理人员所要处理的问题往往错综复杂，使用 A3 报告书有利于梳理问题的分析思路，增强实际的执行力。例如，在亚马逊，贝索斯要求开会时不使用 PPT，而是写一篇浓缩的备忘录，以提高讨论的质量。

A3 报告书的作用

A3 报告书的作用主要包括以下几点。

（1）提升总结归纳能力。使用 A3 报告书时，要把分析问题的全过程都写在 A3 纸上，但由于 A3 纸的篇幅有限，所以需要对分析问题的思路进行总结归纳，尽可能地精简每一部分的内容，剔除不重要的内容，确保呈现关键信息。

（2）有利于掌握分析问题的全过程。通过 A3 报告书能一眼看到分析问题的全过程，而且 A3 报告书是按照特定的步骤制作的，它能够保证在分析问题时避免遗漏。

（3）便于阅读者理解。A3 报告书采用图文并茂的方式呈现所要反映的问题和解决问题的思路，便于阅读者加深理解。

如何制作 A3 报告书

A3 报告书的制作过程分为以下六个步骤。

（1）确定主题。首先需要确定 A3 报告书所要描述的主题，明确 A3 报告书所要解决的问题，让阅读者知道 A3 报告书所要描述的主要内容。一般来说，A3 报告书的主题为"解决什么问题"，以反映实际情况与预期的差距，如"降低产品的库存"。

（2）明确解决问题的必要性。为了帮助 A3 报告书的阅读者认识到问题的严重性，就要在 A3 报告书中明确为什么要解决这个问题，确定问题是值得解决的。在说明为什么要解决这个问题时，一般可以图文并茂地描述问题对企业或者供应链上下游的不利影响，以反映问题的严重性。

（3）把握现状。明确了解决问题的必要性之后，还要梳理现状，找出问题的根本原因。这时可以综合运用多种工具，例如，运用 SIPOC 对流程进行分析，运用 TOC 逻辑图的现状图对问题进行梳理，挖掘问题的根本原因。

（4）制定目标。在掌握问题的现状后，要制定目标，并以目标为导向，为后续的计划制订提供指引。制定目标就是确定问题的改善效果。在制定目标时，要立足于现状对目标进行量化，确保目标是可以实现的。

（5）制定方案。制定目标后，可以运用 TOC 逻辑图确定实现目标的具体方案。

（6）实施、检查和处理。制定好方案后可以运用 PDCA 循环对方案进行实施、检查和处理。在实施方案中，要明确责任人和主要工作事项。在实施过程结束后，要判断方案实施结果是否符合预期目标。在完成以上事项后，对成功经验进行推广，同时对不足之处加以改善。

A3 报告书应用案例

某制造企业围绕"提高汽车产品合格率"这个主题制作了 A3 报告书，具体步骤如下。

（1）确定主题。主题是提高汽车产品合格率。

（2）明确解决问题的必要性。提高汽车产品合格率有利于企业改进产品质量，降低生产成本，增加企业利润，扩大市场份额，促进可持续发展，这足以说明解决该问题的重要性。

（3）把握现状。分别描述冲压、焊接、涂装和总装四个环节的产品合格率。

（4）制定目标。若目前总装环节的合格率远远低于前面三个环节，则可以设定将总装环节的合格率提高到什么水平。

（5）制定方案。尝试从人、机、料、法、环五个方面对总装环节合格率不高的原因进行深入挖掘，并制定有针对性的解决方案。

（6）实施、检查和处理。制定好实施方案后，安排人员采取具有针对性的措施。在实施方案后，对方案实施前后总装环节的合格率进行对比，评价方案的实施效果。为了确保问题不再重复出现，尝试建立长效机制。同时，将此次解决问题的经验向其他部门推广。

思考与讨论

1.如果您是贵公司运输部门的负责人，您认为贵公司运输业务目前最迫切需要解决什么问题？

2.请用图表描述该问题的具体状况，对问题进行细化描述。

3.造成该问题的根本原因有哪些？如何确定？

4.列出针对问题的根本原因所需采取的对策，由谁负责实施？需要多久？

5.能否用可衡量的数据来解释该问题得到解决后应获得的效果？

6.问题是否得到了预期的改善？该问题的解决能否为其他部门提供帮助？

16.7 TOC

TOC是由以色列物理学家艾利·高德拉特博士提出的。

TOC强调企业是一个系统，整体产出并不等于供应链中各环节产出的简单相加，而是取决于供应链上最薄弱环节的产出。目前，TOC 已在全球范围内得到了广泛的应用，已经被许多国家、各种行业的大中型企业采纳与应用，例如，波音、宝洁、飞利浦和英特尔等大型跨国企业都将 TOC 视为重要的供应链管理工具。

笔者从 1999 年接触《目标》一书开始，对 TOC 进行了多年的理论学习与实践探索。尤其在经营企业的过程中，笔者深刻地体会到了 TOC 对于管理实践的重要价值。供应链管理人员要用 TOC 武装自己，要认识到如果想改善整个供应链，关键在于找出其中最薄弱的环节，然后以此为出发点，寻求供应链的优化。

TOC 的形成与发展

高德拉特博士于 20 世纪 70 年代首先提出了最佳生产技术（Optimized Production Technology，OPT），以此帮助企业在生产过程中有效地安排人力和物力，后来在此基础上进一步发展出了 TOC。TOC 强调企业的真正目标是赢利，企业必须在提高有效产出的同时，减少投资和营运费用。为此，企业需要注重控制影响整体产出的瓶颈资源，并平衡物料的流动性，促进整个系统实现产出最大化。

TOC 最开始主要是一套解决生产制造领域瓶颈问题的方法，后来经过不断演进，从生产制造领域延伸到了企业管理的方方面面。TOC 认为企业的最终目标是赢利，确立了以有效产出、投资和营运费用为基础的指标体系，强调在增加有效产出的同时降低投资和营运费用。

值得一提的是，目前国内关于 TOC 三大绩效指标的介绍大部分采用的是有效产出、存货和营运费用。笔者在接触到高德拉特博士的讲座后，发现他采用的是有效产出、投资和营运费用，因此本书采用了有效产出、投资和营运费用三大绩效指标。

TOC 对供应链管理的价值

TOC 对供应链管理来说有着非常重要的价值，它可以帮助供应链管理人员对供应链进行有效的管理与优化，具体表现为以下几点。

（1）有助于明确企业的最终目标。TOC 认为，企业最终的目标就是赢利，现在、未来都要赚取更多的利润，并在此基础上创新性地提出了三大绩效指标——有效产出、投资和营运费用，以此评估企业的盈利能力。

（2）帮助企业配置供应链资源，提高供应链的整体效益。对企业而言，其供应链包括上下游的不同环节，它们之间相互影响，而要提高供应链的整体效益就需要考虑如何协调它们之间的关系。TOC 认为，整个系统的产出由瓶颈环节决定，只有聚焦于瓶颈环节才能提高整个系统的资源利用率。

（3）能够提供持续优化供应链的方法。TOC 提供了持续优化供应链的思维方法和实施步骤，能够帮助企业按照明确的思路进行改善，并对整个系统的潜在瓶颈环节进行新一轮改善，实现对供应链的持续优化。

（4）促进流动性的改善。TOC通过三大绩效指标强调资金的流动性，旨在提醒企业尽可能增加资金流入，减少资金流出。TOC通过改善瓶颈环节，让原材料、在制品以及成品在整个供应链中的流动更加顺畅，促进企业提高有效产出，降低投资与营运费用。

TOC的三大绩效指标

绩效指标是对企业业绩进行评估的工具，它反映了企业的整体经营状况。TOC特别强调绩效指标的重要作用，它们不仅可以对企业的赢利能力进行评估，还可以为企业的决策提供指引。TOC提出的绩效指标有三个，分别是有效产出、投资和营运费用。

（1）有效产出。有效产出是指整个系统在单位时间内将产品或服务生产出来并销售出去的数量，反映了通过销售活动获得收入的速率。只有真正通过销售将产品或服务转化为收入以及利润，企业才有可能生存下来，才能支持系统的正常运转。

有效产出的制约因素主要有三种：一是产能制约，表示某工序的产能不足，导致不能满足系统对它的资源需求；二是前置时间制约，表示交货时间相对市场需求的交货期限来说较为紧张，容易导致有效产出的滞后；三是市场制约，表示市场需求不足，导致订单减少，从而降低有效产出。TOC强调，为了提高有效产出，必须解决企业所面临的这些制约。

（2）投资。投资是指一切暂时不用的资源，表示存放在系统中的资金。它不仅包括为满足未来需要而准备的原材料、加工过程的在制品、一时不用的零部件和未销售的成品，还包括扣除折旧后的固定资产。投资占用了资金，产生了机会成本及一系列因维持库存而产生的费用。需要强调的是，企业对设备和设施的投入属于投资，但只包括计提折旧后剩余的部分，对设备和设施计提的折旧费用则应归到营运费用中。

（3）营运费用。营运费用表示系统把投资转化为有效产出的支出，包括直接的劳动力费用以及各种消耗等。由于设备、设施等固定资产的折旧费用属于将原材料转化为有效产出过程中的资产消耗，因此被认为是系统的营运费用。同理，其他库存（如在制品、产成品等）若发生损坏或贬值，也应计入营运费用。

综合看来，三种绩效指标可以这样进行区分：有效产出主要用来衡量系统从外部获得的收入；投资则主要用来衡量系统内部积压的资金；营运费用主要用来衡量系统向外部支付的费用。因此，TOC的绩效指标全都围绕着系统的资金，它是对系统的收入与支出能力的综合评估，强调资金对系统运转所发挥的核心作用。

值得注意的是，通过降低投资减少营运费用的作用会随着投资降低的程度而减弱。当投资较高时，降低投资可以明显减少营运费用；然而，当投资降低到一个较低水平时，再继续降低投资，则对减少营运费用的作用不大。

正如高德拉特博士所言，通过减少投资和营运费用增加赢利是有限度的，即使在极限情况下，也只能把投资和营运费用减少到零，而通过增加有效产出来增加利润却有着无限的可能。因此，在平衡三者之间的关系时，应该将重点放在增加有限的产出上，同时也要尽可能地减少投资和营运费用。

TOC 的基本框架

下文将对 TOC 的基本框架进行简要的介绍，包括基本假设、基础概念、基本原则、聚焦五步骤、鼓—缓冲器—绳子（DBR）排程法和思维流程等内容。

（1）TOC 的基本假设。

通过了解 TOC 的基本假设，我们能够理解 TOC 成立的基本前提。TOC 的基本假设有以下四个。

基本假设 1：聚合。TOC 认为，一系列问题的背后往往有着共同的原因或根本问题，通过聚合分析可以找出影响系统表现的决定性因素，也就是系统的根本问题到底是什么，以明确到底要改变什么。

基本假设 2：局部与整体之间没有冲突。TOC 强调，整体和局部之间是可以调和的，系统的效益和某一环节的效益不应该存在冲突。

基本假设 3：尊重下属。管理人员应该尊重下属，肯定员工的价值。在面对困境时，管理人员要主动承担责任，而不是把责任推给下属。员工是整个企业系统的一部分，系统改善的顺利开展离不开员工的理解与支持。

基本假设 4：固有的简单性。固有的简单性强调，无论周围环境或者所遇到的问题从表面上看有多么复杂，在处理过程中都可以发现其内在的简单逻辑并加以认识或解决。

（2）TOC 的基础概念。

TOC 的基本概念主要有以下几个。

① 系统。"系统"这个概念受到戴明博士、高德拉特博士和彼得·圣吉博士的一致推崇与认可。戴明博士是世界著名的质量管理大师，因对质量管理发展做出的卓越贡献而享誉全球。他认为，系统是由各部分组成的，各部分都有其目的，系统也有其目的，各个部分之间相互依赖，影响着系统目标的达成。作为世界著名管理大师，彼得·圣吉博士也十分推崇"系统思维"，他认为我们需要以一种新的方式重新认识自己所处的世界，从将自己看作"与世界分开"转变为"与世界连接"，从将问题看作"由外面某人或某事所引起"转变为"自己的行动属于引起问题的因素之一"。TOC 强调，系统包含多个组成部分，如果把整条生产线看作系统，那么上游某一工序、下游某一工序或者最后的总装工序都是整个生产线系统的组

成部分，它们共同构成了整个系统。

②相互依存和统计波动。依存关系强调的是系统内各个环节之间是相互依存、相互影响的，一个环节必须在上一个环节发生后才能发生，上游环节对下游环节有着重要的影响。统计波动则是指系统内某一环节的绩效表现并不是一直不变的，而是不断变动的，这种统计上的差异往往导致该环节绩效表现得不稳定，有时高于平均值，有时低于平均值，其波动往往会在系统内部造成一定的连锁反应。

③瓶颈。系统中每个组成部分所产生的效用各不相同，有的高，有的低。由于系统是一个整体，因此整个系统的表现取决于各个组成部分的表现，尤其是瓶颈环节的表现。无论其他部分的表现有多好，如果瓶颈环节的表现很差，那么它就会影响整个系统的最终产出。在进行系统改善时，如果未能改善瓶颈环节，只改善了非瓶颈环节，那么这对整个系统的改善而言是没有意义的。

（3）TOC的九条基本原则。

TOC有九条基本原则，其中，前六条原则都是关于资源的，第七条和第八条原则是关于物流的，第九条原则是关于制订作业计划的提前期的。

原则一：追求物流的平衡，而不是生产能力的平衡。

平衡生产能力的目的是使企业的生产能力得到充分发挥。但是，企业生产的产品种类比较多，不同的产品由于各自的市场需求并不一致，或者同一产品在不同时期的市场需求呈现难以预料的波动，因此一味追求生产能力的平衡就会造成产品的积压，引起不必要的库存，从而增加成本。

市场需求的波动无法预料，市场的复杂变化使生产能力很难实现平衡。在市场复杂波动这个前提下，只有物流平衡才是可实现的。因此，TOC并不是一味地要求追求生产能力的平衡，而是强调在企业内部实现物流的平衡。物流的平衡就是使生产中的各道工序都与瓶颈工序保持同步，使生产过程中的库存保持最低，从而进一步缩短生产周期，提高产品的流动性。

原则二：非瓶颈环节的资源利用率不是由它们自己的潜力决定的，而是由系统的约束决定的。

系统包括瓶颈和非瓶颈两种环节，瓶颈环节就是系统的约束。瓶颈环节的产出效率直接决定了整个系统的产出效率，因此企业的有效产出是由瓶颈环节决定的。非瓶颈环节的产出并不会对整个系统的产出造成决定性影响，一味地提高非瓶颈环节的资源利用率反而会增加整个系统的库存和运行成本。一般来说，瓶颈环节与非瓶颈环节主要存在四种基本关系（见图16-7）：一是从瓶颈环节到非瓶颈环节，瓶颈环节处于非瓶颈环节的上游；二是从非瓶颈环节到瓶颈环节，瓶颈环节处于非瓶颈环节的下游；三是瓶颈环节和非瓶颈环节同时进入同一个下游环节；四是瓶颈环节和非瓶颈环节相互独立，两种环节彼此无关。显而易见，在前三种关系中，非瓶颈环节的产出效率是由瓶颈环节所决定的。

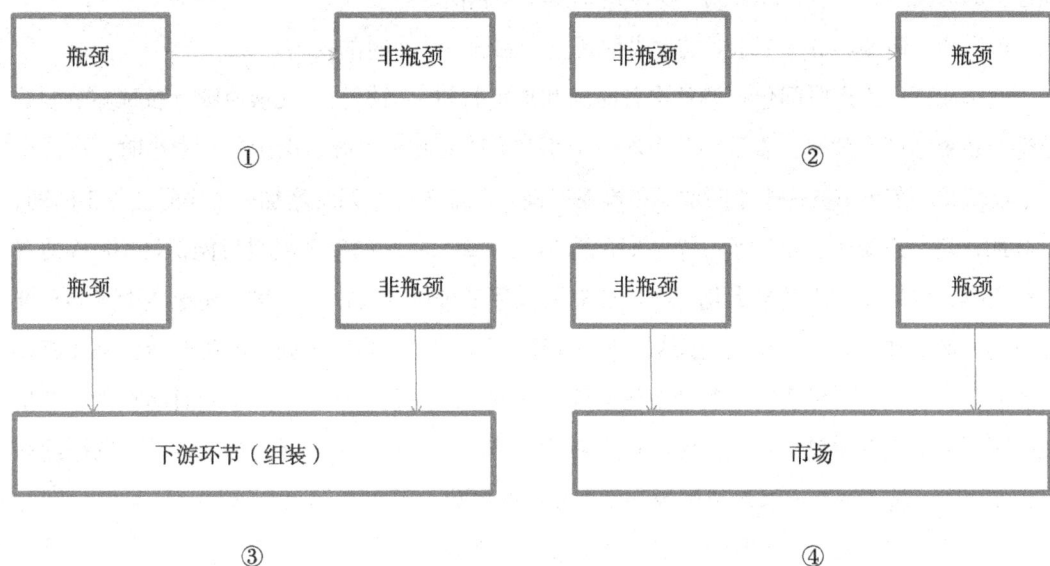

图 16-7　瓶颈环节与非瓶颈环节的四种基本关系

在这四种关系中，瓶颈环节与非瓶颈环节之间的依存关系主要表现为：在第一种关系中，非瓶颈环节为后续工序，其接受的半成品或零件来自于上游工序的瓶颈环节，因此其产出效率受到瓶颈环节的约束；在第二种关系中，虽然非瓶颈环节为前道工序，其产出效率不受上游环节的约束，但对整个系统而言，系统的产出效率是由后续工序的瓶颈环节决定的，不取决于非瓶颈环节，非瓶颈环节一旦产能过度只会增加库存积压与成本；在第三种关系中，由于瓶颈环节与非瓶颈环节的后续工序为同一工序，虽然非瓶颈环节的产出效率不受约束，但由于在下游工序需要对非瓶颈环节产出的工件与瓶颈环节产出的工件进行组合装配，因此从系统的角度来看，系统的产出效率依然受到瓶颈环节的约束；在第四种关系中，非瓶颈环节与瓶颈环节并不相关，因此其产出效率与瓶颈环节的产出效率并不相关。

原则三：资源的利用和资源活力是有区别的。

资源的利用强调资源应该利用的程度，而资源活力则强调资源能够利用的程度。两者的区别在于前者强调的是适当性，关注的是资源需要被利用多少；而后者强调的是可行性，关注的是资源可被利用的最大限度。在系统中，对于非瓶颈环节的资源的利用并不是越充分越好，需要判断它是否受制于系统的约束——瓶颈环节。举例来说，假设一个非瓶颈环节的资源利用率能够达到 100%，而制约它的瓶颈环节的资源利用率只能够达到 80%，如果按照 100% 的利用率使用非瓶颈环节的资源的话，那么剩余的 20% 资源的产出将无法与瓶颈环节的产出相匹配，最终只能变为在制品库存。由此可见，尽管非瓶颈环节的资源利用率很高，但就整个系统而言，只利用非瓶颈环节 80% 的资源，效率才是合适的。综合来看，在存在瓶颈环节的情况下，非瓶颈环节的资源利用率并不是越高越好。

原则四：瓶颈环节一个小时的损失就是整个系统一个小时的损失。

通常而言，生产时间包括调整准备时间和加工时间。根据前面几项原则，瓶颈环节制约着整个系统的产出效率，瓶颈环节中断一个小时意味着整个系统也会中断一个小时。反过来看，在瓶颈环节上省一个小时的调整准备时间，就能为整个系统增加一个小时的加工时间，相应地，整个系统也就增加了一个小时的产出。因此，在瓶颈环节要尽可能保持 100% 的资源利用率，以实现产出的最大化。我们要对瓶颈环节采取相关措施，尽可能地减少其调整准备时间，增加加工时间。相关的措施一般包括以下几种：一是缩短调整准备时间，增加瓶颈环节的加工时间；二是实行午餐和工休连续工作制，减少调整准备所产生的时间损失；三是在瓶颈环节前设置质量检查站，保证投入瓶颈环节的工件的质量全部合格；四是设置缓冲环节，使瓶颈环节不受非瓶颈环节资源利用率波动的影响。

原则五：在非瓶颈环节节约一个小时是毫无意义的。

在非瓶颈环节花费的时间不仅包括生产时间（加工时间和调整准备时间），还包括闲置时间。在非瓶颈环节节约一个小时的生产时间，将增加一个小时的闲置时间，因此并不能直接增加系统的有效产出。但是，如果将节约的这一个小时的生产时间用于减少批量、加大批次以降低库存和缩短前置期，那么其对系统产生的效果将取决于瓶颈环节的资源利用率。

原则六：瓶颈环节决定着系统的库存和有效产出。

有效产出是指系统在单位时间内将产品或服务生产出来并销售出去的数量，反映了系统通过产品或服务的销售实现盈利的速度。从产销率的概念可知，产销率主要受企业内部的生产能力和外部的市场需求两个方面的约束。企业内部的生产能力取决于内部的瓶颈环节，而外部的市场需求则取决于外部的瓶颈环节。企业内部的瓶颈环节反映了企业的生产能力不足，进而制约了企业有效产出的提高。但若企业的整体生产效率超过了市场的需求水平，则反映出市场的需求不足，这时外部的市场需求瓶颈制约了企业有效产出的提高。

需要注意的是，由于企业的有效产出由瓶颈环节决定，因此企业的非瓶颈环节应与瓶颈环节保持一致，企业应按照瓶颈环节的节奏安排物流的运转，以降低整个系统的库存水平，提高系统的产销率。

原则七：运输批量可以不等于加工批量。

生产现场的计划与控制的一个重要内容就是确定批量，它能够影响企业的有效产出和库存。TOC 采用了一种动态批量系统，把在制品库存分为两种不同的批量形式：一种是运输批量，即工序间运送一批零件的数量；另一种是加工批量，即经过一次调整准备后所加工的同一种零件的数量，它可以是一个或多个转运批量的总和。

在确定加工批量时，需要关注的是合理利用资源（表现为设备调整次数的减少）以及合理的在制品库存（表现为资金积压和在制品库存费用的减少）。在确定运输批量时，则要考虑提高生产过程的连续性、并行性，减少不同工序间的等待准备时间，同时减少运输工作量与运输费用。确定运输批量和加工批量的出发点不同，运输批量并不一定要与加工批量保持一致。

TOC 强调，要想尽可能地提高瓶颈环节的产出，就要增加瓶颈环节的加工批量。同时，为了不因此而增加在制品库存，还要减少转运批量，即减少非瓶颈环节的加工批量，这样做有利于减少在制品库存费用和加工费用。

原则八：加工批量应该是可变的，不是固定的。

该原则是对原则七的进一步说明。根据原则七，运输批量是基于在制品视角而言的，而加工批量则是基于可利用资源视角而言的。加工同一种工件时，瓶颈环节和非瓶颈环节可以采用不同的加工批量，在不同的工序间运输时也可以采用不同的运输批量，其大小可根据实际情况进行动态调整。

原则九：编制作业计划应该同时兼顾所有约束，提前期是作业计划的结果。

作业计划的编制一般包括以下几个步骤：确定批量，计算提前期，安排优先权，根据能力限制调整该计划，然后重复前三个步骤。由此可以看出，作业计划是按照预先确定的提前期，采用无限能力计划法来编制的。但如果生产提前期与实际情况相差较大，那么所制订的作业计划就很难实施。TOC 则正好相反，它并不会采用固定的提前期，而是考虑计划期内的系统瓶颈，采用有限能力计划法，先制订瓶颈环节加工工件的生产进度计划，以瓶颈环节为基准，把瓶颈环节之前、之间、之后的工序分别按拉动、工艺顺序、推动的方式进行安排和优化，然后再去制订非瓶颈环节的作业计划。因此，TOC 的提前期是在综合考虑批量、优先权和其他因素后得出的，是作业计划产生的结果。

（4）TOC 的聚焦五步骤。

TOC 认为，瓶颈环节的产出决定了整个系统的产出，要想改善系统就要聚焦于瓶颈环节。为此，TOC 提出了识别并改善系统瓶颈的五个步骤。

① 找出瓶颈。一般来说，影响企业有效产出的瓶颈主要包括：各道工序的生产能力，即企业生产活动中各道工序的资源利用能力；原材料，即生产活动所需的物料；市场需求，表现为企业的生产能力与市场需求不相符，企业生产的产品供不应求，或者市场需求较少引起供过于求；政策，即影响企业有限产出的内外部政策。

② 挖尽瓶颈。发现了瓶颈之后，接下来需要采取一定的办法使瓶颈资源得到最大化的利用。举例来说，如果系统的约束是内部某道工序的生产能力，就要找出办法将该工序的生产能力或者资源利用率最大化。

③ 迁就瓶颈。非瓶颈环节与瓶颈环节是相互依存的，为了实现瓶颈环节的资源利用率最大化，需要非瓶颈环节的配合。举例来看，如果某生产工序是系统的瓶颈环节，就可以通过设置时间缓冲来保证非瓶颈环节尽可能为提升瓶颈环节的资源利用率提供支持。我们也可以将其理解为按照瓶颈环节的生产节拍来控制、引导整个系统的生产活动。否则，任由非瓶颈环节充分发挥其资源利用率的话，将会造成库存积压以及营运费用增加。

④ 突破瓶颈。如果通过挖尽瓶颈和迁就瓶颈还不足以实现改善，就要考虑采取更多的措施来突破瓶颈，使它不再是系统的瓶颈，这时往往需要投入相当多的时间和金钱。

⑤ 回到第一步，开始循环。如果突破了一个瓶颈，就要重新回到第一步，继续寻找新的瓶颈，开始新的循环。系统总是会出现各种各样的瓶颈，不可能一劳永逸地彻底消除瓶颈，因此需要不断地寻找新的瓶颈，然后重复进行挖尽、迁就、突破等步骤，如此不断循环，以实现系统的持续改善。

（5）DBR 排程法。

DBR 排程法是 TOC 早期应用于生产管理的一种非常有效的排程方法，有利于在计划与控制生产活动中实现高绩效。其中，"鼓"是指系统中起决定作用的瓶颈环节；"缓冲器"是指在瓶颈环节前设置的时间或库存缓冲；"绳子"是指自瓶颈环节向上游环节进行的信息传递。下面对 DBR 排程法进行详细介绍。

"鼓"是指生产系统中的控制点，可以将其理解为生产节奏。一般来说，由于瓶颈环节对系统的有效产出发挥着决定性的影响，因此这个控制点就是系统的瓶颈环节。在安排生产活动时，既要对企业内部各个生产环节进行平衡，又要对企业生产和市场需求进行平衡。首先，企业在安排生产前需要了解市场的需求情况，尽可能地减少库存。在对市场需求有了一定的掌握之后，就要按照交货期限向有关产品赋予一定的优先权，然后基于优先权在瓶颈环节安排生产活动，对上下游工序进行排序，从而得出交付时间。为了使交付期限与交货时间相匹配，就要对瓶颈环节的批量规模进行调节。根据 TOC 的原则，增加瓶颈环节的加工批量可以减少调整准备时间，但这样做会对系统的柔性造成不利影响，还会增加库存和提前期。而如果增加瓶颈环节的加工批量，则会实现相反的效果。"鼓"反映了系统中瓶颈环节的调节作用，在生产活动的计划和控制中要对瓶颈环节做好安排，尤其在控制瓶颈环节的节奏时需要考虑其对交货时间的影响。

"缓冲器"是相对于瓶颈环节而言的，它分为两种，一种是时间缓冲，另一种是库存缓冲。时间缓冲是指把需要的物料比计划提前一段时间放置到相应的环节，以应对可能的波动。例如，两天的缓冲时间意味着在一个工序环节等待加工的在制品规模相当于该工序两天的生产任务。库存缓冲是指安全库存，一般根据公式计算得出。TOC 使用时间缓冲来代替库存缓冲，在设置时间缓冲时一般遵循一定的原则，具体内容如下。

① 要确保瓶颈环节产出率较高的工件在加工过程中不因缺乏在制品物料而停工。

② 要考虑加工过程中出现的波动。例如，瓶颈环节的实际产出率比计划的高，或者瓶颈环节前一工序的实际产出率比计划的低，或者产生了大量的次品等情况都属于波动。在解决相关的突发问题时，如果因为排查或者维修导致停工减产，引起加工时间减少，调整时间增加，那么就会对后续工序的正常运转造成影响，进而影响整个系统的产出率。

③ 根据 TOC 的原则可知，瓶颈环节的加工批量是最大的，而瓶颈环节的上游工序则是小批量多批次的。瓶颈环节上游工序的批次又与各道工序的调整准备时间相关。例如，如果上游工序的调整准备时间短，或瓶颈环节的加工时间与前一道工序的加工时间相差很大，则上游工序的批次可以较多、批量可以较小。反之，则批次较少，甚至与瓶颈环节的批次相同，加工批量也和瓶颈环节的批量相同。

④ 要考虑在制品库存费用、成品库存费用、加工费用和各种人工费用。在保证瓶颈环节持续加工的情况下，要使整个加工过程的总费用最小化。

"绳子"是指将瓶颈环节的加工或产出情况传递给上游工序，其目的是实现按需生产，防止增加库存。"绳子"的作用在于传递信息，以指导系统按照"鼓"——瓶颈环节的节奏进行生产。

"鼓"的目标是增加有效产出，而"绳子"的目标则是减少库存。由于瓶颈环节控制着整个系统的产出节奏，因此可以在瓶颈环节的上游工序实行拉动式生产，相当于用一根"绳子"把瓶颈环节与这些上游工序连接起来，以有效地安排物料快速通过非瓶颈环节，保证瓶颈环节的需求得到满足以及库存的合理化。

"绳子"控制着物料的投放，其实质类似于看板，即由后道工序根据需要向前道工序领取必要的零件进行加工，而前道工序只能对已取用的部分进行补充，这是一种受控的生产方式。TOC 强调瓶颈环节对系统生产节奏的控制，没有瓶颈环节发出的生产指令，整个系统就不能进行生产。这个生产指令或者信息是通过类似看板的方式在工序之间进行传递的。

通过"绳子"的信息传导，瓶颈环节的上游工序能够实现均衡生产，减少加工批量和运输批量，以进一步减少提前期以及在制品库存或成品库存，同时又能保证瓶颈环节不会停工。因此，"绳子"是瓶颈环节对其上游工序发出生产指令的信号灯，没有它，生产就会陷入混乱，容易引起库存过多或者瓶颈环节停工待料的不利情况。

（6）TOC 的思维流程。

在实际的供应链管理工作中，面对纷繁复杂的问题时，供应链管理人员在大部分情况下都是在头脑中将核心问题及其解决方案梳理出来的。因此，供应链管理人员要对五个步骤进行详细的解析，借助思维流程及相关工具将核心问题及解决方案一步步展开。下面详细介绍 TOC 三问、思维流程相关工具所涉及的基本概念及逻辑规则、逻辑图等内容。

① TOC 三问。

"三问"并非 TOC 的独创，它符合人类的正常思维规律。

"三问"分别是改变什么（What to change），改变成什么样子（What to change to）以及怎样使改变得以实现（How to cause the change）。具体说明如下。

a. 改变什么。改变什么相当于聚焦五步骤的第一步——找出系统的瓶颈环节，而这往往需要我们了解系统的实际情况，因此，我们需要使用一种逻辑结构图——现状树。我们通过现状树就可以知道需要改变什么。

b. 改变成什么样子。改变成什么样子包括两个方面：一是找出克服当前瓶颈的突破点，二是保证改进方法所引起的结果不会造成负面的影响。相应的逻辑结构图包括冲突树、未来树和负效应枝条。冲突树描述了当前问题背后的主要冲突，未来树描述了改善所要达成的结果，负效应枝条则反映了实施解决办法可能导致的负面结果。

c. 怎样使改变得以实现。怎样使改变得以实现是指实施具体的改进方法。相应的逻辑结构图包括先决条件图和转变树。先决条件图主要用来识别阻碍，描述了实现目标的条件。转变树描述了把最初想法一步步实现的过程。

② 思维流程相关工具所涉及的基本概念。

在介绍思维流程相关工具之前，有必要对其涉及的基本概念进行解释。这些基本概念如下。

a. 不良效应（Undesirable Effects，UDE）：当前存在的诸多表面问题解释了目标与现状之间的差距。

b. 良好效应（Desirable Effects，DE）：经过系统改善将不良效应消除后所实现的良好现象。

c. 负效应枝条（Negative Effect Branches，NBr）：为了进行系统改善而实施解决方案所可能带来的不好的结果。

d. 根本原因：相对于不良效应而言，表示许多不良效应背后的原因，它引起了大部分的不良效应。

e. 核心问题：经过对不良效应及其根本原因的分析后所找出的需要真正去聚焦和解决的那个问题，这个问题可能是根本原因，也可能是多个根本原因背后的原因。

f. 解决方案：包括解决思路、激发方案、良好效应以及改善后的绩效指标。

g. 解决思路：解决方案的整体思路，从宏观的角度为解决问题提供了指导方向。

h. 激发方案（Injection，Inj）：反映解决方案的主要部分，指真正需要实施或者植入的方案，只有实施该方案才会产生良好效应。

i. 先决条件：可以将其理解为前提，也可以将其理解为必不可少的原因。例如，如果 A

是 B 的必要条件，那么只有 A 发生才会导致 B 的发生。

j. 冲突及其假设：冲突是指为了实现某目标所需满足的先决条件之间是对立的，而相应的假设则是将这种对立暂时认可为事实。

k. 中间目标（Intermediate Objectives，IO）：在实施解决方案的过程中难免会遇到各种障碍，克服这些障碍便是中间目标。

③ 思维流程工具的逻辑内涵。

在应用 TOC 思维流程工具时需要遵循一定的逻辑。

人们在不了解一件事的时候，往往会先问问题，然后再做验证，最后确定结果。举例来说，"如果生产成本居高不下，那么企业利润就难以提高"，这是对现实情况的一般理解。如果要改变这一情况，就要找出上面这个因果关系中暗含的假设，并改变这个假设。例如，"如果生产成本居高不下，但是供应链运转效率持续改善，那么企业利润就可以提高"。接下来，我们就会明白，"企业为了提高利润，需要降低生产成本或者提高供应链运转效率"。

一般来说，我们可以这样描述事物——"如果 A，那么 B"，甚至更进一步，给出更多的关于 A 和 B 的联系，如"如果 A，那么 B，因为……"，以便使一些暗含的假设暴露出来，并通过弄清楚中间结果，帮助我们理解 A 与 B 之间的具体关系。另外，对于事物之间的必然性，也可以给出描述，如"为了 A，必须 B"，或者"为了 A，必须 B，因为……"。值得注意的是，这些描述可以是连续的，如"如果 A，那么 B；如果 B，那么 C……"，或者"为了 A，必须 B；为了 B，必须 C……"。

④ 逻辑图。

目前，应用更加广泛的思维流程工具是逻辑图，逻辑图包括现状图、冲突图、未来图、负效应枝条、先决条件图和转变图，它们反映了发现问题、分析问题和解决问题的具体思维过程。

a. 现状图。现状图的作用在于找出导致众多不良效应背后的核心问题。我们通过现状图可以看清楚目前系统中的所有问题，它将系统目前存在的问题（也就是系统所出现的不良效应）予以整体呈现，如库存过多、前置期较长和合作不融洽等问题。但是，仅仅呈现还不够，还需要挖掘出背后的核心问题（见图 16-8）。

b. 冲突图。冲突图包括系统的目标、实现目标所需满足的必要条件以及让该条件成立的先决条件。在冲突图中，实现目标往往会面临一些冲突，针对必要条件与先决条件的成立可以先做出假设，以假设作为解决问题的突破点，然后在假设的基础上提出有针对性的激发方案。因此，我们可以通过冲突图了解实现目标所要面临的冲突，进而制定出相应的激发方案（见图 16-9）。

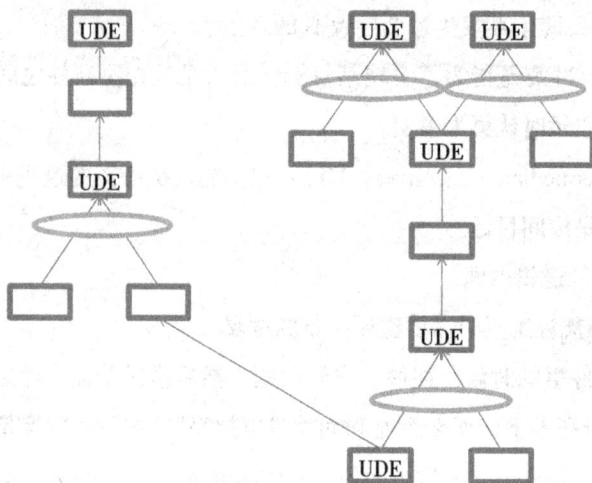

图 16-8　现状图

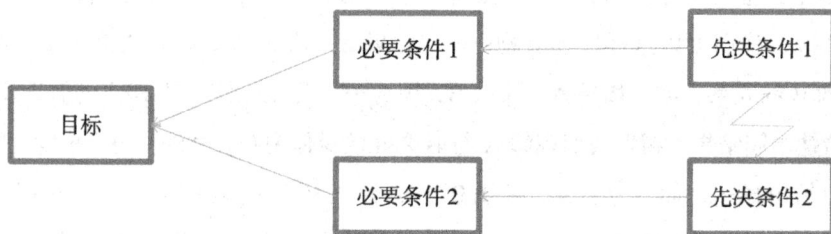

图 16-9　冲突图

c. 未来图。未来图为我们呈现了改进后系统所获得的良好效应，一般为不良效应的对应面；同时也描述了为了实现良好效应所需实施的激发方案，反映了激发方案与良好效应之间的因果关系。因此，未来图反映了实施解决方案之后的未来图景，让我们能够预先看到未来（见图 16-10）。

d. 负效应枝条。TOC 认为，在实施改进方案的过程中，参与人员存在一定的认知障碍，这导致在实际的实施过程中可能会出现一定的负效应。因此，我们需要提前发现这些障碍，并采取措施予以解决。

这些认知障碍主要包括：不承认某个问题；不同意解决方针；不同意解决方案能带来期待的效益；质疑解决方案将带来的潜在的负面效应；由于严重的障碍，质疑解决方案无法实现；嘴上说同意但没行动。

克服前面三个障碍有利于大家对问题达成共识，使大家认可相关解决方案的价值；克服第四个障碍有利于大家达成没有潜在负面效应的共识；克服第五个障碍表示大家达成了排除障碍的共识；克服第六个障碍表示从思想上认可转变为真正付诸行动。

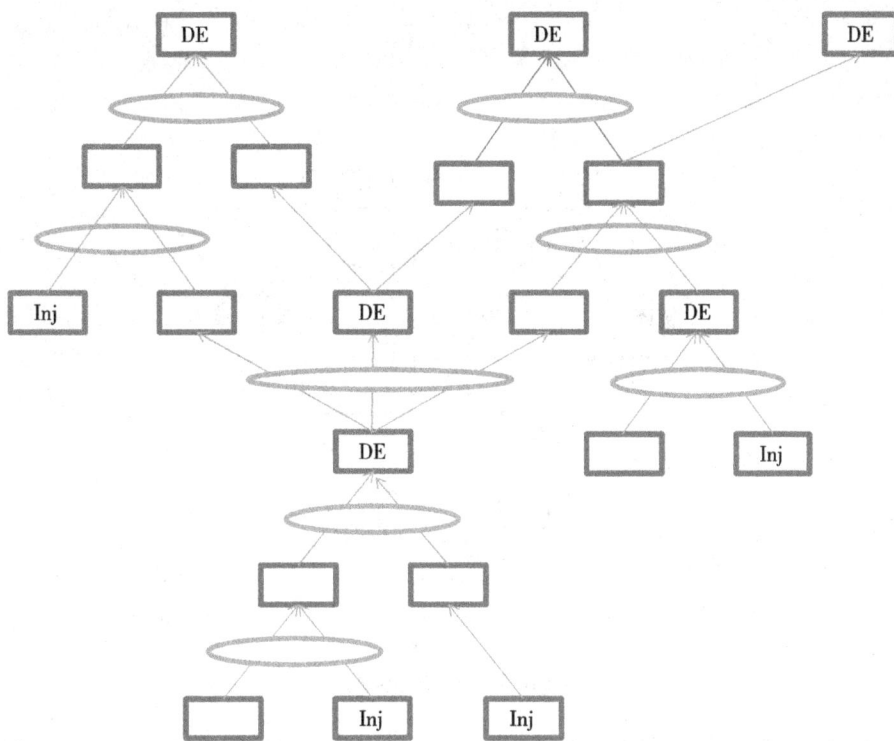

图 16-10　未来图

对于这六种障碍，有六种对应的解决方案：承认问题，同意解决方针，认为解决方案能解决相关问题，实施方案过程中能够克服相关障碍，实施解决方案不会产生新的问题，积极行动。因此，在解决问题时要让相关人员充分参与，我们可以将这个过程理解为是在剪去负效应枝条（见图 16-11）。

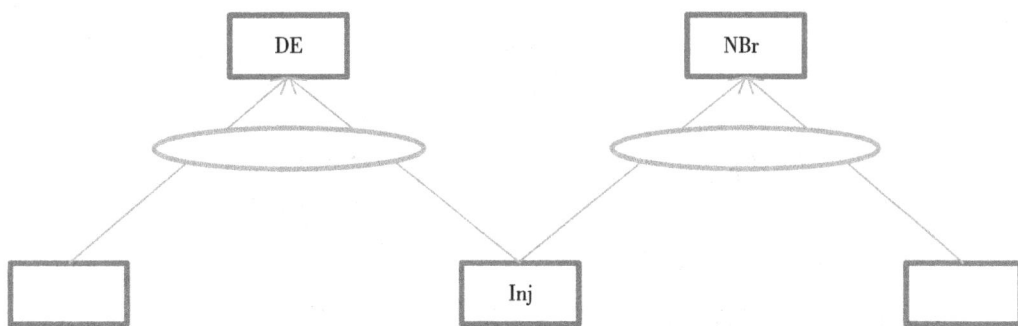

图 16-11　负效应枝条

e. 先决条件图。在明确了目标后，还要列举出顺利实现目标所需克服的障碍。克服这些障碍对应于中间目标，它们是实现最终目标所需经历的过程。障碍和中间目标是一一对应的，中间目标的实现意味着对障碍的克服（见图 16-12）。

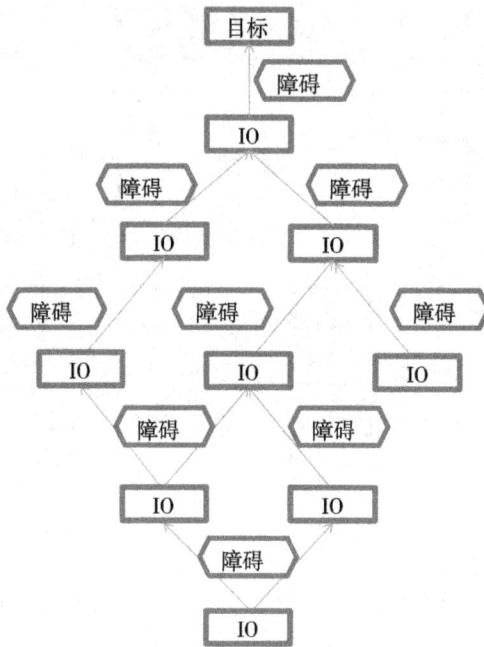

图 16-12　先决条件图

　　f.转变图。转变图反映了实现目标的具体过程，它是实现目标的详细路线图。转变图和未来图有许多相似的地方，两者都是基于现状对尚未发生的事情进行描述，从而得出想要的结果。两者的区别在于，未来图的主要目的是确定经过一系列行动是否会产生期望的结果，而转变图的目的则是确定如何实施行动，而且转变图比未来图要详细得多。另外，先决条件图也为转变图提供了一定的基础，其中间目标明确了转变图的行动所要实现的效果，同时也为中间目标的实现提供了具体的行动方案（见图 16-13）。

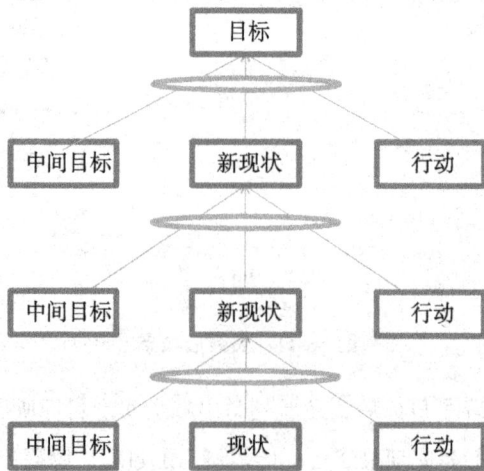

图 16-13　转变图

从 TOC 视角看供应链管理领域的常见陷阱

局限于零散的供应链管理认知，许多供应链管理人员往往缺乏对供应链管理的系统认知，甚至陷入了一定的认知陷阱。

这些认知陷阱不利于供应链管理人员正确地看待供应链管理，甚至可能会影响实际的供应链改善活动。从 TOC 视角来看，供应链管理领域的常见陷阱如下。

（1）一味地追求市场预测的准确度。如果痴迷于准确无误地预测市场需求，那么结果往往会令人失望。在这个时代，客户的个性化需求不断变化，产品种类日益丰富，企业很难完全准确地对客户需求进行预判，即使运用大数据分析等方法也只能做到尽可能地对客户需求进行预测。

（2）为了降低库存成本，一味减少库存，甚至追求零库存。从向供应商采购原材料到向客户交付产品的供应链全过程包含着许多环节，任何一个环节缺料都会对整个系统的正常运转造成不利影响。因此，库存的作用在于为供应链中的各个环节之间的协调与衔接提供保障。

（3）安全库存带来安全。设置安全库存是为了应对市场需求的波动，但并不是设置了安全库存就能解决一切问题。设置安全库存必然会导致相关成本上升，而通过实施其他供应链管理方法（如 DBR 排程法），不仅可以提高供应链的运行效率，还能极大地提升供应链的服务水平。

（4）库存离客户越近越好。库存并不是离客户越近越好，实际上，越接近下游，销售预测的准确度就越低，越接近上游，销售预测的准确度就越高。同时，下游的库存一旦发生跨区域调度，就会导致运输成本提高，不利于库存的区域配置。

综合看来，TOC 能够帮助企业打造可靠的供应链，有效回避供应链管理的常见陷阱，有助于企业降低库存成本，保证客户对产品的可靠获得，还能帮助企业平衡好客户服务水平、缺货成本和库存成本三者之间的关系。

思考与讨论

1. 您认为能否利用瓶颈来控制贵企业的供应链运行？

2. 如何找到贵企业的瓶颈？

3. 您是如何改善瓶颈的？

16.8　思维意识和工具小结

许多供应链管理人员都热衷于学习成功的模式和案例，希望能从别人的成功案例中得到启发。但是，这些模式和案例有一个非常大的弊端，那就是使这些案例和模式获得成功的"天时、地利、人和"并不适用于你。更糟糕的是，你从这些案例和模式中提炼出来的成功经验很可能并不是真正的成功原因。

一个成熟的供应链管理人员，要把时间花在如何提升自己的思维模式和工作能力上，不应追求一些貌似有道理的成功经验。

本书特别安排一章专门介绍一些思维意识和工具，就是希望帮助供应链管理人员掌握解决问题的一般方法，从而立于不败之地。

供应链管理人员了解和掌握这些思维意识和工具可以分为四个阶段。

第一个阶段是"心中无剑，手中无剑"。在这个阶段，供应链管理人员对思维意识和工具缺乏了解，更谈不上掌握，解决问题主要靠借鉴经验甚至误打误撞，也没有应对问题变化的长效机制。

第二个阶段是"心中无剑，手中有剑"。在这个阶段，供应链管理人员对思维意识和工具有了一定的了解，但还没有达到掌握的程度，因此思维意识和工具所发挥的效用并不理想。

第三个阶段是"心中有剑，手中有剑"。在这个阶段，供应链管理人员不仅对思维意识和工具有了一定的了解，而且有了一定程度的掌握，对思维意识和工具的使用条件和具体用法比较熟悉，思维意识和工具的效用得到了一定程度的发挥。

最后一个阶段是"心中有剑，手中无剑"。在这个阶段，供应链管理人员已经实现了对思维意识和工具的充分掌握，能够将不同的思维意识和工具融会贯通，不局限于某一种思维意识和工具，能够根据实际情况对各种思维意识和工具进行灵活使用，思维意识和工具的效用得到了充分发挥。

到了最后一个阶段，思维意识和工具已经深入供应链管理人员的内心，他们遇到某种问题时能立刻使用某种思维意识和工具予以应对，在处理各种供应链问题时都能做到游刃有余。

思考与讨论

1.您认为六顶思考帽与传统的思考方法相比有哪些特点？

2.请在一次会议中运用六顶思考帽进行团队讨论。

3. 请试着运用某种思维意识和工具分析贵公司所处的供应链，新的认识与以前的认识有何不同？

4. 请写下您在供应链管理中遇到的问题，您认为哪些思维意识和工具能够帮助您解决问题？

5. 您认为哪些思维意识和工具值得在整个企业推广？

第五篇

透明数字化供应链实践

具备了透明数字化供应链的理论知识，掌握了相关的思维意识和工具，接下来就要运用这些理论知识、思维意识和工具来推动透明数字化供应链的升级转型实践。

实践透明数字化供应链的升级转型，需要做好三个方面的工作：一要对企业的供应链进行全方位的评估，二要找到推动供应链优化及重构的可行路径，三要打造一支能够推动供应链升级转型的精干团队。

本篇包括以下四章。

第 17 章　供应链定性评估的思路

第 18 章　供应链定量评估的思路

第 19 章　透明数字化供应链实践路径

第 20 章　供应链达人的进阶路径

第17章　供应链定性评估的思路

定性评估是指对事物的特性进行描述和分析之后，按照一定的标准对其进行评价。定性评估可以帮助供应链管理人员从企业经营管理的宏观层面来看待供应链问题，对那些难以量化的事项进行衡量。设置定性评估指标时要选择适当的切入角度，防止评估结果出现偏差，实现对关键要素的综合反映。

本章提供了定性评估的思路，读者可以结合自己的实际情况探索适合自己企业的定性评估体系。

17.1　定性评估的三种视角

针对供应链做定性评估有三种视角，分别是供应链协作能力、数字化能力和透明能力。

供应链协作能力

供应链是由诸多环节构成的一个有机整体，而且各个环节之间环环相扣、不可分割。

供应链各个环节的参与者包括原材料供应商、生产商、承运商、销售商、零售商和客户等。从整个供应链来看，单个企业只是供应链的其中一环，供应链中各企业之间的协作不可避免。

供应链中的各家企业需要与其他各环节的伙伴合作，实现共赢，通过提高企业的供应链协作能力提高整条供应链的效率，进而实现企业效益的最大化。供应链协作能使供应链的运转更加高效，有利于提升最终客户的服务体验，降低供应链的整体成本，帮助供应链中的各家企业持续进步。

以供应商与生产商之间的协作为例，协作可以帮助供应商精准地了解客户需求，提高及时响应能力，降低库存水平；也可以帮助生产商加强生产管理，降低生产成本，提高供应链的柔性与可靠性。

对于供应链协作能力的评估，可以从业务衔接能力和数据交互能力两个方面展开。

（1）业务衔接能力。

各家企业都是供应链的一部分，但它们往往都有各自的业务流程，如果这些流程无法进行有效的衔接，就容易导致供应链低效运转，不利于企业获得良好的效益。对整条供应链而言，其始终以满足终端客户需求为核心，将产品或服务交付到客户手中。通过对接供应商、生产商和物流商等供应链上下游参与者的流程，为供应链提供运作基础，将供给端与需求端高效地对接起来，有助于让消费者获得"所见即所得"的场景体验。

业务流程的衔接是指在推进业务流程的过程中，对原来企业之间相互独立的业务流程以一定的方式加以协调。上游企业是下游企业的供应商，供应商还有其供应商，下游企业是上游企业的客户，客户还有其客户，因此供应链中的上下游企业应做好业务流程之间的衔接。做好业务流程衔接不是要求上下游企业之间建立同质化的业务流程，而是要求上下游企业协调彼此的业务流程，使其服务于供应链整体的高效运转。

（2）数据交互能力。

随着物联网、大数据、云计算和 AI 等前沿技术的发展，在供应链上下游的各个环节中，各家企业的信息系统正在产生大量的数据。这些数据只有在供应链各成员之间实现共享和交流才能产生整体的价值，才能广泛连接不同类型的企业，在供应链中建立开放的协作关系，实现数据化的物流透明网络。只有协作才能实现全产业链的透明，才能更高效地响应终端客户的需求。

很多企业都有自己的信息系统，但各家企业在数据方面的协作往往不易实现，这表现在两个方面。一是企业不愿意与供应链上的其他企业进行数据交互。长期以来，企业往往认为共享和开放数据不仅可能泄露企业的经营秘密，还会带来安全问题，最终导致企业利益受损，因此对数据交互较为敏感、谨慎。在数字化时代，为了保证数据的作用得到充分发挥，一定要消除信息孤岛，实现企业之间的数据共享。二是企业之间的数据交互在数据系统层面未实现良好的兼容。

数字化能力

信息技术不断升级革新，供应链的数字化能力显得越来越重要。

对于数字化能力的评估可以从数据采集能力和数据应用能力两个方面展开。

（1）数据采集能力。

数据采集即获取数据的过程，例如，企业通过传感器或者其他探测单元来获取数据。数据采集是数据化的前提，如果没有足够的数据支持，那么数据化必然无法实现。

数据采集所获取的数据主要包括三类，分别是传感器数据（物理数据，如位置、距离、温度、湿度和图像等）、网络数据（广泛分布在网络中的数据）和商业数据（包括业务流转单据信息和资金交易信息等）。

相应地，数据能力也分为三类：一是传感器数据采集能力，即对需要的传感器数据的获取能力；二是网络数据采集能力，即对需要的网络数据的获取能力；三是商业数据采集能力，即对需要的商业数据的获取能力。

（2）数据应用能力。

业务流程的数字化将产生大量的数据，但要真正发挥数据的作用，关键在于数据应用。数据应用强调数据的核心作用，将数据视为重要的资源，通过挖掘与分析数据驱动业务。

数据应用是指在数据采集的基础上，对数据进行组织、整合与提炼，以此优化业务流程、提供商业服务。

数据应用包括两个方面，一是优化业务流程，二是提供商业服务。优化业务流程强调通过发挥数据的价值推动供应链流程的高效运转。提供商业服务强调的是将数据资源转化为数据能力，使其成为企业所提供的一项新服务。它可以为全产业链的数字化运营提供条件，也能带来企业运营模式的创新。

透明能力

透明就是打破供应链参与者彼此之间原有的边界，使其相互连接，使信息互通有无，消除信息不对称。

透明能力主要表现在物理信息透明能力、业务信息透明能力两个方面。

（1）物理信息透明能力。

物理信息透明要求消除信息孤岛，实现物理信息的透明化，清晰地展现供应链的物理全景图。随着物联网技术的普及以及数字化转型的推进，企业已经能够对人员、工厂、产品、运输工具和仓库等物理要素的实际状况进行实时监控。这可以帮助需要相关信息的上下游参与者了解物理信息的实时状况，及时发现问题并做出相应的改进或调整。

物理信息透明能力强调对于各种物理要素的信息的反映程度。正如加拿大学者麦克卢汉所说的"媒介即信息"，我们在获取信息的过程中需要依赖一定的技术媒介。打造物理信息透明能力就是为了实现供应链参与者与各项物理要素的交流，突破时空条件的限制，让供应链参与者能够实时了解相关的物理信息，拉近供应链中各参与者之间的距离，进一步推动供应链的高效运转。

（2）业务信息透明能力。

业务信息透明强调的是供应链中业务单据、业务流程和业务网络的透明。业务信息不像物理信息那样关注物理要素，它关注的是业务的流转情况。对业务信息的掌握可以让上下游参与者清楚地了解业务流程的当前进度，有利于供应链上下游之间实现有效衔接，提升产品的流通效率。

业务信息透明能力可以帮助企业掌握供应链的业务运转情况。业务信息透明可以让企业与其供应链上的合作伙伴分享业务信息，促进供应链上下游之间的业务协同，便于企业基于获得的业务信息来判断是否需要采取应对措施，保证了供应链各环节的高效衔接和有序运转，也有助于增强企业的弹性与柔性。

17.2　定性评估思路探索

从供应链协作能力、数字化能力和透明能力三个维度，我们可以从宏观经营层面对企业的绩效表现进行定性评估，评估结果包括最佳（100）、优（75）、一般（50）和差（0）四种。对于每一种维度，我们都可以对定性评估指标的相应分值进行汇总平均，从而得到衡量每一种维度总体水平的指数（见表 17-1）。本书仅提供了一种定性评估的思路，读者可以结合自身的实际情况予以运用。

表 17-1　供应链定性评估指标

维度	定性指标	指标内容	评估标准
供应链协作能力	业务衔接能力	流程之间的协调衔接	最佳：与供应链各个环节的参与者在业务流程方面进行衔接 优：与供应链的上下游参与者在业务流程方面进行衔接 一般：与供应链某一环节的参与者在业务流程方面进行衔接 差：与供应链上的其他企业在业务流程方面没有衔接
	数据交互能力	数据共享	最佳：与供应链各个环节的参与者共享数据 优：与供应链的上下游参与者共享数据 一般：与供应链某一环节的参与者共享数据 差：不与供应链上的其他企业共享数据
	供应链协作指数		首先得出以上两项评估结果分数之和，再除以 2，即可得出供应链协作指数
数字化能力	数据采集能力	传感器数据采集	最佳：获取本企业需要的各项传感器数据 优：获取本企业需要的多项传感器数据 一般：获取本企业需要的较少的几项传感器数据 差：没有获取任何传感器数据
		网络数据采集	最佳：获取本企业需要的各项网络数据 优：获取本企业需要的多项网络数据 一般：获取本企业所需要的较少的几项网络数据 差：没有获取任何网络数据
		商业数据采集	最佳：获取本企业需要的各项商业数据 优：获取本企业需要的多项商业数据 一般：获取本企业需要的较少的几项商业数据 差：没有获取任何商业数据
	数据应用能力	优化业务流程	最佳：能够实现充分的业务流程优化 优：能够显著优化业务流程 一般：能够初步优化业务流程 差：无法优化业务流程

（续表）

维度	定性指标	指标内容	评估标准
数字化能力	数据应用能力	提供商业服务	最佳：能够提供全方位的数据服务 优：能够提供一定程度的数据服务 一般：能够提供初步的数据服务 差：不能提供任何数据服务
	数字化指数		首先得出以上五项评估结果分数之和，再除以5，即可得出数字化指数
透明能力	物理信息透明能力	物理信息反映	最佳：所有的物理信息被反映给相关供应链参与者 优：大部分物理信息被反映给相关供应链参与者 一般：小部分物理信息被反映给相关供应链参与者 差：没有物理信息被反映给相关供应链参与者
	业务信息透明能力	业务信息反映	最佳：业务流转的情况被充分反映给相关供应链参与者 优：大部分业务流转情况被反映给相关供应链参与者 一般：小部分业务流转情况被反映给相关供应链参与者 差：没有业务流转情况被反映给相关供应链参与者
	透明指数		首先得出以上两项评估结果分数之和，再除以2，即可得出透明指数

　　定性评估体系对企业管理实践而言非常重要，定性评估体系将直接影响企业的经营方向。本章给出的定性评估思路可以从供应链协作能力、数字化能力和透明能力三个维度评价一家企业的供应链水平，这三个维度都是基础性的。建议读者结合自己企业的实际情况，参考三个维度，打造出适合自己企业的定性评估指标。

思考与讨论

　　1. 用哪几个定性评估指标能够描述贵公司的供应链水平？

　　2. 提高供应链协作能力有什么价值？

　　3. 如何评价供应链的协作性？

第18章 供应链定量评估的思路

企业是经济组织，任何企业的目标都是在遵守法律、合乎道德的前提下持续赢利，只有这样才能保证基业长青。因此，在对企业绩效进行定量评估时，衡量企业的盈利能力便成了重中之重。本章将提供进行定量评估的思路，读者可以结合自己企业的实际情况探索出适合自己企业的定量评估体系。

18.1 三种比较经典的绩效评估思路

针对如何评估企业的绩效（盈利能力）这个问题，长期以来，人们在理论研究和企业实践方面都做了很多有益的探索，积累了很多有效的方法。本节将介绍三种比较经典的评估企业盈利能力的思路。

这三种评估思路分别是传统财务指标、丰田生产会计和 TOC 绩效评估法。这三种评估思路各有特点，从总体上来说，大部分企业管理人员熟悉的是传统财务指标，知道丰田生产会计和 TOC 绩效评估法的人比较少。在衡量企业盈利能力这个方面，传统财务指标有些不尽如人意，丰田生产会计和 TOC 绩效评估法更有效一些。

传统财务指标

传统财务指标包括净利润、投资报酬率和现金流量三项指标。

净利润是指在企业当期利润总额基础上减去所得税和费用之后的金额，表示企业经营的最终成果。净利润主要用于衡量企业的经营效益和盈利能力，净利润多表示企业的经营效益较好，净利润少则表示企业的经营效益较差。该指标并未考虑风险因素，具有一定的短期效应。

投资报酬率是指年均利润与投资总额的比例，表示企业通过投资获得的经济回报。投资报酬率反映了企业投资活动的获利能力，能够衡量企业资产的利用成果。

现金流量是指企业在一定时期内现金或者现金等价物的流入和流出的数量，该指标能充分反映企业的盈利质量。现金净流入多，表明企业的现金流动性强，企业的偿债能力和风险承受能力强，投资风险小，经营运作正常有序。

丰田生产会计视角下的收益性指标

传统的企业经营绩效评估主要关注财务报表中的利润表，只考虑资金的成本，忽略了资金的时间价值。但实际上，为了获得利润，企业不仅要付出直接成本，还要付出一定的时间，而这些时间意味着资金的占用。

日本的田中正知教授结合自己在丰田 30 余年的工作经验以及对丰田模式的理解，提出了 J 成本论，这是基于"正宗丰田模式"①提出来的新的会计思想。

在丰田生产会计视角下，资金被认为具有盈利能力，资金被占用后就无法发挥盈利能力，因此资金的占用也被视为一项成本。以库存为例，企业要把物品和资金同等看待，因为物品本身占用了资金，如果想要避免因库存积压导致大量的资金闲置，就要减少库存的滞留时间，提高供应链的流动性。

在考虑成本时，要考虑时间维度。J 成本论把"时间 × 成本"称为 J 成本，即投入的资金量；把"利润额 /J 成本"称为收益性，即企业在某一期间（通常是某一会计期间）赚了多少钱。

J 成本论在评估绩效时遵循系统化的思维，它反对在看待成本或者消除浪费时受限于局部最优，提倡考虑时间效应和整体的收益性，实现全局最优。实现全局最优的目的是让企业赢利，如果通过局部最优消除了浪费、降低了成本但没有帮助企业赢利，那么整个企业的绩效表现就是糟糕的。在现实中，企业各个部门往往会从各自的利益出发，为了提高本部门的绩效，做出对企业整体绩效不利的事情。因此，企业很有必要通过有效的、系统化的绩效评估来引导企业各个部门做出有利于企业整体效益的事情。

TOC 视角下的绩效指标

高德拉特博士认为传统的财务指标存在诸多缺陷，他从全局的视角提出了一种新的绩效指标。他所提倡的绩效评估并不局限于事后评估，该评估方法可以帮助管理人员把企业经营得更好。

为了避免财务指标在绩效评估方面的弊端，高德拉特博士提出了有效产出、投资和营运费用三项绩效指标，这三项指标在明确企业盈利目标的同时，还能为企业的经营活动提供指导。

（1）有效产出是指一段时间内从产品的销售收入中扣除纯变动费用（原材料、零部件等的采购和分包费用）之后企业所得到的利润额，反映了整个系统通过销售获得利润的速度。对企业而言，产品生产出来后如果没有销售出去就会变为库存，并没有转化为有效产出，没有真正给企业带来利润，只有那些真正销售出去的产品才能给企业带来利润。

---

① 关于丰田模式有所谓的"正宗丰田模式"的说法。丰田内部真正在落实的原汁原味的工作原则和方法，与社会上广泛流传的丰田模式有些差异，丰田把自己正在落实的工作模式称为"正宗丰田模式"。

（2）投资是指一切暂时不用的资源。它不仅包括为满足未来需要而准备的原材料、加工过程中的在制品、一时不用的零部件和未销售的成品，还包括扣除折旧后的固定资产。投资占用了资金，因此产生了机会成本以及一系列为了维持库存而产生的费用。

（3）营运费用是指将投资转化为有效产出的过程中支付的费用，包括直接费用和间接费用。由于设备设施等固定资产的折旧费用属于将原材料转化为有效产出过程中的资产消耗，因此被认为是系统的营运费用。同理，其他库存（如在制品、产成品等）发生损坏或贬值时，也要计入营运费用。

综合看来，有效产出表示企业从外部收回来的钱，投资表示企业目前以各种形式积压的钱，营运费用则表示企业向外部支出的钱。

TOC 视角下的绩效指标与传统的财务指标并不是相互独立的，它们是相互关联的，可以根据三项绩效指标之间的关系得到相应的财务指标（见图 18-1）。其中，净利润等于有效产出减去营运费用，在此基础上根据净利润与投资的比值就可以得出投资报酬率，而有效产出的提高或者营运费用的降低都将推动现金流的改善。三项绩效指标与财务指标都可以衡量企业的盈利能力，但三项绩效指标不仅能够反映传统的财务指标，还能对企业的具体经营提供及时有效的指引。

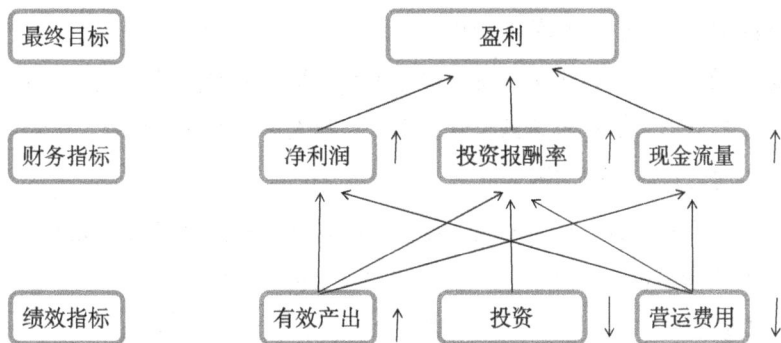

图 18-1 绩效指标与财务指标之间的关系

通常情况下，有效产出的提高、投资与营运费用的降低能够促进净利润、投资报酬率和现金流量的改善，而净利润、投资报酬率和现金流量的改善能提升企业的盈利能力。总之，如果绩效指标表现得很好，那么财务指标也会表现得很好。对有效产出、投资和营运费用而言，投资和营运费用的降低是有限度的，而有效产出的提高却是无限的，因此提高有效产出就显得尤为重要。

绩效指标对日常的供应链管理非常重要，它能为供应链管理人员提供改善供应链的具体指引。鉴于传统财务指标的局限性以及 TOC 理论与 J 成本论在全世界范围内的成功应用，本书结合丰田生产会计思维和 TOC 绩效评估法提出了定量评估的思路，供大家参考。

18.2　定量评估的思路探索

经营的视角比管理的视角更容易激发企业强大的生命力。无论在什么时候，经营都应该被放在第一位，因为管理是为经营服务的，这个关系不能颠倒，不能为了管理而管理。

站在经营的立场上，我们可以从整体盈利能力与流动性两个维度对供应链的运作水平进行衡量。

衡量整体盈利能力

衡量企业整体盈利能力的指标主要包括有效产出、投资、营运费用、净利润、投资报酬率和存货周转率。

（1）有效产出。有效产出表示完成销售后从客户手里收回来的钱，等于售价减去原料价格、关税和支付给公司以外其他人员的佣金，即一段时间内从产品的销售收入中扣除纯变动费用（原材料、零部件等的采购、分包费用）后的利润额。有效产出并不遵循加法原则，系统整体的有效产出由系统中最弱一环（瓶颈环节）的有效产出决定。

（2）投资。投资意味着成本，表示积压在系统里的钱。投资遵循加法原则，包括系统中各环节的存货、机器设备、建筑物和土地等。其中，存货的价值等于原材料的价值加上将原材料转换为成品的过程中产生的附加价值。

（3）营运费用。营运费用也意味着成本，表示系统为了把存货转化为有效产出而花出去的钱，以及为了经营企业必须承担的全部支出，包括人员的薪资、福利、保险以及付给银行的利息等，可以将其理解为即使停工企业仍须向外支付的费用。

有效产出、投资和营运费用是衡量企业整体盈利能力的主要指标，在这三个指标的基础上，还可以计算出净利润（等于有效产出减去营运费用）、投资报酬率（等于有效产出除以投资成本）和存货周转率（等于有效产出除以投资成本中的存货部分）三个指标。一般来说，利用这些指标衡量企业整体盈利能力时，既可以对比企业不同时期的表现，还可以将企业与同行业的竞争对手进行对比，分析彼此之间的差异，为改善企业的整体绩效提供参考。

衡量供应链的流动性

供应链中的产品或服务最终都要流到客户那里，在产品或服务的流动过程中便会产生流动性。

供应链流动性强调的是过程，与时间因素紧密相关。我们可以从以下三个视角来看待供应链的流动性：一是客户视角，强调的是从客户下订单到收到产品的过程；二是企业运营视角，强调的是企业从准备生产到完成交付的过程；三是企业盈利视角，强调的是企业从运营投入到完成销售、取得回报的过程。

供应链的流动性适用于构成企业系统的各项产品或服务，只有做对系统而言正确的事情，系统才会产生良好的绩效。

如果某一项产品或服务的流动性出了问题，就会直接影响企业系统的整体效益。

对系统中各项产品或服务的流动性进行评估既是为了评估它们的表现，也是为了引导企业做对系统而言正确的事。企业如果想要向客户提供好的服务，就要及时响应客户订单，尽可能缩短订单的响应时间，保证各部门在正确的地点、正确的时间持有正确的存货。为了在保证有效产出的同时降低成本，供应链管理人员要加强对供应链流动性的管控。

在衡量各项产品或服务的供应链流动性时不仅要考虑价值成本，还要把时间和收益都考虑进去。我们可以综合看待供应链流动性的三种视角，分别从流动性的可靠水平、效率水平和回报水平三个方面来对供应链的流动性进行评估。

（1）衡量流动性的可靠水平。

流动性的可靠水平可以从服务客户的角度来评估准时出货的表现。用传统方法对准时出货进行评估时，往往会将所有的订单同质化，而忽略了金额大小差异以及不同订单实际的延迟时间差异。如果一味地忽略大额订单，可能会导致大客户的流失。同理，忽略那些延迟时间较长的订单也可能会导致相关客户的流失。因此，在评估流动性的可靠水平时，必须把订单金额和时间因素考虑在内。

衡量流动性的可靠水平的指标为有效产出元·天（TYD）[①]，TYD能够有效评估订单延迟对有效产出造成的不利影响，判断是否做了应该做的正确的事情。

TYD 针对的是尚未出货的订单，将每一张延误订单的有效产出金额乘以延误的天数，然后把它们相加。延误时间是指承诺出货的日期与实际出货日期之差。

TYD 越小越好，当 TYD 等于 0 时便是最好的情况，表示没有延误的订单。

TYD 不仅强调订单的准时交付，而且将不同订单的重要性区分开来。对于金额大、延误时间长的订单，要尽快处理，尽可能减少客户的负面体验。为了尽可能降低 TYD，一方面要降低延误订单的金额，另一方面要缩短订单的延误天数。

（2）衡量流动性的效率水平。

流动性的效率水平可以从企业投入的角度来评价存货周转的表现。在传统的财务报表中，存货被视为企业的资产，但存货对企业而言也意味着资金的占用甚至消耗。存货实际上构成了企业的一项成本。

评估流动性的效率水平，就可以衡量企业的存货成本。需要强调的是，存货成本并不是

[①] 有效产出元·天的英文全称是 Throughput Yuan Day，简称 TYD。高德拉特博士提出的指标是 Throughput Dollars Day，简称 TDD，该指标以美元为单元。在这里以人民币为单位，故为 TYD。

越低越好，存货成本过低会降低企业的及时响应能力，进而对有效产出产生不利影响。

衡量流动性的效率水平的指标为存货元·天（IYD）[①]，IYD能够有效评估存货过多对有效产出造成的影响，判断是否没做那些该做的事情。

存货对企业而言意味着资金的占用，IYD表示将所有存货的价值相加后乘以持有的天数，从存货入库后开始计算，直到出货后再进行去除。在计算时，存货的价值等于原材料的价值，按照其保存的时间进行汇总。因此，企业不应当囤积过多的存货。为了尽可能降低IYD，企业一方面要降低存货的价值，另一方面要减少存货的存放天数。

（3）衡量流动性的回报水平。

流动性的回报水平是指相对于资金投入所取得的效益的表现。衡量流动性回报水平的指标是收益性，这一指标来自J成本论。

J成本论把"成本×时间"称为J成本，即投入的资金量，J成本充分考虑了从开始生产到完成交付的这段时间内的资金占用情况。对于单项产品或服务而言，其收益性等于利润除以J成本，它意味着采购来的原材料在工序流程中经过资金和时间的沉淀，最终交付到消费者手中从而产生利润。

综合来看，衡量流动性的可靠水平的指标TYD能够评估延迟价值，其目的在于引导企业内部各部门及时响应，推动订单的准时交付，增强各部门的主动性。衡量流动性的效率水平的指标IYD能够评估存货价值，其目的在于引导企业内部各部门减少囤货，降低各部门的存货成本。衡量流动性的回报水平的指标收益性将价值成本、时间和收益三项因素结合起来，它能够评估某种产品或服务从准备采购到完成销售、实现收入的全过程的效益。

在衡量供应链的流动性时，如果能够从流动性的可靠水平、效率水平和回报水平三个方面进行综合评估，那么将有利于推动企业流动性的充分改善。

思考与讨论

1.结合自己企业的实际经营状况，试着用有效产出、营运费用和投资三个指标分析自己企业的考核指标设置是否合理。

2.如何在考核中把时间的价值因素考虑进去？

[①] 存货元·天的英文全称是 Inventory Yuan Day，简称 IYD。高德拉特博士提出的指标是 Inventory Dollar Day，简称 IDD，该指标以美元为单位。在这里以人民币为单位，故为 IYD。

第19章 透明数字化供应链实践路径

第 17 章和第 18 章介绍了供应链现状的评估方法，而评估供应链现状的最终目的是为透明数字化供应链实践做好准备。

透明数字化供应链实践有两个重要的方面，一是优化供应链，二是重构供应链。不管是优化供应链还是重构供应链，都要综合运用前面章节介绍的理论知识、思维方法和工具，并找到可行的路径。

19.1 供应链优化路径

优化供应链是有前提条件的，管理者需要了解在哪些情形下需要优化供应链，然后按照供应链优化路径去推动企业的供应链升级。

需要优化供应链的情形

优化供应链有两大基本条件，一是企业的主营业务相对稳定，二是企业的供应链存在一定的优化空间。

（1）主营业务相对稳定。主营业务相对稳定是指企业已经处于成熟期，企业为了提高自身的供应链能力或效率，对供应链进行优化。

第 13 章提到，处于成熟期的企业往往会出现机构臃肿、一切都按流程走（即便流程不合理）、人浮于事等诸多管理问题。因此，在这一时期，企业要从提高有效产出以及降本增效的角度来进行供应链管控体系升级，从而维持企业系统的健康发展，保障企业供应链的高效运行。供应链的管控体系升级就是指企业的供应链优化。

此外，处于初创期、快速成长期或转型期的企业，不要盲目进行供应链优化。处于初创期的企业，其商业模式和供应链结构尚未稳定，所以还谈不上优化。处于快速成长期的企业，其工作重点是构建供应链网络，所以也谈不上优化。而处于转型期的企业，其供应链已经没有进行优化的必要，因为企业的主营业务即将被淘汰。

（2）存在一定的优化空间。通过对企业现状的评估，若发现企业的供应链还有一定的优化空间，则应努力推动企业的供应链优化。那么，从哪些方面去寻找优化空间呢？我们可以看企业的主营业务流程是否存在优化空间，企业的数字化管理是否存在提升空间，企业的成本管控是否存在优化空间，等等。

实际上，在任何时候，企业的供应链都是存在优化空间的，只不过供应链管理人员因为各种现实原因没有正视供应链优化问题。

供应链的优化路径

推动供应链优化时，可以借鉴图 15-1 所描述的方法和步骤。图 19-1 所示的供应链优化路径实际上就是图 15-1 的变体。

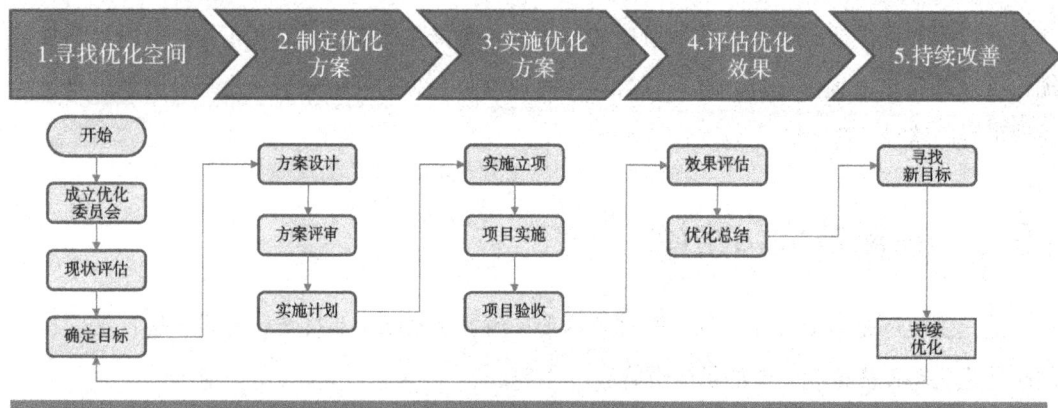

图 19-1　供应链优化路径

供应链的优化路径包含五个阶段，即寻找优化空间、制定优化方案、实施优化方案、评估优化效果和持续改善。

（1）寻找优化空间。

寻找企业供应链的优化空间有三个具体环节，首先是成立供应链优化委员会，然后是评估供应链的现状，最后是确定供应链的优化目标。

供应链优化是企业经营管理中的一件大事，需要由相应的机构来负责。这个负责机构最好是企业的权力机构，一般是供应链优化委员会。供应链优化委员会必须由企业的高层领导牵头，最好由董事长或 CEO 担任委员会的主席。供应链优化委员会的成员包括企业供应链管理方面的骨干人员和外部的供应链专家。供应链委员会要设立专门的团队和机制来寻找供应链的优化空间。

怎么寻找供应链的优化空间？企业要通过评估来寻找。关于企业的供应链评估思路，第 17 章和第 18 章已经介绍过了，这里不再赘述。

在评估的基础上，企业还要明确供应链的优化目标。供应链的优化空间可能很大，但是优化到什么程度才是合理的？一方面，企业可以对比行业内的标杆企业，争取达到甚至超越标杆企业的水平。例如，企业可以思考标杆企业的存货周期、信息化管理和服务响应速度等已经达到了什么样的水平。另一方面，企业需要结合自身实际的资源能力来确定优化目标，因为优化供应链是要投入资源的，是要花真金白银的，所以企业必须量力而行。但无论如何，企业都要明确供应链优化目标，以目标来指引供应链优化的相关工作。

（2）制定优化方案。

在充分了解自身现状以及明确供应链优化目标的情况下，企业还要为达成目标制定具体的优化方案。

制定优化方案有三个环节，首先是设计优化方案，其次是对优化方案进行评审并确定最终的优化方案，最后是根据优化方案制订实施计划。

企业要安排专业的团队来设计供应链优化方案。优化方案如何设计可以参考第 13 章的内容。优化方案要通过供应链优化委员会的评审。评审通过之后，企业要制订具体的实施计划。

（3）实施优化方案。

供应链优化方案不会自动产生优化作用，必须通过优化项目来推动供应链优化。实施优化方案具体包括三个环节，即实施立项、项目实施和项目验收。

供应链优化项目可能是一个管理咨询项目，也可能是一个管理平台项目，总之都需要企业高层授权，都需要投入真金白银，都需要做预算。因此，企业必须进行项目立项，为推动供应链优化做好准备，即做好人力和物力两个方面的准备。

然后是项目实施，即根据供应链优化方案对业务流程进行优化，设计相应的管理系统或平台，调整相应的机制，等等。供应链优化方案的实施肯定会涉及供应链的业务数据化及数据业务化，即通过实施项目使企业的供应链转变为透明数字化供应链。

最后是项目验收。从项目管理的角度来看，必定会有项目验收这个环节。设置这个环节的目的是把控项目实施的质量。

（4）评估优化效果。

项目验收完毕或者阶段性验收完毕之后，企业要对项目的实施效果进行评估，对项目的实施情况进行总结。

（5）持续改善。

供应链优化是永无止境的，企业要不断寻找新的优化空间和新的优化目标，按照图 19-1 所示的路径进行持续改善。

19.2 供应链重构路径

比优化供应链更难的是重构供应链。尽管重构供应链的机会比较少，但是对创业者和推动企业业务转型的领导者来说，能否找到供应链重构的可行路径关乎创业及企业转型的成败。

需要重构供应链的情形

在什么情形下需要构建或重构供应链呢？一般有三种情形，一是企业在原有业务的基础上做价值链延伸，二是企业的主营业务模式需要做重大调整，三是企业投资一个新的业务领域。

第 11 章提到，企业要想发展就要做价值链延伸，价值链延伸分为前向一体化延伸和后向一体化延伸。不管如何延伸，都会涉及新的业务，涉及企业供应链结构的调整，此时企业必须重构供应链。

随着技术的发展和市场环境的变化，企业的主营业务模式往往需要做重大调整。例如，电子产品升级换代速度快，可能会淘汰旧的标准，执行新的标准；产品的零部件形态可能发生重大变化，供应商也随之发生重大变化。再例如，企业过往依赖传统的分销渠道实现产品销售，但随着电商的发展，企业需要构建线上线下相结合的全渠道销售网络。面对这些情况，企业只有重构供应链才能适应市场环境的变化。

有的企业资金充足，想投资新兴的行业及业务领域，这往往意味着要构建一家全新的企业，构建一条新的供应链。

总之，面对这些情形时，企业需要构建或重构供应链，需要找到切实可行的供应链构建路径。

供应链的构建路径

如何才能构建供应链呢？我们可以遵循图 19-2 的步骤构建供应链。

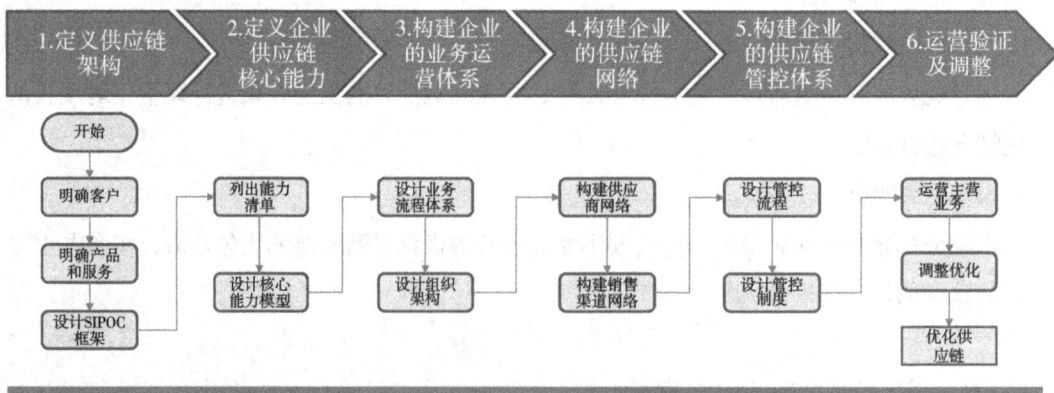

图 19-2　供应链的构建路径

供应链的构建分为六个阶段，分别如下。

（1）定义供应链架构。

企业要想构建供应链，首先要定义清楚供应链架构，具体有三个环节，即明确客户，明确产品和服务，以及设计 SIPOC 模型。

企业也好，供应链也好，都是为了客户而存在的。构建企业的供应链，首先要搞清楚客户是谁，客户的需求是什么。其次，要根据客户的需求，为客户提供明确的产品或服务。再次，要应用 SIPOC 模型，设计企业的系统结构。关于 SIPOC 模型的详细介绍请参阅第 16 章。关于供应链架构的设计，可以参阅第 13 章。

（2）定义企业供应链核心能力。

企业确定供应链的架构之后，还要定义供应链核心能力。各家企业依据自身的供应链核心能力的不同，有的专门从事生产制造，有的专做贸易，有的专做售后服务。

如何定义企业供应链核心能力呢？首先，列出运营整条供应链需要具备哪些能力，即列出供应链能力清单；然后筛选出企业需要具备哪些供应链能力，哪些能力是企业自身必须具备的，哪些能力是可以由供应商伙伴提供的。以汽车制造为例，总装厂的核心能力是设计和总装，而汽车零部件（如轮胎和汽车玻璃等）的制造则可以交给供应商伙伴来完成。

最后，企业要结合自身的资金实力、技术实力和人才储备情况等，设计企业供应链核心能力模型。例如，在改革开放初期，很多企业认为贸易或营销是企业供应链核心能力最重要的组成部分，认为很多高端装备造不如买、买不如租，从而放弃了核心技术的积累。但从近年的形势来看，掌握核心技术才是企业供应链核心能力的重要组成部分。企业究竟想要具备什么样的供应链核心能力，在企业创立之初，在构建或重构企业供应链的时候就应该想清楚。

（3）构建企业的业务运营体系。

定义好供应链的架构以及核心能力之后，企业还要通过构建业务运营体系来支撑供应链的运作。业务运营体系的构建，具体包括业务流程体系设计和组织架构设计两个环节。

业务流程体系包括 SIPOC 框架下的主干流程，还包括部门流程、岗位流程，以及每一项具体运营事务的跨部门流程。主干流程主要描述企业系统是怎么输出产品和服务的；部门流程、岗位流程主要描述各部门、岗位是怎么输出工作成果的。有的事务需要跨部门的协作才能完成，例如，销售对账工作需要销售部门、物流部门和财务部门等部门的共同协作才能完成。

设计组织架构，就是为了明确企业内部的分工协作，根据业务流程体系设计人事组织架构。设计人事组织架构，一方面是出于企业供应链分工的需要，另一方面是出于企业要把合适的人安排在合适的岗位上的需要。

（4）构建企业的供应链网络。

企业不可能独立完成所有的供应链活动，必须通过与上下游伙伴的协作来完成所有活动。所以，企业需要构建供应链网络，具体包括供应商网络和销售渠道网络。当企业的主营业务趋于稳定之后，企业还要构建物流网络。关于企业的供应链网络的构建，可以参阅第 13 章的内容。

（5）构建企业的供应链管控体系。

构建企业供应链时，不仅要构建供应链的架构和网络体系，还要构建企业的供应链管控体系。构建供应链管控体系，具体包括管控流程设计和管控制度设计这两个环节。

设计管控流程时要结合管控对象、管控目标及管控的技术手段等进行综合考虑。设计管控制度，就是为不同角色配置相应的管控权限，做到权责清晰，使各个层级的管理者各尽其责。具体的构建方式可以参阅第 13 章的内容。

（6）运营验证及调整。

企业的供应链究竟构建得怎么样，还要通过业务运营来验证，即通过业务运营来检验企业的供应链架构是否完整，企业的供应链网络是否需要调整，企业的供应链管控是否需要优化。一旦企业的主营业务稳定下来，就可以按照前文阐述的供应链优化路径对供应链进行优化。

思考与讨论

1. 企业在什么情况下选择供应链优化路径？在什么情况下选择供应链重构路径？

2. 在供应链优化及重构的过程中，如何实现传统供应链向透明数字化供应链转型？

第 20 章　供应链达人的进阶路径

人对事业发展的重要性怎么强调都不过分。有人才有事，有什么样的人就能做出什么样的事。

从社会和企业两个层面来看，供应链的重要性与日俱增。实事求是地讲，目前供应链人才的供给远远满足不了企业旺盛的需求。

笔者接触的很多企业领导都有一个共性的需求，那就是希望笔者能为他们推荐合格的供应链管理人才。同时，笔者也接触了很多在供应链领域工作的年轻人，他们很想提高自身的供应链管理能力，但是感觉供应链管理太过宽泛，不知如何下手。

在本章，笔者将结合自己 20 余年来从事经营管理工作以及供应链管理研究的实际经验，分析一下供应链人才的成长路径。

希望本章介绍的内容，对企业而言，是选拔供应链人才的指南；对个人而言，是指导其能力成长的导航图。

20.1　供应链人员的行业相关性

供应链人才具有强烈的行业属性。大家都说自己在从事供应链工作，其实这是个极其宽泛的说法。无论是企业选人，还是个人成长，都要清晰地认识到供应链人才是分行业的，不同行业对人的具体要求差异很大，甚至有隔行如隔山的感觉。

第一次工业革命以来，人类社会越来越复杂，人们创造发明了无数的新事物，几乎每一种事物背后都有一条供应链，以及围绕这条供应链生活的人。

以大宗原材料为例，从形态上划分为固、液、气三种。固、液、气的运输周转方式截然不同。即便是固态大宗原材料，矿石和粮食的运输周转方式也有巨大的差异。液体大宗原材料的运输周转就更复杂了，有的是易燃易爆品，有的有剧毒，有的在常温下会挥发，必须低温存储，有的有强的化学腐蚀性，必须用特种容器存储周转。至于气体大宗原材料，不是易燃易爆就是有剧毒。诸如此类，不胜枚举。

工业产成品品类众多、五花八门。不同的工业品，其供应链运作规律也不尽相同。服装类的快消品、大型成套机电设备、家用电器、汽车等机电产品、电子类快速消费品和电子元器件各有其运作规律。

大部分人都能接触到的快递其实只是整个供应链图谱里很小的一个门类，千万不要把日常能看到、接触到的快递收派件工作等同于全部的供应链工作。

对于供应链从业人员的技能要求与其所在的具体行业有非常直接的关系，供应链从业人员需要了解具体行业的相关知识。我们很难想象，一个不掌握任何剧毒化工行业基础知识的人，能够从事剧毒化工行业的供应链管理工作。

20.2　供应链人员的层次性

即便在同样一个供应链细分领域，供应链工作也有层次性。从总体上来说，供应链工作可以划分为初级、中级和高级三个层次。

初级层次的工作对人员的需求量是最大的，侧重于具体操作，工作的差异主要源于行业和岗位。化工供应链和飞机制造供应链的要求截然不同，驾驶集装箱卡车和LNG（液化天然气）车对司机的要求也有很大的不同。

中级和高级层次的工作因具体企业的体量及规模差异，对技能的要求差异也很大。有的特大型企业的中层，实际上干的是中型企业高层干的事；有些中小企业的高层必须是多面手，各个层次的工作都要略知一二。

中级岗位侧重于管理，高级岗位侧重于经营。

下面简单介绍一下对各个层级的人员的要求。

初级层次的供应链工作对人员技能的要求，可以从行业和岗位两个维度来看。

从行业维度看，初级层次的供应链工作基本上都是各个行业的现场作业，所以从安全和现场管理的角度来看，其对行业基础知识的要求非常具体。例如，化工现场作业人员必然要对工作所涉及的化工物料的基本化学特性非常清楚，在具体工作中有哪些注意事项要烂熟于心，现场的作业规范要非常清楚。

从岗位维度看，初级层次的岗位门类众多、千差万别，从总体上可以分为文职和操作两个大类。文职岗位包括财务、行政文员和调度等岗位，操作岗位包括搬运、仓储、司机和装卸等岗位。

中级层次的供应链工作对人员的技能要求，也可以从行业和岗位两个维度看。

从行业维度看，中级层次的供应链工作对行业知识的要求没有初级层次那么具体。同时，企业规模和岗位性质会在很大程度上决定该岗位对特定行业知识的了解程度。

从岗位维度看，中级层次的供应链工作主要集中在组织、计划和协调等管理职能上，对工作技能的要求也主要体现在这些方面。

高级层次的供应链工作对人员的技能要求淡化了行业属性，更偏重岗位的具体要求。高级层次的供应链工作较少涉及具体事务，侧重于经营，如战略方向、财务政策和重要人士任免等宏观层面的事务。

无论是企业引进、培养供应链人才还是供应链人才自身的职业成长，都要放在一个具体的行业和具体的层级上做有针对性的分析和研究。本节给出了一些思路，有兴趣的读者可以结合自己企业和自身的具体情况，细化不同岗位、不同层级的具体要求。笼统地说企业需要供应链人才或者自己要在供应链领域发展是没有什么意义的。

初级岗位对技能的要求非常清晰和明确，但中级和高级岗位都有很大的不确定性。这主要与具体行业的规模以及具体企业的体量有关。例如，干线物流企业达到 1 亿元营收就算大企业了，而现在的快递企业都是几百亿元的体量。干线企业的高层每天要处理的事务就是安排车、货、资金和调度司机这些非常具体的工作，与快递企业的运输部门中层负责人的工作有很多相似之处。名片上印的是某某公司的 CXO 并不能说明什么，要看公司的体量和具体的工作范围，才能知道其具体的工作内容。

20.3　供应链达人的进阶之路

供应链领域的人才发展规律在总体上也符合"劳心者治人，劳力者治于人"的规律。一个开叉车从事搬运工作的人，若非碰到天大的机遇，基本上会一直在这个岗位上干到底。

企业培养引进供应链人才以及供应链从业人员谋求成长发展，都要以经营管理类供应链人才为目标。现在人才市场上最缺的是既有实际经验又有思想，既能制定战略又能实干的人才。

为了便于读者理解，在这里虚拟一个大学毕业生，我们用 10~15 年的时间将他培养为一个行业领军人才。

我们可以把大学毕业生分成两类，一类是名校毕业的，另一类是普通院校毕业的。

名校毕业的大学生，一般都天资聪颖，基本素质很好，如果能脚踏实地，假以时日，冒尖的概率非常高。

名校毕业生如果不选择创业，最便捷的供应链行业职业发展路径便是从咨询行业入手。如果在毕业头 10 年进入咨询行业，在这段时间内从助理咨询顾问干起，不断积累项目经验和分析企业的经验，逐渐成为有经验、能解决客户实际经营管理问题的咨询顾问，那么就打下了一个非常好的职业发展基础。这个时候，该毕业生年富力强，有非常大的机会完成从咨询顾问到企业高管的转变。这个路径其实不是天方夜谭，腾讯的现任 CEO 刘炽平就是当年给腾讯提供上市咨询服务的咨询顾问。笔者认识多位年富力强的企业高管，他们的职业发展路径基本都是如此：先进入咨询公司，积累经验与人脉，然后成为实体企业高管。

普通院校毕业生的就业机会没有名校毕业生那么多，可选择的就业范围比较窄，不过也没关系，依然有一条通向成功的道路，那就是从基层开始，一步一个脚印，踏踏实实往上走。这是一条更具有普遍性的成长道路。

头三年，从基层干起，不要拈轻怕重，不管工作多脏、多累，都要把工作当成修炼，认真熟悉现场作业的方方面面。即便干最基础的工作，也要善于动脑筋，善于总结提炼，不断提高自己处理现场问题的能力。在这个阶段，最关键的一点是不要沉沦，不要真的变成体力劳动者。以笔者的经验，一位大学毕业生，真愿意放下身段到基层，把基础工作做扎实，一定会有伯乐发现他。现在，社会和企业最缺这类人。

笔者1998年研究生毕业后被分配到一家大型电信设备制造企业。我干的第一份工作是到全国各地出差，绘制电信局的机房平面图。说实话，这个工作初中毕业的人都能干。但我没有眼高手低，而是认真地把该做的工作做好，给同事留下了了深刻印象，这为我后续的职业发展奠定了很好的基础。当然，我不可能一直干这种简单的工作。我相信，任何一家企业，即便从成本角度来考虑，也不会长期这样安排。

中间5年，开始锻炼自己协调、计划、调度的工作能力。

后3到5年，放大自己的格局，同时能把工作落地。

如果能按照这个思路，分几个阶段有意识地打磨自己，那么10~15年一定会小有成就。

笔者在工作中遇到多位30岁左右的大型企业高管，他们的成长路径基本符合上述规律。

20.4　供应链达人的书单

读书是非常便捷的提升能力的途径，供应链管理从业人员要通过系统的阅读不断地提高自己分析问题、解决问题的能力。

很多供应链管理人员向笔者咨询应该读什么书，笔者根据自己的经验，针对初、中、高三个层级列出了一些书单，供大家参考。如果大家能够制订计划，认真阅读这些书，那么必然会有所收获。

笔者假设读者已经具备大学高等数学的基础知识。笔者认为，数学思维是最高级的思维能力之一，一个人掌握的数学知识越多，越能理性地看待供应链问题。亚马逊的贝佐斯、特斯拉的马斯克都多次强调数学和物理思维对经营决策的重要意义。

笔者特别提醒，关于具体行业的书不在这个书单里，大家要根据自己的行业酌情选择。

（1）初级岗位建议书单：关于Excel的书、关于5S管理的书以及《现场改善》。

电子表格非常重要，一个人若能熟练掌握电子表格的使用方法，工作效率就能成倍提高。特别推荐从事初级岗位文职工作的朋友花些时间把电子表格学好，掌握的功能越多越好，运用得越熟练越好。

初级岗位涉及大量现场管理工作，关于 5S 管理的书以及《现场改善》都很好，也很重要，建议大家认真阅读，并结合实际情况在工作中加以应用。

（2）中级岗位建议书单（见表 20-1）。

表 20-1 中级岗位建议书单

书名	作者	推荐理由
《转危为安》	爱德华·戴明（美）	戴明是深受实业界推崇的企业管理大师，他的思想非常深邃，影响了美国和日本企业的发展，日本国家质量奖用戴明的名字命名，其影响力可见一斑。《转危为安》系统地介绍了戴明的思想体系，值得反复阅读
《戴明的新经济观》	爱德华·戴明（美）	《戴明的新经济观》展现了戴明对经济发展规律的深入思考，值得反复阅读
《戴明领导手册》	彼得·斯科尔特斯（美）	由追随戴明多年的管理大师根据自己对戴明思想体系的领悟而写，通过这本书可以更细致、更全面地了解戴明的思想体系，非常值得阅读
《目标：简单而有效的常识管理》《抉择》《关键链》	艾利·高德拉特（以）	TOC 理论体系创始人高德拉特博士的经典著作，非常值得仔细阅读，通过它们可以充分了解约束理论，理解突破瓶颈对经营的价值，彻底反思大部分习以为常的经营管理理念的缺陷
《我在通用汽车的岁月：斯隆自传》	艾尔弗雷德·斯隆（美）	比尔·盖茨极为推崇本书。斯隆担任人类历史上最大的工业体通用汽车 CEO 数十年。在他在任期间，通用汽车年工业产出占同期美国 GDP 相当高的比例。当时的通用汽车对美国经济有举足轻重的影响，其历史地位至今没有被超越。斯隆发展出了事业部制、矩阵式管理和多品牌管理等多种现在常用的经营管理标准模式。建议仔细阅读本书，感受人类历史上最大的工业体是如何发展壮大起来的。这本书值得阅读的另外一个原因是管理大师彼得·德鲁克在担任斯隆助理的时候，参与了书稿的整理
《第五项修炼》	彼得·圣吉（美）	麻省理工学院的彼得·圣吉教授提出了"学习型组织"这个概念，很多人都把它挂在嘴上，为了搞明白它究竟是什么意思，有必要仔细研究一下这本书
《大野耐一的现场管理》	大野耐一（日）	日本经济奇迹背后的功臣有两位：一位是戴明博士，他给日本带去了系统的概念和全面质量管理；另一位是大野耐一，他根据日本国情发展出了著名的丰田生产方式。大野耐一的思想的特点是在简单的常识中蕴含着深刻的哲理
《丰田生产的会计思维》	田中正知（日）	作为一个在丰田工作了 35 年的资深人士，作者剖析了丰田会计模式，给人醍醐灌顶的感觉。根据丰田内部的说法，外面商学院教的各种丰田模式都不是"正宗丰田模式"，没有抓住丰田模式的核心思想
《金矿》系列小说	费雷迪·伯乐（法）	作为一个法国人，作者在学习、实践丰田模式后，成了这个领域的专家，然后把自己的经验用《金矿》系列小说表达出来，非常值得阅读
《金字塔原理》	芭芭拉·明托（美）	如何清晰地表达思想、写一份好的报告，是有一定的方法的。《金字塔原理》可以指导人们如何清晰表达，这是一本教人写方案的好书

（3）高级岗位建议书单（见表 20-2）。

表 20-2　高级岗位建议书单

书名	作者	推荐理由
《毛泽东文集》	毛泽东	经营管理者必读
《大众哲学》	艾思奇	普及性的哲学图书，教你掌握最基本的辩证法
《长短经》	赵蕤	赵蕤和李白处于同一时代，李白极为推崇赵蕤，《长短经》是十分高深的驾驭他人的经典之作，建议高层领导阅读
《以奋斗者为本》《价值为纲》《以客户为中心》	黄卫伟	由华为首席管理科学家黄卫伟教授主持编写，深度剖析了华为成功的秘诀
《穷查理宝典》	查理·芒格（美）	沃伦·巴菲特搭档查理·芒格的思想体系
《原则》	瑞·达利欧（美）	华尔街投资高手的生活和工作原则
《黑天鹅：如何应对不可预知的未来》	尼古拉斯·塔勒布（美）	很多人都在说黑天鹅和灰犀牛，为了搞明白究竟是怎么一回事，有必要看看这本书
《失控》《必然》《科技想要什么》	凯文·凯利（美）	现在科技发展一日千里，看看未来学家如何看待未来的社会发展也是非常有必要的

以上书单，需要花时间和精力仔细研读，泛泛地看一遍不会有什么实际作用。

企业经营是一项非常复杂的工作，对经营管理者的要求很高。但同时，经营管理技能也是门槛很低的一项技能，人人都在从事经营管理（经营自己的生活等），很多人长期处于"不觉得自己不胜任工作"的陷阱中。

经营管理是一种技能，可以通过后天持续不断的学习加以掌握，并持续精进。但是在过去的几十年里，我国经济高歌猛进，到处是机会，经营者关注的是跑马圈地抓机会，不少人认为只要抓住机会就能发财，但忽视了对经营管理技能的提高。随着经济产业格局的稳定，可以预见，仅仅靠抓机会获得超常规发展的时代已经落幕，以后国家之间比拼的是产业链的掌控力，企业之间比拼的是经营管理能力，归根到底比的是人的素质和持续学习能力。在新的历史时期，经营者通过持续学习来提高自己的经营管理技能变得非常重要。

想要在经营管理上有所作为的朋友要意识到，你的事业的高度不会超过你的思想的深度和广度，不断系统、深入地学习经典，开拓自己的视野，深化自己的思想体系，这才是最便捷可靠的成功路径。

思考与讨论

1. 结合本书内容，给自己制订一个供应链技能提升计划。

2. 结合本书内容以及自身的实际情况，给自己企业的初、中、高三个层次的岗位画像。

附录A 探索透明数字化供应链的实践案例

近年来，随着互联网与传统行业的深入融合发展，很多企业都在积极地推动供应链的数字化发展，都在积极地探索如何实现透明数字化供应链。下面介绍三个比较典型的案例。

案例一 日化品企业的订单智能履约

1. 企业背景

某知名日化品制造企业在全国范围内有12个生产基地、8个分销中心和5个二级分拨点，数千家经销商客户分布于全国各地。每个生产基地都就近配套中心仓（CDC），分销中心及二级分拨点配套区域仓（RDC），各个RDC为各自所覆盖的市场区域提供货物的中转配送服务。

2. 核心需求

核心需求包括以下两项内容。

（1）降低企业整体的库存水平。

（2）针对每一个客户订单制定合理的履约方案，既要满足订单交期承诺，又要使库存调拨尽可能合理，并使订单履约的物流成本尽可能低。

3. 实施效果

根据企业供应链的业务数据化基础，企业选择植入智能履约引擎，引擎根据实际业务场景运算如下。

（1）该企业的某经销商客户在阿克苏下了一个订单，该订单需要某款洗发水3000件，而该款洗发水在全国的库存情况被展示在一张电子地图上，一目了然。

（2）引擎通过运算，确定了库存释放方案，即从工厂调拨2000件，从广州RDC调拨500件，从西安RDC调拨300件，从乌鲁木齐RDC调拨200件。

（3）在确定库存释放计划之后，引擎进一步计算出订单履约的物流执行路由，具体如图A-1所示，即根据订单履约的时间约束和成本约束，采取分段运输。第一段，从工厂提货2000件，到广州RDC再提货500件，然后运送到西安RDC，在西安RDC进行中转，然后进行第二段运输，从西安 RDC 提货 300 件，到乌鲁木齐 RDC 提货 200 件，最后到阿克苏进行交货，总数为 3000 件。

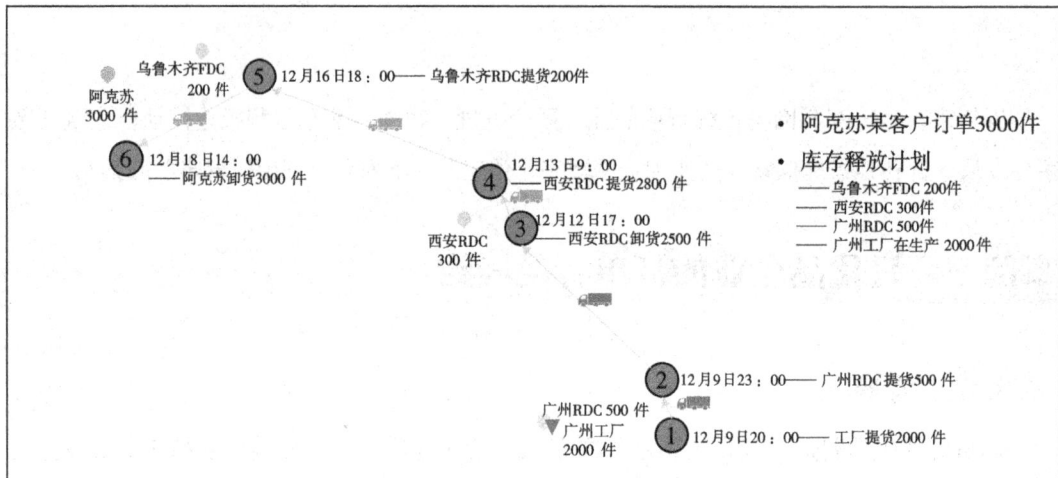

图 A-1　订单履约的物流执行路由

4. 案例评价

该企业的数字化基础比较扎实，其订单履约管理系统在第 5 期升级的时候，植入了智能履约引擎，实现了从业务数据化到数据业务化的升级。

智能履约有两个前提条件：一是企业具备相对扎实的业务数据化基础，能够获取并集成订单要求、库存情况、生产情况、运输方式、运输线路和承运车辆等方面的数据；二是企业能够根据实际的业务模式及业务场景提炼出相应的算法，并用算法来处理相关数据，以此实现用系统来代替人工决策。

案例二　乳品供应链全链条追溯

1. 企业背景

某知名乳品企业为了强化对乳品质量安全的管控，构建了乳品供应链全链条追溯体系，该体系贯穿于奶牛养殖、原奶采集、乳品加工和成品流通全过程。

2. 核心需求

该企业利用物联网、互联网、电子地图和云计算等技术，采集乳品供应链全过程的数据，进而实现对乳品质量的溯源管控，具体如图 A-2 所示。

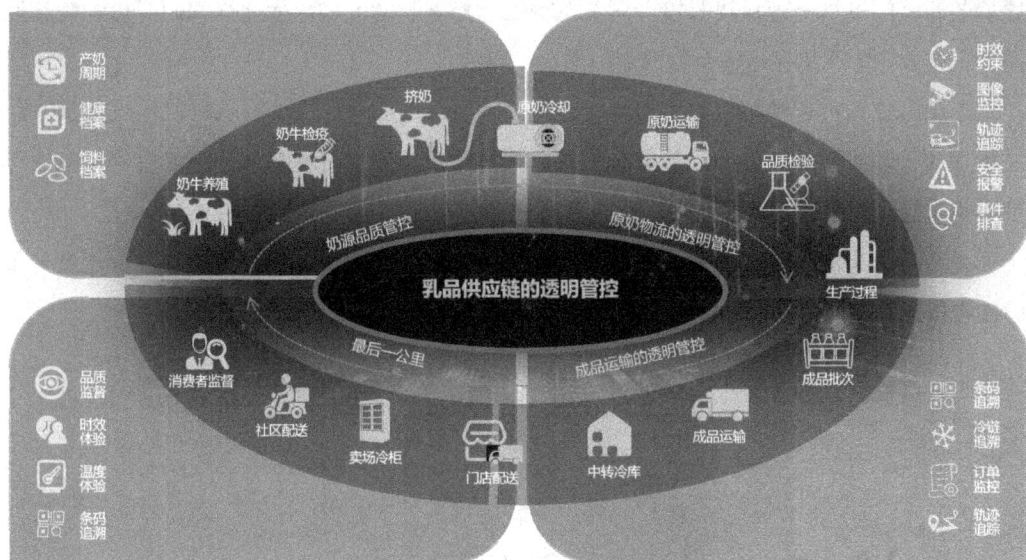

图 A-2 乳品供应链的透明管控

（1）追溯奶牛的饲养过程。健康的奶牛是原奶质量的保证。

（2）追溯原奶采集及原奶运输的过程。在这个过程中要做到严格检疫、严格灭菌，在储藏过程中要确保低温，在运输过程中要控制时效。

（3）追溯成品奶生产过程。首先要对接收到的原奶进行严格检验，然后严格按照工艺标准进行生产，确保乳品质量。

（4）追溯成品奶流通过程。主要是确保整个流通过程中的运输和储藏环境满足低温要求，跟踪产品的流向。

（5）追踪末端配送及零售过程。确保乳品在配送过程中和在零售门店存储期间，储藏环境符合相关要求，以防乳品变质。

3. 实施效果

该项目涉及供应链全链条的追溯，其中，实施难度比较大的是原奶运输过程的追溯以及成品奶流通过程的追溯。对这两个部分的追溯方式分别如下。

（1）原奶轨迹和流向跟踪。通过在运输车辆上安装车载卫星定位终端，利用电子地图、移动通信和物联网技术，跟踪每一趟原奶运输轨迹和温度情况，跟踪原奶运输车辆从采奶站到工厂的运输轨迹。

工厂在接收原奶时，不仅要对原奶进行采样检验，还要通过轨迹回放对原奶的运输过程进行排查。

对运输过程中有疑点的停车点进行重点排查，提取停车点的图像资料进行审查。同时，对原奶装卸阀门进行全程视频监控，只有车辆到达指定装卸区域，才允许阀门开启和装卸原奶操作，充分保障原奶在运输全程的流向透明、可控。

（2）成品流通过程追溯。追溯成品流通过程的每一个环节，包括一级调拨、二级调拨、末端配送和末端零售。把各个环节串起来看，就是对成品流通过程的追溯，而且每个流通环节都有相应的责任主体。消费者可以通过 App 查询成品的流通过程，如图 A-3 所示。

通过在冷藏车辆内的货物中放置冷签设备（一种具备定位功能的便携式温度检测装置），随时随地检测和追溯奶制品的温度和位置信息，确保奶制品全程可追溯。

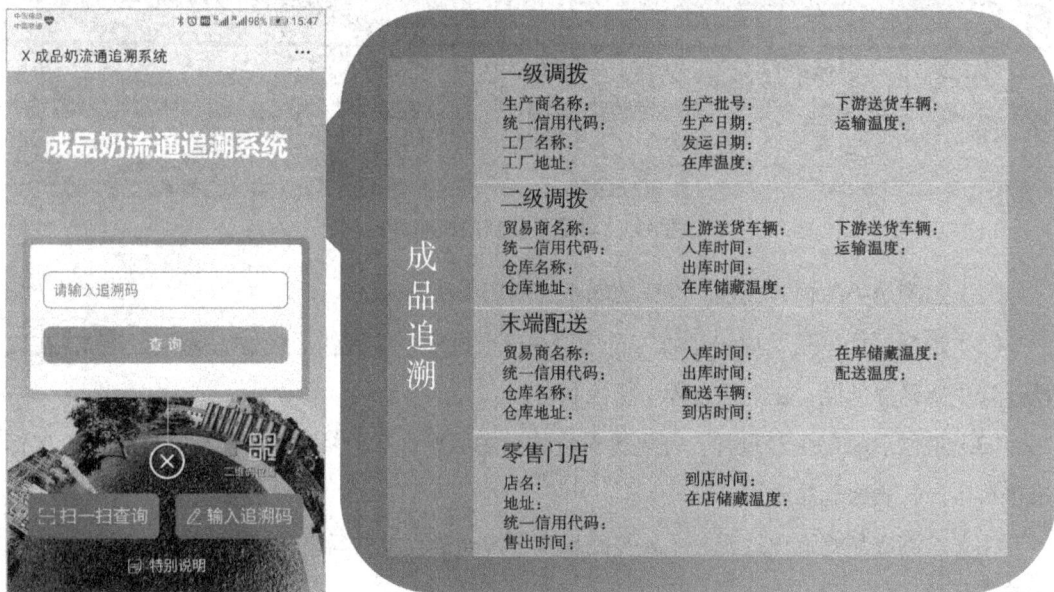

图 A-3　成品奶流通 App 查询内容

一级调拨，是指从工厂把成品调拨给经销商客户，或者从工厂把成品调拨给区域仓库。对于这个过程，要追踪从哪个工厂发货，核实产品的生产日期、生产批次是否属实，追溯由哪一辆车执行运输，追溯产品在库和运输过程中的储藏温度。

二级调拨，是指从区域仓库把成品调拨给经销商客户，或者经销商客户把成品调拨给下游的零售商。对于这个过程，要追溯产品入库的时间，追溯哪一辆车从工厂运来货，追溯哪一辆车往下游送货，追溯产品在库和运输过程中的储藏温度。

末端配送，是指分销商向零售商的门店配送成品，或者零售商从物流中心向直营或加盟的门店配送成品。对于这个过程，要追溯成品的入库、出库时间以及门店的到货时间，追溯产品在库及运输过程中的储存温度。

末端零售，是指商品在零售门店展卖的过程。对于这个过程，要追溯产品的到店时间、售出时间，以及产品在门店货架的储藏温度。

4. 案例评价

该企业用透明来强化对乳品质量安全的管控，用数据提升消费者对产品的追溯体验。

要想实现对乳品供应链全链条的追溯，就要打通业务单据的流转过程，追溯实物流的流动轨迹，采集每一个仓库和每一台承运车辆的数据。总之，这是一个比较庞大的业务数据化工程。

该企业持续投入多年，构建了一个相对完整的乳品供应链全链条追溯体系。

案例三　平台化的集装箱多式联运网络

1. 企业背景

某大型综合物流企业掌握着大量的集装箱资源、铁路货站资源、公路倒短运输的运力资源等。该企业想基于雄厚的资源基础，构建平台化的集装箱多式联运网络。

2. 核心需求

构建平台化的集装箱多式联运网络的具体思路如图 A-4 所示，即利用物联网和互联网的相关技术对集装箱资源、铁路货站资源和社会公路运力资源等进行整合，从而构建面向大宗物资供应链货主企业提供多式联运服务的集装箱多式联运网络。

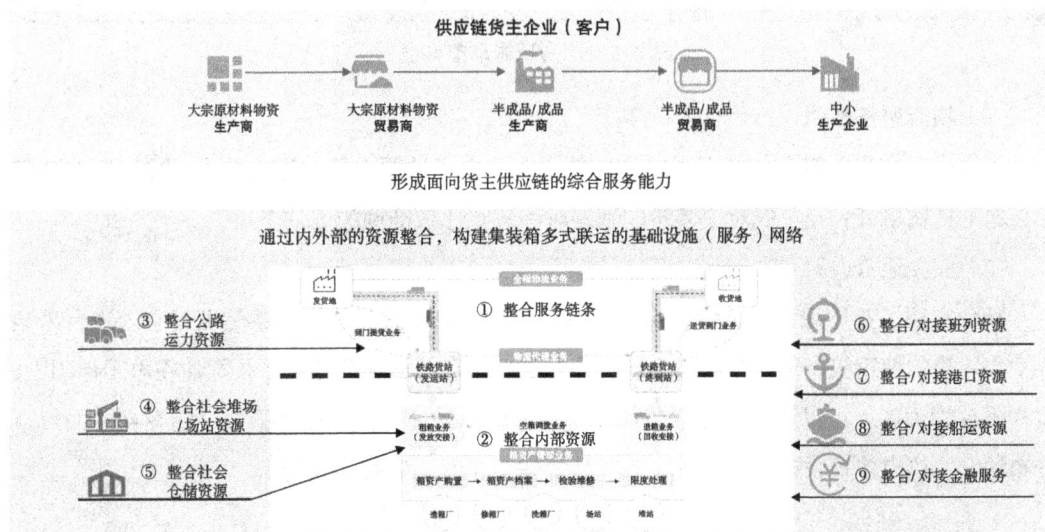

图 A-4　集装箱多式联运网络构建思路

平台的核心诉求有三个，即资源透明、物流服务透明和业务运营透明。

3. 实施效果

该项目取得了重大进展,实施效果如下。

(1)资源透明。

平台首先把全国范围内的铁路货运场站位置标注在电子地图上,实现了铁路货站资源分布的透明,上下游业务伙伴可以通过平台查询全国范围内的铁路货站服务网点。

同理,平台把集装箱的位置信息也标注在电子地图上,实现了集装箱资源分布的透明,方便平台运营方掌握公司集装箱资源的分布情况。

最后,平台还通过对接铁路运输班列资源信息,实现了对货运班列资源情况的及时掌握,便于各个货站服务网点根据需求情况及时采购仓位,如图 A-5 所示。

图 A-5　班列资源动态信息

(2)物流服务透明。

平台通过在集装箱上加装卫星定位装置,配合电子地图、移动通信技术,可以跟踪任何集装箱的运输轨迹,还可以对集装箱的到站时间进行比较准确的预估。

(3)业务运营透明。

平台实现了业务运营的透明,用户可以了解集装箱多式联运网络的运营动态。平台采集各个集装箱的使用状态信息和场站信息,并把这些信息结合地理信息系统标注在电子地图上,这样平台管理者就可以清楚地知道当前发生业务的车站(铁路货站)数量、货物到站的热点分布情况、热点多式联运线路以及服务产品的被关注度,如图 A-6 所示。

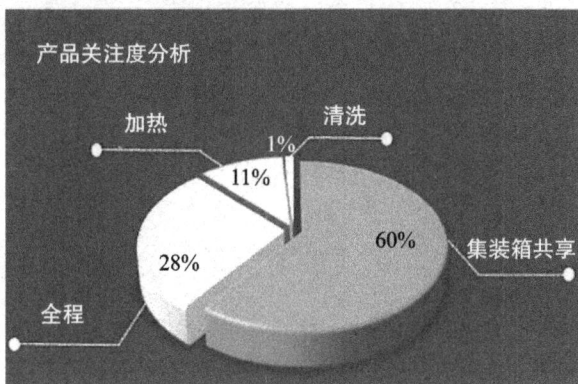

图 A-6 产品关注度分析图

平台还可以展示供应商资源及业务量整体情况，包括但不限于活跃供应商数量、活跃车辆数、活跃客户数、活跃线路数、活跃业务站点和运单量动态等，如图 A-7 所示。

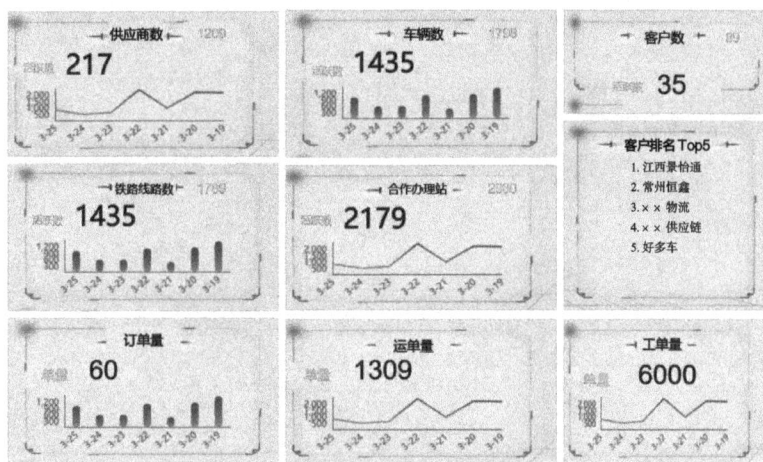

图 A-7 供应商资源及业务量统计看板

4. 案例评价

该企业运用相关技术构建了集装箱多式联运服务平台，构建了具备业务数据化能力的集装箱多式联运服务网络，为推动多式联运的发展进行了重要的探索和示范。相信在多种先进技术的推动下，我国的多式联运事业将取得更大的进步和发展。

参考文献

［1］ W.爱德华·戴明.转危为安［M］.钟汉清，译.北京：机械工业出版社，2016

［2］ W.爱德华·戴明.戴明的新经济观［M］.钟汉清，译.北京：机械工业出版社，2015

［3］ 艾尔弗雷德·斯隆.我在通用汽车的岁月：斯隆自传［M］.刘昕，译.北京：华夏出版社，2014

［4］ 凯文·凯利.失控［M］.东西文库，译.北京：新星出版社，2010

［5］ 雷·库兹韦尔.奇点临近 M］.李庆诚，董振华，田源，译.北京：机械工业出版社，2011

［6］ 彼得·斯科尔特斯.戴明领导手册［M］.钟汉清，译.北京：华夏出版社，2001

［7］ 彼得·圣吉.第五项修炼：学习型组织的艺术与实务［M］.郭进隆，译.上海：上海三联书店，1998

［8］ 尼古拉·尼葛洛庞帝.数字化生存［M］.胡泳，范海燕，译.北京：电子工业出版社，2017

［9］ 芭芭拉·明托.金字塔原理：思考、写作和解决问题的逻辑［M］.王德忠，张珣，译.北京：民主与建设出版社，2006

［10］迈克·鲁斯，约翰·舒克.学习观察：通过价值流图创造价值、消除浪费［M］.赵克强，刘健，译.北京：机械工业出版社，2016

［11］爱德华·德博诺.六项思考帽：如何简单而高效地思考［M］.马睿，译.北京：中信出版社，2016

［12］艾利·高德拉特，杰夫·科克斯.目标：简单而有效的常识管理［M］.齐若兰，译.上

海：上海三联书店，1999

[13] 艾利·高德拉特.关键链 [M].罗嘉颖，译.北京：电子工业出版社，2006

[14] 艾利·高德拉特，艾利·斯拉根海默，嘉露·柏德克.仍然不足够 [M].罗嘉颖，译.北京：电子工业出版社，2006

[15] 欧德·可汗.持续改善：TOC 生产管理指南 [M].中华高德拉特协会，译.北京：电子工业出版社，2014

[16] 大野耐一.丰田生产方式 [M].谢克俭，李颖秋，译.北京：中国铁道出版社，2016

[17] 今井正明，现场改善：低成本管理方法 [M].华经，译.北京：机械工业出版社，2010

[18] 田中正知.丰田生产的会计思维 [M].赵城立，王志，译.北京：机械工业出版社，2015

[19] 石井住枝.高效人士的 A3 思考法：如何用一页 A3 纸锻炼解决问题的能力 [M].赵城立，译.机械工业出版社，2016

[20] 今井正明，改善 [M].周亮，战凤梅，译.北京：机械工业出版社，2017

[21] 细谷功.地头力：从结果出发解决问题 [M].李颖颖，译.北京：中华工商联合出版社，2010

[22] 柿内幸夫.现场改善入门 [M].杨剑，译.北京：机械工业出版社，2006

[23] 钱学森，宋健.工程控制论 [M].北京：科学出版社，2011

[24] 华罗庚.统筹方法平话及补充 [M].北京：中国工业出版社，1965

[25] 黄卫伟.以奋斗者为本：华为公司人力资源管理纲要 [M].北京：中信出版社，2014

[26] 黄卫伟.以客户为中心：华为公司业务管理纲要 [M].北京：中信出版社，2016

[27] 黄卫伟.价值为纲：华为公司财经管理纲要 [M].北京：中信出版社，2017

[28] 薛伟，蒋祖华.工业工程概论 [M].北京：机械工业出版社，2009

[29] 黄滨，石忠佳，刘军飞.物流透明 3.0 [M].北京：中国财富出版社，2016

[30] 黄滨，石忠佳，刘军飞.互联网＋物流导航 [M].北京：中国财富出版社，2016

后记

在本书即将出版之际，我诚惶诚恐，忐忑不安，又满怀希望。

这是我自1998年研究生毕业从事经营管理工作，2006年参与创办深圳市易流科技股份有限公司并提出"物流透明"理论以来创作的第五本经营管理方面的图书（前四本分别是《运输过程透明管理》《精益物流》《物流透明3.0》和《互联网＋物流导航》，这四本书在传播"物流透明"理论方面发挥了一定的作用）。

本书的创作背景与前四本不同。从构思阶段开始，我就想写一本既能够帮助广大供应链管理人员开阔视野，又能给出具体工作思路的图书。循着这个思路，我将本书的内容分成了两大部分：前三篇结合时代发展趋势，从理论层面阐述透明数字化供应链；后两篇从思维意识和工具层面介绍供应链达人在做好实际工作的同时应该具备的思维意识以及应该掌握的工具。

从构思到收集、整理材料再到完成创作历时一年。最开始的时候，我认为供应链运作参考模型（SCOR）是一个非常重要的话题，为了深入了解SCOR，我和我的助手用了三个月时间翻译了976页的SCOR 11.0手册。当我们从头到尾翻译完厚厚的手册时，却发现SCOR的内容并不是我想要在这本书里传达的，于是我推倒重来，重新思考架构。个中滋味，只有自己知道。

在创作本书的过程中，我坚守一个信念：要以一位供应链管理人员的立场，反复思考供应链发展的未来趋势是什么，要想把工作做好应该用什么思想和方法武装自己的头脑。在这个信念的指引下，我重新梳理了本书的逻辑和架构，有了从历史到未来对供应链发展规律的思考，有了十四个思维意识和七个工具的安排。

我希望本书能够对广大供应链管理人员人所启发，能够帮助他们构建自己的方法论体系，提高自己的经营管理能力。对于这本书能否真正起到这个作用，我是忐忑不安的，但我会持续修订完善本书。菲利普·科特勒的《市场营销》已经更新到了第16版，SCOR也已经更新到了12.0版本，这本书只是一个开始。

致谢

创作一本书是很不容易的，《透明数字化供应链》一书是我对过去十余年物流透明研究的升华和总结提高。在这个过程中，我得到了很多人的帮助。在这里，我要衷心地表达我的感激之情。

我要特别感谢深圳市易流科技股份有限公司董事长张景涛先生对理论探索和建设这些"不打粮食"的事情的坚定支持。正是因为他的支持，十余年来，我们陆续创作和出版了《运输过程透明》《互联网＋物流导航》《物流透明 3.0》《透明数字化供应链》等多本专著。

感谢中国物流与采购联合会专家委员会主任戴定一老师多年来对我理论建设工作的鼓励。在多次面对面的交流中，戴老师给出了理论建设要公正、透明化应该有指标等很细致的指导。

感谢中国物流与采购联合会贺登才副会长。贺会长在多个场合鼓励我要把物流透明进行到底，他的鼓励给了我莫大的前行动力。

感谢中欧国际工商学院赵先德教授。赵教授专门安排时间与我探讨"物流透明"，并安排研究团队跟进，把我们对物流透明的探索编入中欧案例精选《高效协同——供应链与商业模式创新》。

感谢东南大学经济管理学院院长、博士生导师赵林度教授。赵教授邀请我参加大数据与智能制造 2019 年学术会议，使我有机会了解到这一领域的最新进展。

感谢西安交通大学管理学院院长、博士生导师冯耕中教授。多年来，冯院长提供了很多学术研讨机会，开阔了我的视野。他还支持西安交通大学管理学院与深圳市易流科技股份有限公司成立智慧物流大数据实验室，开展产学研合作。

感谢西安交通大学管理学院博士生导师李刚教授。我们于 2012 年共同成立了智慧物流大数据实验室，共同开展物流透明与智慧供应链的研究与实践。多年来，李教授多次和我就"物流透明"理论展开讨论，给了我很多有益的启发。

感谢西安交通大学管理学院工业工程系博士生导师周支立教授。周教授安排博士生参与一些项目研究，对如何深入挖掘、应用物流透明数据给了我很多有益的建议。

感谢西安交通大学管理学院工业工程系主任、博士生导师吴锋教授。吴教授邀请我参加英飞凌半导体工业工程研讨会，让我对工业工程的实际应用有了直观的认识。

感谢北京化工大学经济管理学院博士生导师李想教授。李教授就物流数据的深度应用，在算法、思路上给了我很多启发。

感谢西安增材制造国家研究院有限公司副总工黄纪霖先生。黄先生在先进制造技术对物流供应链发展的影响方面给了我很多有益的启发。

感谢十多年来选择易流服务的数万家客户，是他们的真实需求启发了我从事理论建设和创作的灵感！

感谢参加 3 年 100 场物流透明管理公开演讲的听众，听众在现场互动环节提出的各种物流及供应链问题促使我不断思考。

感谢参加 16 期物流供应链创新研讨班的 100 多位物流及供应链企业的董事长和总经理，在一天的深入交流中，他们提出的各种企业经营实际问题帮助我丰富了本书的内容。

感谢我的研究创作团队成员，他们是石忠佳、冯博、刘军飞和赵宝贵。尤其感谢石忠佳，他在理论建设上做了很多突出的贡献。